Labrador

COORDENADOR
LUCIANO AMATO

PREFÁCIO DE
MAFOANE ODARA

DIVERSIDADE E INCLUSÃO E SUAS DIMENSÕES

VOLUME II

Coordenação editorial Pamela Oliveira
Assistência editorial Leticia Oliveira, Jaqueline Corrêa
Projeto gráfico e capa Amanda Chagas
Diagramação Estúdio DS
Preparação de texto Maurício Katayama
Revisão Iracy Borges
Imagem da capa Gerada via promp Midjourney

Dados Internacionais de Catalogação na Publicação (CIP)
Jéssica de Oliveira Molinari — CRB-8/9852

AMATO, Luciano

Diversidade e inclusão e suas dimensões : volume II /
coordenado por Luciano Amato.
São Paulo : Labrador, 2023.
336p.

ISBN 978-65-5625-450-0

1. Cultura organizacional 2. Diversidade 3. Inclusão I. Amato, Luciano

23-5359 CDD 658.31

Índice para catálogo sistemático:
1. Cultura organizacional

Labrador
Diretor-geral Daniel Pinsky
Rua Dr. José Elias, 520, sala 1
Alto da Lapa | 05083-030 | São Paulo | SP
contato@editoralabrador.com.br | (11) 3641-7446
editoralabrador.com.br

AGRADECIMENTOS

Quando comecei a trabalhar com Diversidade, Equidade e Inclusão, em 2006, não imaginava o caminho que construiria ao longo desses anos. Sempre me envolvi em grupos de Recursos Humanos como forma de trocar experiências e networking, e foi coordenando um desses grupos que conheci Lilian Cury, uma pessoa alegre, com energia incrível e ávida por compartilhar seus conhecimentos e vivências. Logo me aproximei e soube um pouco mais da sua história.

Lilian havia perdido a visão em 2000, aos 40 anos idade, e precisou ressignificar todo um contexto de vida. Aquele primeiro contato despertaria em mim um desejo de conhecer mais sobre o tema, de atuar pela causa, além de uma parceria de 15 anos e uma amizade e gratidão que trago até hoje. Foi assim que a Diversidade, Equidade e Inclusão chegaram até mim e sou grato a Lilian Cury por esse despertar.

O ano de 2006 foi muito especial, pois, em maio conheci outra pessoa fundamental na minha caminhada, que me apoia a cada dia no meu propósito de semear a construção de uma sociedade mais justa e inclusiva. A minha cara metade, minha alma gêmea, Elaine Leick. Fica aqui meu agradecimento e admiração para essa pessoa sensível, guerreira e parceira.

Não posso esquecer dos ensinamentos e valores pessoais que minha mãe, Tarsilla, e meu pai, Francisco (*in memoriam*), me deram, além do esforço por proporcionar uma educação de qualidade que me permitiram chegar até aqui.

Walt Disney disse "Você pode sonhar, criar, desenhar e construir o lugar mais maravilhoso do mundo. Mas é necessário ter pessoas para transformar seu sonho em realidade". Essa frase representa a importância que cada pessoa coautora tem ao contribuir com suas vivências e conhecimentos para esta obra e para meu sonho de levar conhecimento e entendimento sobre Diversidade, Equidade e Inclusão ao maior número possível de pessoas.

Sou muito grato pela confiança que as pessoas coautoras depositaram em mim como idealizador e coordenador desta obra. Às pessoas coautoras do volume I, que levaram o livro ao patamar que atingiu. Em especial quero agradecer a Pá Falcão, que escreveu sobre Gordofobia no volume I e faleceu em 8 de setembro de 2022. Pá foi uma pessoa ímpar, que sempre se destacou por sua inteligência e seu perfil questionador, uma pessoa a frente de seu tempo. Eu soube, por amigos comuns, que Pá estava muito feliz em ter participado dessa obra e aguardava sua continuidade. Tenho plena certeza de que, se ainda estivesse entre nós, faria parte, assim como está vibrando pelo novo livro.

Às pessoas coautoras do volume II, que se conectaram com o propósito de semear a construção de uma sociedade mais justa e inclusiva, que dedicaram seu tempo, acreditam que este livro pode ser ferramenta para a construção de um mundo melhor e com seus conhecimentos e vivências criam uma obra de importante valor agregado e reconhecida por sua abrangência e seriedade.

À Editora Labrador e equipe, por todo apoio dado para que o livro seja um sucesso. E a você que está lendo, por sua iniciativa e interesse por tema tão relevante como Diversidade, Equidade e Inclusão.

SUMÁRIO

PREFÁCIO

PRÓXIMA PARADA: GESTÃO DA DIVERSIDADE

Vivemos em uma era de mudanças aceleradas, complexas e exponenciais. Então, como serão os empregos e locais de trabalho de amanhã? Quando, onde e como vamos trabalhar? Em particular, como as organizações responderão às mudanças estruturais entre o físico e o digital, à força de trabalho mais diversa e exigente do que nunca, e aos novos paradigmas de modelos e formas de trabalho que propõem mudanças e a necessidade de reaprender a aprender? Além de tudo isso, há a questão ainda maior: qual será o propósito do nosso trabalho?

O nosso objetivo com este livro é justamente formular possibilidades de respostas para essas perguntas.

O debate sobre Diversidade, Equidade e Inclusão (DEI) não é novo no mundo organizacional. No entanto, ele se torna cada vez mais indispensável devido às crescentes transformações no mercado de trabalho advindas da maior presença de mulheres, de pessoas negras e indígenas, da comunidade LGBTQIAP+, dos movimentos migratórios no mundo.

Esse debate também segue impulsionado pelos avanços nas normas internacionais sobre igualdade de oportunidades e de tratamento às pessoas com deficiência, pelo aumento da expectativa de vida e, mais recentemente, pelo reconhecimento de DEI e de temas correlatos, como a saúde mental, como essenciais para a sustentabilidade e gestão de riscos das organizações.

A verdade é que DEI deixou de ser um tema e se tornou uma forma de olhar o mundo!

Essa complexidade tem exigido das instituições transformações no cuidado com as pessoas, adequação dos espaços físicos, avanços e aprimoramentos tecnológicos e aperfeiçoamento das estratégias de senso de pertencimento — uma vez que vemos as pessoas buscarem organizações nas quais se sintam vistas, ouvidas e valorizadas.

Soma-se a isso a necessidade de rever os modelos de gestão na busca por equidade. Isso significa tratamento justo a todos os grupos e pessoas e passa, por exemplo, pela melhora dos processos internos de forma a garantir acesso a direitos e oportunidades sem discriminar, sem restringir acesso nem estigmatizar as diferenças.

Na prática, esses movimentos significam sair da lógica de apenas reconhecer e respeitar as diferenças para agir na construção de relações inclusivas e de culturas que desafiem as discriminações estruturais — sejam elas de gênero, políticas, étnico-raciais, religiosas, culturais etc.

Nesse sentido, é notável que o trabalho do futuro será muito mais pautado em estratégias focadas na cultura, bem-estar, autonomia e inclusão. As nossas relações de trabalho evoluirão e serão mais ainda sobre e para pessoas.

À medida que avançamos nesta jornada de DEI, precisamos entrar em conversas mais profundas e, portanto, mais desconfortáveis. E é necessário que ousemos e enfrentemos esse desconforto para construir novos paradigmas. Essas conversas passam por: valorizar a diferença, a mentalidade afirmativa da equidade; entender que é necessário se preparar para fazer a gestão dos novos e complexos desafios que vêm com a construção de times mais diversos; reconhecer que um ambiente inclusivo demanda o exercício da liderança inclusiva; exercitar o poder das boas perguntas; centralizar a saúde mental como pilar estratégico.

Sem dúvidas, os investimentos em DEI têm impactado de forma positiva a experiência de dentro das organizações e exercido um papel indispensável para que elas inovem, cresçam e permaneçam competitivas no presente e no futuro.

Ainda assim, não há solução rápida. Nem atalhos para essa construção. É preciso testar e aprender, mapeando e priorizando ações e populações críticas, sempre demonstrando o comprometimento da liderança com essa forma de ver o mundo.

Que esta publicação cumpra o papel de facilitar a sua jornada. Boas reflexões!

MAFOANE ODARA

Psicóloga e mestre em Psicologia pela Universidade de São Paulo (USP). É executiva em recursos humanos, colunista da *Marie Claire*, consultora e professora. Foi reconhecida em 2023, pela *Época Negócios*, como uma das *100 Mulheres Executivas da Inovação* que estão reinventando o jeito de fazer negócios em grandes empresas; e em 2022, pelo Meio&Mensagem, como *Women to Watch* pelo trabalho de impacto na indústria de comunicação. Mafoane costuma se definir como uma construtora de pontes e uma colecionadora de boas perguntas.

ARLANE GONÇALVES

É CEO Fundadora da AGC, Consultoria de Cultura, Equidade e Comunicação. É LinkedIn Top Voice e recebeu duas vezes o prêmio Feedz RH. É também palestrante, mentora e professora.

Com um time diverso e multidisciplinar, une um amplo repertório de experiências corporativas ao conhecimento acadêmico para construir, com organizações de vários segmentos e tamanhos, culturas afirmativas, de pertencimento e de alta performance.

Sua missão é trabalhar e inovar por mais igualdade nas organizações — e para além delas.

CAPÍTULO 1

O PAPEL DAS ORGANIZAÇÕES PARA A CONSTRUÇÃO DE UMA SOCIEDADE MAIS JUSTA E INCLUSIVA

ARLANE GON ÇALVES

Uma das grandes dúvidas que encontro nos treinamentos e mentorias que dou para lideranças é: por que precisamos fazer diversidade, equidade e inclusão (DEI)? Se a princípio tudo está bem, se as metas foram atingidas, se a rodada de investimentos foi um sucesso, se o lucro está batendo recorde, para que falar disso? Em tese, e ainda mais nos negócios, não mexemos em time que está ganhando.

Para procurar respostas, podemos fazer uma pequena retrospectiva.

Muito antes de usarmos o termo DEI, já entendíamos que a cultura organizacional precisa ser alicerçada em uma estrutura na qual todas as pessoas se sintam confortáveis para trabalhar, se relacionar e fazer suas entregas.

Dentro disso, em algum momento da história recente identificamos o assédio sexual como um fato, e entendemos que ele atinge de forma mais intensa, específica e frequente as mulheres. Assim, implementamos mecanismos para combatê-lo: códigos de ética e de conduta, treinamentos, canais de denúncia.

Também identificamos que os homens querem e podem ter um papel mais relevante na parentalidade. Assim, buscamos prover mais dias de licença-paternidade, através de iniciativas próprias e da adesão a programas governamentais, como o Empresa Cidadã.

Identificamos demandas iminentes de acessibilidade nos escritórios, fábricas, operações logísticas. Diante disso, adaptamos esses ambientes para receber pessoas com deficiência e fizemos banheiros femininos, que ainda não havíamos notado que faltavam.

Em dado momento, identificamos que não tínhamos equipamento de proteção individual (EPI) para pessoas com cabelos volumosos, para pessoas gordas e para mulheres grávidas. Então, trouxemos EPIs que as contemplavam.

De repente, nos demos conta de que nosso escritório supermoderno, com pingue-pongue e cerveja à vontade, não tinha um espaço para acomodar as mulheres lactantes. Logo, criamos nele uma sala de amamentação.

Na prática, há muito tempo estamos identificando a existência de algumas necessidades específicas, reconhecendo que há impactos negativos que afetam mais determinados grupos, e estamos tomando as decisões necessárias para endereçá-los — na busca por uma cultura organizacional que de fato seja para todas as pessoas.

Chamamos essa jornada de *Responsabilidade Social Empresarial* e *Responsabilidade Social Corporativa* — e é aqui que está a chave da questão. Tudo isso é diversidade, equidade e inclusão.

A esta altura, talvez você esteja pensando:

— Mas, Arlane, se nós já estamos fazendo isso, por que agora essas ações estão sendo mais visadas e demandadas? Por que esperam e até exigem que eu, uma liderança que sempre apoiou tais ações, aprenda uma coisa nova e faça algo novo?

Porque agora, cara pessoa leitora, é cada vez mais imperativo que as organizações enderecem esses desafios de forma mais acelerada, focada, intencional e proativa.

É notável que hoje, num cenário complexo e de mudança vertiginosa de valores, as organizações desempenham um papel mais proeminente na sociedade, angariando, inclusive, maior confiança da população do que os governos, como demonstra o Edelman Trust Barometer (índice que mede o nível de confiança nas instituições em vários países do mundo).

Cresce a visibilidade de lideranças, a personificação das marcas. Cresce a expectativa de que as empresas se antecipem, atuem diretamente e sejam responsabilizadas sobre os desafios ambientais, sociais e de governança da atualidade.

Já não basta apenas o ritmo das políticas públicas, as articulações dos movimentos sociais nem ações isoladas. É imperativo que as organizações coloquem em prática o papel que sempre foi delas.

Endossando a indispensabilidade desse papel, se destacam em evidência e institucionalidade pautas como o ESG (do inglês, critérios ambientais, sociais e de governança), a consolidação de metas atreladas aos Objetivos de Desenvolvimento Sustentável da ONU, e novos paradigmas de atuação como o capitalismo de *stakeholders*.

DIVERSIDADE, EQUIDADE E INCLUSÃO NAS ORGANIZAÇÕES

O trabalho de Diversidade, Equidade e Inclusão nada mais é do que encontrar os impactos negativos e as potenciais discriminações que ocorrem na organização e endereçá-los — numa busca ativa por uma cultura organizacional que seja, de fato, para todas as pessoas.

Esses impactos e discriminações podem ser *resultados de práticas intencionais*, como a demissão deliberada de mulheres no retorno da licença-maternidade (quase 50%, de acordo com a FGV) e a não contratação deliberada de pessoas por chegarem na faixa etária 40+, 50+.

E podem também ser *resultados não intencionais*, como:

- A diferença salarial entre homens e mulheres: 22% em 2023 (IBGE).
- A diferença salarial entre pessoas brancas e pessoas negras, que pode chegar a 40% — batendo a marca de 159% ao comparar homens brancos e mulheres negras (IBGE).
- A grande ou absoluta ausência de mulheres, pessoas negras e indígenas, pessoas com deficiência, pessoas trans nas organizações e seus postos de liderança — apesar de elas existirem, produzirem, consumirem e representarem a maioria massiva da população.
- E os altos índices de assédio, como o de 72% de mulheres que sofrem assédio no ambiente de trabalho (Aberje).

DEI parte, então, de quatro premissas:

1. Do reconhecimento de que a organização não é um organismo à parte da sociedade: *ela é parte desta sociedade* e, como tal, se refle-

tem no seu microssistema as mesmas dinâmicas discriminatórias e excludentes que são fatos no macrossistema.

2. Do reconhecimento de que o seu maior desafio reside no seu *impacto*: para além das intenções, da boa vontade ou má-fé individuais, o grande desafio da organização está concentrado no seu impacto — como seus processos e resultados reverberam interna e externamente, se eles reproduzem ou se desafiam a predominante lógica excludente.
3. Do reconhecimento de que, além de os impactos negativos e as discriminações afetarem o todo e todas as pessoas, eles afetam com mais intensidade e especificidade os chamados *grupos minorizados ou sub-representados*.
4. E do reconhecimento de que é, sim, *responsabilidade* da organização e de suas lideranças agirem sobre esses impactos negativos e discriminações de forma mais *acelerada, focada, intencional e proativa* — identificando os desafios amplos e os desafios específicos, designando investimentos, implementando ações específicas, transversais, de curto, médio e longo prazo.

O FALSO DILEMA DO LUCRO *VERSUS* A RESPONSABILIDADE CORPORATIVA

Milton Friedman (1912-2006), economista norte-americano, publicou em 1970 um famoso artigo no *The New York Times*: "The social responsibility of business is to increase its profits" (em português, "A responsabilidade social dos negócios é aumentar seus lucros").

Esse artigo traduziu o pensamento vigente no mundo do trabalho até meados da década de 1990. Friedman afirmava que, em absoluto, negócios não tinham quaisquer responsabilidades sociais, termo que inclusive colocou sempre entre aspas, destacando o quanto, para ele, "não fazia sentido" que organizações atendessem outros interesses para além daqueles de seus donos e acionistas.

A partir daqui, podemos explorar dois pontos.

O primeiro deles se refere ao significado da palavra "social". Muitas vezes, quando proferida dentro da organização, ela é direcionada "ao que está lá fora". É como se social fosse apenas o que é externo. Os desafios sociais são vistos como desafios do "outro": do governo, da ONG e de qualquer um que não seja a organização.

Infelizmente, essa não é a realidade.

Os amigos que batem num casal de homens gays que anda de mãos dadas na rua são os analistas e executivos comerciais da sua organização. O casal que mantém uma mulher negra trabalhando por décadas dentro de casa, sem remuneração e sem o direito de ir e vir, é o diretor, é a gerente de RH das nossas organizações.

O mesmo paciente que se nega a ser atendido por um médico negro é o gerente de suprimentos que se nega a fechar negócio com um empreendedor negro. O homem que lá no grupo do WhatsApp faz ou releva as piadas com estupro é o funcionário que não gosta de ser chefiado por uma mulher. O marido abusivo que bate na esposa é o gerente de comunicação. Os vizinhos que escutam a agressão e nunca fazem nada a respeito são as e os profissionais da área de finanças, do jurídico, da sustentabilidade.

A pessoa que acha normal, aceitável que um homem negro seja espancado até a morte dentro de um hipermercado, e que também acha que a pessoa trans tem é que ser morta mesmo, é o caminhoneiro, a recepcionista, o supervisor, a coordenadora, o CEO, o Conselho Administrativo das nossas organizações.

A mesma mentalidade que sustenta e justifica a perpetuação dos índices socioeconômicos desiguais e dos altos índices de violência, que se acentuam mais sobre os grupos minorizados, é a mentalidade de quem compõe, toma as decisões e forma a cultura das organizações.

Você consegue imaginar a dimensão dos *impactos* dessa mentalidade compartilhada?

A organização também faz parte do dito "social". Como vimos nas premissas de DEI, os desafios sociais também a atravessam. E essa mentalidade compartilhada é a propulsora de milhares de impactos negativos e discriminações nesse microssistema.

O segundo ponto é a visão, noção da organização como agente social.

Certa vez ouvi um executivo afirmar que a empresa não tem que fazer nada. Os problemas sociais são reais, dizia ele, mas a esfera pública tem que solucioná-los sozinha.

Bem, quanto ao seu ambiente interno, é bom para a própria organização que ela faça algo a respeito. A alternativa a isso é esconder, negar e chegar, por exemplo, ao estágio com o qual se deparou a Caixa Econômica Federal, com grande parte da liderança conivente com os muitos casos de assédio sexual do então CEO e com a explosão de uma grande crise reputacional.

No meio desse caminho, e muito antes de necessariamente chegar ao ponto extremo, os indicadores de segurança psicológica, respeitabilidade, produtividade, inovação, retenção, entre outros, já foram por água abaixo.

Em adição, a organização é uma máquina que deixa rastros por onde passa. Nas suas relações com fornecedores, pode ser que seus critérios sejam tão restritos que ela esteja fortalecendo o grande índice nacional de falência de pequenos e médios negócios e daqueles fundados por mulheres e por pessoas negras.

Pode ser que ela não enxergue o quanto as políticas públicas que patrocina acentuam a degradação do acesso à educação e à segurança alimentar das classes mais baixas e das comunidades descentralizadas.

Como referência do setor, talvez o exemplo que ela transmita para as organizações que nela se espelham seja o de validação do assédio moral, da misoginia, do racismo, do massacre como modelo de negócio.

POR QUE A CONSTRUÇÃO DE UMA SOCIEDADE MAIS JUSTA E INCLUSIVA É PAPEL DAS ORGANIZAÇÕES?

Se, por um lado, é verdade que as políticas públicas são a ferramenta de maior alcance e potencial de transformação, por outro, é também verdade que as organizações se constituem como *agentes de transformação* — tanto para lidar com seus impactos internos e externos quanto como parte de um sistema maior, no qual é mais eficaz e efetiva a colaboração de todas as organizações com o setor público.

Isso posto, o dilema entre lucro e responsabilidade corporativa é falso. Não existe.

Buscar o lucro e endereçar os desafios ambientais, sociais e de governança não são atividades excludentes. Mas, sim, complementares.

Uma cultura organizacional que busque ser mais justa e inclusiva, para todas as pessoas e suas especificidades, é a cultura mais propícia para que essas pessoas possam trabalhar, se relacionar e fazer suas entregas.

Se essas pessoas se sentem psicologicamente seguras e respeitadas, é mais provável que atuem em alta performance.

E se essas pessoas também vêm das várias dimensões e representatividades da diversidade, é mais provável que desenvolvam entregas mais visionárias e inovadoras, que se beneficiarão de capacidades consumidoras ainda não exploradas.

Basicamente, é isso o que afirma a McKinsey, quando demonstra a correlação positiva entre a maior presença da diversidade e a propensão a maior geração de lucro e de valor. E a Morgan Stanley, quando demonstra que a maior presença da diversidade na liderança leva a decisões mais conectadas às práticas ESG e a melhores indicadores de produtividade, reputação, satisfação, retenção, entre outros.

Ao agir a partir dessa lógica, os impactos internos e externos da organização se tornam menos excludentes, o que não apenas a leva a melhores resultados, mas também contribui fortemente para o progresso da conjuntura em si.

Organizações mais justas e inclusivas significam um ecossistema de negócios e uma sociedade mais igualitária, potente e sustentável.

Perguntar-nos sobre o papel das organizações na construção de uma sociedade mais justa e inclusiva é nos perguntar sobre que presente e futuro nós queremos.

As alternativas estão postas: seguimos como organizações alheias e isentas, vendo o agravamento dos desafios que pairam sobre nós, ou seguimos responsáveis, continuando a busca pelo lucro enquanto também endereçamos esses desafios de forma acelerada, focada, intencional e proativa.

Cabe totalmente a nós.

MARGARETH GOLDENBERG

Psicóloga, especialista em direitos humanos e mundo corporativo, consultora, palestrante e professora no tema diversidade, equidade e inclusão.

CEO na Goldenberg Diversidade, Equidade & Inclusão, atua em grandes empresas do país. Gestora-executiva do Movimento Mulher 360, membra do Comitê do Elas Lideram 2030 (Pacto Global e ONU Mulheres) e do Conselho do Fórum LGBTI+.

CAPÍTULO 2

DE&I: BOM PARA PESSOAS E SOCIEDADE, CERTO PARA OS NEGÓCIOS

MARGARETH GOLDENBERG

Diversidade, Equidade e Inclusão (DE&I) têm se tornado temas centrais na pauta estratégica das organizações, globalmente e em todos os segmentos do mercado. Esse movimento é impulsionado pela conscientização dos direitos, criação de novas leis de inclusão e não discriminação e, ainda, pela crescente valorização dos aspectos ESG para os negócios nos últimos anos.

Nesse cenário, *stakeholders* pressionam pelo avanço da pauta nas empresas com as quais interagem:

- *Acionistas, investidores* e *órgãos reguladores de mercado* pressionam por mais diversidade nos conselhos e em posições executivas.
- *Clientes* fazem escolhas mais conscientes quando adquirem produtos e serviços pautados nos compromissos das empresas no tema.
- *Profissionais* estão mais seletivos na definição de companhias nas quais querem trabalhar.
- *Colaboradores* e *colaboradoras* exigem equidade de oportunidades e ambiência justa e sem discriminação dos seus empregadores.
- *A sociedade*, no seu conjunto, mais consciente do contexto de desigualdade social e do seu poder de mobilização, principalmente nas mídias sociais, expressa seu descontentamento e desaprovação, impulsionando posicionamento e atuação genuínas das empresas para se tornarem cada vez mais diversas, justas e inclusivas.

É um caminho sem volta. Seja por empatia, justiça ou visão de negócio, as organizações aos poucos estão sendo impulsionadas a avançar nessa jornada. Assim, para além da pressão dos *stakeholders*, a agenda da diversidade, equidade e inclusão proporciona estratégias mais competitivas e inovadoras. Configura-se, desse modo, como um imperativo moral, legal e econômico.

IMPERATIVO MORAL

Dar igualdade de acesso e oportunidades a todas as pessoas, independentemente de seus marcadores identitários, para trabalharem em condições justas e equitativas, é uma questão de justiça social e garantia dos direitos humanos e, portanto, valores corporativos e códigos de conduta devem demarcar atitudes e processos excludentes como totalmente inaceitáveis.

Uma empresa que prioriza a diversidade, a equidade e a inclusão cria um ambiente que respeita e valoriza as diferenças individuais. A inclusão promove culturas que minimizam o preconceito e reconhecem as desigualdades sistêmicas, que, se não abordadas, podem gerar desvantagens para alguns indivíduos. Essa é uma questão além da área de recursos humanos, é uma questão estratégica.

IMPERATIVO LEGAL

A Organização Internacional do Trabalho (OIT) adota uma série de convenções para eliminar a discriminação em todos os aspectos do trabalho, ratificadas pela maioria dos países, inclusive o Brasil, e desdobradas em legislações nacionais e internacionais que apoiam práticas de trabalho não discriminatórias.

IMPERATIVO ECONÔMICO

Uma ampla gama de pesquisas de consultorias globais e organismos multilaterais comprova que Diversidade, Equidade e Inclusão são diferenciais competitivos para os negócios. Inúmeras são as razões pelas quais DE&I devem ser consideradas como ativos para qualquer organização. Dividimos em quatro dimensões os dados que justificam as vantagens de DE&I para os negócios:

1. PERFORMANCE FINANCEIRA

Desempenho financeiro — Organizações com equipes compostas por perfis plurais, em todas as áreas e níveis hierárquicos, têm desempenho (lucratividade) melhor do que a média do mercado. Possuem maior probabilidade de retornos financeiros (25% a 36%) e a relação entre diversidade nas equipes executivas e probabilidade de desempenho financeiro superior se fortalece ao longo do tempo.

Competitividade — DE&I resultam em ativos tangíveis e intangíveis que impactam o fortalecimento da competitividade de longo prazo e criam oportunidades de curto e médio prazo para melhorar os fluxos de caixa, porque reduzem custos, resolvem a escassez de mão de obra, abrem novos mercados e aprimoram o desempenho dos mercados existentes, além de satisfazer os acionistas. A diretriz estratégica de DE&I se reflete nas *startups* ou empresas em crescimento. Para gestoras(es) de ativos e investidores institucionais, times diversos viabilizam maior probabilidade de identificação de riscos, reduzindo-os em até 30% na tomada de decisões.

Conexão com clientes — O mercado tem sinalizado que as empresas que conseguem compreender melhor expectativas e necessidades de clientes são aquelas que refletem a diversidade de sua base. Elas ampliam a qualidade de serviços e produtos e aumentam a participação no mercado. Mulheres, pessoas negras e de classes CDE concentram mais de 80% da intenção de compra no Brasil; 98% das(os) consumidoras(es) não comprariam marcas que, de alguma forma, não respeitem a diversidade; e 84% preferem marcas que promovam e apoiem iniciativas para ampliar a diversidade racial. A geração Z afirma que deixará de consumir marcas e divulgar empresas cujas campanhas são consideradas machistas (81%), racistas (79%) e homofóbicas (76%).

2. INOVAÇÃO

Conforme o ambiente de negócios vai se tornando cada vez mais complexo e dinâmico, mais intensa e necessária é a busca pela inovação e reinvenção.

É fundamental que as empresas apliquem um conjunto diversificado de abordagens para obter sucesso. Precisamos de diversidade cognitiva, derivada de times plurais e ambiência inclusiva. Organizações compostas por uma variedade de vozes, bagagens, experiências e perspectivas em todos os níveis são mais capazes de inovar, assumir riscos, resolver problemas de forma criativa, recuperar-se de falhas e transformar desafios em oportunidades.

Diversidade cognitiva é uma fonte de criatividade. Novas ideias nascem de diferentes formas de enxergar os desafios, aumentando a inovação em cerca de 20%. Na comparação com empresas com times compostos por perfis homogêneos, as corporações com equipes diversas tiveram receitas de inovação 19% mais altas.

Quando as empresas estabelecem culturas e políticas de negócios inclusivas, há um aumento de 59,1% em criatividade, inovação e abertura.

Times homogêneos podem ser suscetíveis ao pensamento de grupo, enquanto equipes diversificadas tendem a alavancar uma variedade de perspectivas e, provavelmente, irão considerar as informações de forma mais completa e precisa. Equipes que incluem diferentes pontos de vista ou estilos de pensamento também produzem mais propriedade intelectual de qualidade superior, como patentes.

DE&I também constrói resiliência, ou seja, a capacidade de sobreviver ao inesperado e se adaptar a ameaças externas, porque permite variação e experimentação constante com produtos, estratégias e modelos de negócios, essenciais para manter a adequação em um ambiente mutável.

3. ATRAÇÃO E RETENÇÃO DE TALENTOS

Na próxima década, o sucesso ou fracasso das empresas estará diretamente relacionado com a forma de atrair e manter talentos e como ocupam as posições de liderança. O talento será escasso nas maiores economias do mundo e as habilidades específicas estarão ainda mais raras: 30% das competências que serão necessárias num futuro próximo não existem ou não são consideradas críticas no *pool* de talentos de hoje.

A *marca empregadora* é fortalecida quando há políticas e práticas robustas de DE&I que impactam diretamente a decisão do talento em escolher a organização na qual irá trabalhar. Quase metade dos profissionais considera as ações da empresa relacionadas a essa agenda na decisão de emprego e questionam sobre a ética e os valores das corporações.

Comprova-se, também, uma relação causal estatisticamente significativa entre cultura inclusiva, *taxas de engajamento, fidelização e redução de turnover*. Com isso, economiza-se substancialmente em gastos com novas contratações.

DE&I são poderosas impulsionadoras de *saúde organizacional e melhor performance*. Nas empresas com boas práticas, 63% das(os) funcionárias(os) indicam que estão realizadas(os) no trabalho, em comparação com apenas 31% do time de empresas que não implementam políticas inclusivas. Corporações com times diversos e ambientes inclusivos têm probabilidade de até uma vez e meia a mais de contar com funcionárias(os) mais felizes em todas as funções e níveis da hierarquia. E mais: 35% do investimento emocional de uma(um) funcionária(o) em seu trabalho e 20% de seu desejo de permanecer na organização estão ligados à percepção de inclusão e pertencimento, o que maximiza *talento* e *produtividade*. Além disso, um aumento de 10% nas percepções de inclusão melhora o *absenteísmo*, acrescentando quase um dia por ano de comparecimento ao trabalho.

4. REPUTAÇÃO E ESG

Aliar-se à luta contra preconceitos e injustiças sociais e promover a inclusão no ambiente de trabalho são formas bastante efetivas de demonstrar compromisso com um mundo mais justo e igualitário. Mas é preciso que a política interna tenha coerência entre o que é dito e o que é efetivamente realizado. Organizações com culturas e práticas de negócios inclusivas têm 57,8% mais chances de fortalecer sua reputação, de acordo com a OIT.

Como resultado de uma atuação genuína e robusta, as empresas são percebidas como mais engajadas, destacadas na mídia, ganham reconhecimento de seus pares, são mais eficazes no gerenciamento de riscos, conseguindo viabilizar a integração dos aspectos ambientais, sociais e desempenho de governança.

Outro elemento importante são os conselhos corporativos que incluem diferentes gêneros e raças, garantindo diversidade de formações e experiências, sendo mais capazes de reconhecer as necessidades e os interesses de grupos diversos. Também são mais propensos a identificar questões sociais como direitos humanos, mudança climática e desigualdade de renda como críticas para a estratégia corporativa, fortalecendo o desempenho ambiental, social e de governança (ESG).

Mas um fenômeno ainda impera no meio corporativo: embora os impactos positivos da DE&I para os negócios estejam muito bem documentados por mais de duas décadas, nunca parece ser suficiente. Em vez de tentar buscar aquela "prova" indescritível de que a diversidade causa melhor desempenho nos negócios, as empresas precisam se concentrar na diversidade como uma questão *de talento* e reconhecer que, para ser um líder do setor, é fundamental aproveitar *todo* o pool de talentos. Ao contratar um grupo limitado de pessoas, as companhias estão perdendo segmentos significativos — no Brasil, praticamente a metade da população, que é feminina e negra. Portanto, devem investir energia e recursos para ampliar sua base e criar culturas inclusivas, onde todas, todos e todes tenham oportunidades iguais de contribuir e obter sucesso, com o reconhecimento que merecem.

Em síntese, Diversidade, Equidade e Inclusão são imperativas e partes essenciais do propósito coletivo de uma empresa. Se líderes e equipes conduzirem com êxito a DE&I e estabelecerem um ambiente de trabalho que permita seu sucesso, as empresas terão maior probabilidade de desenvolver capacidade de inovar, crescer e resistir aos choques da próxima década, tornando-se mais resilientes, perenes e sustentáveis no longo prazo.

REFERÊNCIAS BIBLIOGRÁFICAS

BANAHAN, Cristina; HASSON, Gabriel. Across The Board Improvements: Gender Diversity and ESG Performance. *Harvard Law School Forum on Corporate Governance*, 6 set. 2018. Disponível em: https://corpgov.law.harvard.edu/2018/09/06/across-the-board-improvements-gender-diversity-and-esg-performance/. Acesso em: 19 jul. 2023.

BOURKE, Juliet. The Diversity and Inclusion Revolutions: Eight Powerful Truths. *Deloitte Review*, 2018. Disponível em: https://www2.deloitte.com/us/en/insights/deloitte-review/issue-22/diversity-and-inclusion-at-work-eight-powerful-truths.html. Acesso em: 19 jul. 2023.

CASTILHO, Paula. Diversity Matters: América Latina. [S. l.]: McKinsey & Company, 2020. Disponível em: https://www.mckinsey.com/br/our-insights/diversity-matters-america-latina. Acesso em: 19 jul. 2023.

CATALYST. Why Diversity And Inclusion Matter. [S. l.], 2020. Disponível em: https://www.catalyst.org/research/why-diversity-and-inclusion-matter/. Acesso em: 19 jul. 2023.

CHEN, Jie et al. Why Female Board Representation Matters: The Role Of Female Directors In Reducing Male CEO Overtrust. *Journal of Empirical Finance*, v. 53, set. 2019. Disponível em: https://www.sciencedirect.com/science/article/abs/pii/S0927539819300520. Acesso em: 19 jul. 2023.

COMISSÃO EUROPEIA. *The Costs and Benefits of Diversity*. [S. l.], 2003. Disponível em: https://www.coe.int/t/dg4/cultureheritage/mars/source/resources/references/others/17%20-%20Costs%20and%20Benefits%20of%20Diversity%20-%20EU%202003%20ExSum.pdf. Acesso em: 19 jul. 2023.

CORRITORE, Matthew; GOLDBERG, Amir; SRIVASTAVA, Sameer B. The New Analytics of Culture. *Harvard Business Review*, 2020. Disponível em: https://hbr.org/2020/01/the-new-analytics-of-culture. Acesso em: 19 jul. 2023.

CREDIT SUISSE. Credit Suisse Gender 3000 Report Shows Women Hold Almost a Quarter of Board Room Positions Globally. [S. l.]: Credit Suisse Research Institute, 2021. Disponível em: https://www.credit-suisse.com/about-us-news/en/articles/media-releases/credit-suisse-gender-3000-report-shows-women-hold-almost-a-quart-202109.html. Acesso em: 19 jul. 2023.

DELOITTE. The Role of Diversity Practices and Inclusion in Promoting Trust and Employee Engagement. [S. l.], 2015. Disponível em: https://www2.deloitte.com/au/en/pages/human-capital/articles/role-diversity-practices-inclusion-trust-employee-engagement.html. Acesso em: 19 jul. 2023.

DIXON-FYLE, Sundiatu. Diversity Wins: How Inclusion Matters. [S. l.]: McKinsey & Company, 2020. Disponível em: https://www.mckinsey.com/featured-insights/diversity-and-inclusion/diversity-wins-how-inclusion-matters?_hsenc=p2ANqtz-_yhBheE4Oy_rUs0mop4vs3p0G962VP_EfmLBt_wqW7cLw9AWKBfwpMJuZv06ZsCNkRyaFS. Acesso em: 19 jul. 2023.

[ICE] INSTITUTO DE CIDADANIA EMPRESARIAL. Estratégias de integração de EDIP nos negócios: um guia para pequenos negócios. [S. l.]: ICE, 2023. Disponível em: https://ice.org.br/publicacao/estrategias-de-integracao-de-equidade-diversidade-inclusao-e-pertencimento-edip-nos-negocios/. Acesso em: 19 jul. 2023.

FRANCIS, Tracy; HOEFEL, Fernanda. True Gen: como a geração Z impactará as empresas de bens de consumo. [S. l.], McKinsey, 2018. Disponível em: https://www.mckinsey.com/industries/consumer-packaged-goods/our-insights/true-gen-generation-z-and-its-implications-for-companies/pt-br. Acesso em: 19 jul. 2023.

HOMAN, Astrid C. Dealing With Diversity In Workgroups: Preventing Problems And Promoting Potential. *Social and Personality Psychology Compass*, 2019. Disponível em: https://compass.onlinelibrary.wiley.com/doi/full/10.1111/spc3.12465. Acesso em: 19 jul. 2023.

INSTITUTO LOCOMOTIVA PARA A CENTRAL ÚNICA DAS FAVELAS (CUFA). *O mercado da maioria*: periferia e diversidade como estratégia de negócio. [S. l.], 2020. Disponível em: https://ilocomotiva.com.br/wp-content/uploads/2022/01/o-mercado-da-maioria.pdf. Acesso em: 19 jul. 2023.

LORENZO, Rocio; REEVES, Martin. How and Where Diversity Drives Financial Performance. *Harvard Business Review*, 2018.

MADERA, Juan M.; NG, Linnea; SUNDERMANN, Jane M.; HEBL, Mikki. Top Management Gender Diversity and Organizational Attraction: When and Why It Matters. *Archives of Scientific Psychology*, 2019. Disponível em: https://psycnet.apa.org/fulltext/2019-71047-001.html. Acesso em: 19 jul. 2023.

[OIT] ORGANIZAÇÃO INTERNACIONAL DO TRABALHO. *Women in Business and Management: The Business Case for Change*. [S. l.], 2020.

ROBERT HALF TALENT SOLUTIONS. Guia Salarial 2023. Disponível em: https://www.roberthalf.com.br/guia-salarial. Acesso em: 19 jul. 2023.

TSUSAKA, Miki; KRENTZ, Matt; REEVES, Martin. The Business Imperative of Diversity. [S. l.]: BCG Henderson Institute, 2019. Disponível em: https://www.bcg.com/publications/2019/winning-the-20s-business-imperative-of-diversity. Acesso em: 19 jul. 2023.

JOSEPH KUGA

Joseph Kuga é uma pessoa engajada no tema ESG, atuando diretamente no S (Social). É especialista, escritor e palestrante nos temas de sexualidade humana e transexuais no mercado de trabalho. Também trabalha com gestão de projetos de diversidade, equidade e inclusão. Devido a suas experiências pessoais e profissionais como homem trans, tornou-se ainda mais engajado nas causas sociais, produzindo conteúdo e realizando ações para incentivar a inserção de grupos vulnerabilizados nas empresas.

CAPÍTULO 3

A JORNADA ATÉ OS OBJETIVOS DE DESENVOLVIMENTO SUSTENTÁVEL (ODS)

JOSEPH KUGA

Pode-se dizer que as questões ambientais entraram no centro das discussões a partir da Conferência de Estocolmo (ou Conferência das Nações Unidas sobre o Meio Ambiente Humano), na Suécia, em 1972, que reuniu 113 países. Tal conferência é considerada um marco histórico pela quantidade de países discorrendo sobre o tema pela primeira vez. Pois até então, o conceito geral era de que o planeta e o seu meio ambiente proveriam recursos inesgotavelmente para o sustento mundial.

A segunda Conferência das Nações Unidas sobre o Meio Ambiente Humano ocorreu vinte anos depois, em 1992, e foi realizada no Rio de Janeiro, Brasil, ficando conhecida como Rio-92. Nessa conferência o tema do desenvolvimento sustentável obteve espaço para desdobramento científico, político e diplomático.

Mais alguns anos se passaram e, no ano 2000, líderes de países membros da ONU se reuniram na sede da entidade, em Nova York, e estabeleceram a Declaração do Milênio, desdobrada nos Objetivos de Desenvolvimento do Milênio (ODM):

1. Erradicar a pobreza extrema e a fome.
2. Alcançar educação primária universal.
3. Promover a igualdade entre os sexos e a autonomia das mulheres.
4. Reduzir a mortalidade infantil.
5. Melhorar a saúde materna.

6. Combater o HIV/aids, a malária e outras doenças.
7. Garantir a sustentabilidade ambiental.
8. Estabelecer uma parceria global para o desenvolvimento.

Em 2012, ocorreu a Conferência Rio+20. Os países membros avaliaram se houve ou não avanços nos anos decorridos e renovaram seus compromissos. E, enquanto a Rio-92 teve como foco os países, a Rio+20 trouxe as empresas para se unirem à causa.

Em 2015, foi divulgado o Relatório dos Objetivos de Desenvolvimento do Milênio, que evidenciou avanços significativos. Segundo Ban Ki-moon, que foi o oitavo secretário-geral da ONU, os ODM contribuíram grandemente para o progresso e nos ensinaram como governos, empresas e sociedade civil podem trabalhar juntos para conseguir avanços transformacionais.

Com o sucesso dos ODM, considerou-se manter o foco na sustentabilidade planetária para as gerações futuras. E usando como base a Declaração Final das Nações Unidas sobre o Desenvolvimento Sustentável (Rio+20), intitulada "O futuro que queremos", foram estabelecidos os 17 Objetivos de Desenvolvimento Sustentável (ODS), pela ONU, com todos os 193 países membros da entidade em 2015, que firmaram compromisso com a agenda mundial para continuar mudando positivamente o planeta até 2030.

Figura 3.1: Objetivos de Desenvolvimento Sustentável (ODS)

Fonte: https://brasil.un.org/pt-br/91863-agenda-2030-para-o-desenvolvimento-sustent%C3%A1vel

DO TRIPÉ DA SUSTENTABILIDADE (*TRIPLE BOTTOM LINE*) À AGENDA ESG

Segundo o Relatório Brundtland (1987), desenvolvimento sustentável é aquele que "satisfaz as necessidades presentes, sem comprometer a capacidade das gerações futuras de suprir suas próprias necessidades". Mesmo hoje esse conceito e suas necessidades são atuais.

Ainda na vertente de desenvolvimento sustentável, em 1994, o britânico John Elkington criou o tripé da sustentabilidade (*triple bottom line*), conceito que visa pautar a administração e medição dos resultados em três princípios: pessoas (*people*), planeta (*planet*) e lucro (*profit*), também conhecido como os 3Ps da sustentabilidade, que se traduzem nos pilares econômico, social e ambiental.

Tal conceito está interligado ao ESG, podendo ser considerado seu antecessor, pois introduziu os primeiros elementos para o seu surgimento. Porém, o tripé da sustentabilidade, sem a pressão das instituições de investimento de capital, e o pilar de governança, tornaram-se um ato voluntário de "boa vontade", que culminou na dificuldade de garantir transparência e confiança na prestação de contas. E, sendo o mercado de capitais volátil, nos anos 2000 empresas que sucumbiram às instabilidades e escândalos financeiros tomaram grandes proporções, como no caso dos bancos norte-americanos.

Após a crise, por conseguinte, nasceu finalmente, em 2004, o termo em inglês ESG: ambiental (*environmental*), social (*social*) e governança (*governance*), para dar mais nitidez ao mercado, instituições investidoras e sociedade.

Segundo o Pacto Global (Rede Brasil):

> O termo foi cunhado em 2004 em uma publicação do Pacto Global em parceria com o Banco Mundial, chamada Who Cares Wins (Quem se importa ganha). Surgiu de uma provocação do secretário-geral da ONU Kofi Annan a 50 CEOs de grandes instituições financeiras, sobre como integrar fatores sociais, ambientais e de governança no mercado de capitais.

Segundo a Amcham Brasil (American Chamber of Commerce for Brazil), cada letra da sigla contém parâmetros que podem auxiliar na tomada de decisão:

> - E – *Environmental* (Ambiental): envolve a análise de questões que impactam na proteção do meio ambiente, como uso de energia, descarte de lixo, emissão de gases poluentes e ações que combatam as mudanças climáticas;
> - S – *Social*: refere-se a questões que impactam o direito das pessoas colaboradoras, como segurança de trabalho, ações de diversidade e relacionamento com as comunidades impactadas pela companhia;
> - G – *Governance* (Governança): diz respeito à forma como as companhias atuam, suas práticas operacionais, as políticas de anticorrupção que adotam, entre outros fatores. (Amcham Brasil, 2023)

E para fomentar a importância da transparência nos negócios tendo como base fatores ambientais, sociais e de governança, assegurando os interesses de *stakeholders* (partes interessadas) e o investimento em ativos responsáveis, em 2006 foram lançados os Princípios para o Investimento Responsável (PRI), uma iniciativa de instituições investidoras internacionais em parceria com a Iniciativa Financeira do Programa da ONU para o Meio Ambiente (UNEP FI) e o Pacto Global da ONU.

ESG E SUAS CONEXÕES COM OS ODS

Apesar de os Objetivos de Desenvolvimento Sustentável (ODS) terem sido criados inicialmente para os países membros da Organização das Nações Unidas (ONU), as empresas que também estão inseridas nos países e têm sua relevante parcela de responsabilidade para o avanço das nações na Agenda 2030 utilizam os ODS como uma maneira de condensar e dar nitidez aos desafios sociais, ambientais e de governança pelos quais a atividade do negócio deve se pautar para assegurar não só a sustentabilidade financeira mas também a sustentabilidade planetária.

Para criar objetivos e/ou metas de ESG, é possível se pautar nos ODS, por exemplo:

- E (Ambiental) – ODS 6, 7, 9, 12, 13, 14 e 15: implementar tecnologias limpas que reduzam suas emissões de gases de efeito estufa, ajudando a mitigar e até prevenir as mudanças climáticas, protegendo os ecossistemas do planeta.
- S (Social)
  - *Direitos Humanos* – ODS 1, 5, 8, 10: assegurar o cumprimento da Declaração Universal dos Direitos Humanos da ONU (1948), e dos Direitos Fundamentais da Constituição Federal (1998), e demais leis vigentes, tratando suas pessoas colaboradoras, fornecedores(as) e clientes com respeito e dignidade, contribuindo assim para a erradicação da pobreza, da desigualdade de gênero e do trabalho análogo a escravização.
  - *Saúde* – ODS 2, 3 e 6: produzir alimentos saudáveis e seguros, aplicar práticas sustentáveis na gestão de recursos hídricos, incentivar a adesão às campanhas de vacinação e promover ações para garantir a saúde mental das pessoas colaboradoras, impulsionando a promoção de uma vida saudável e bem-estar.
  - *Educação* – ODS 1, 4, 5: fornecer cursos para suprir *gaps* estruturais de educação, treinamentos, capacitação e aprendizagem contínua de suas pessoas colaboradoras favorece o acesso à educação de qualidade, a redução da desigualdade de gênero e da miséria.
  - *Moradia* – ODS 11: garantir acesso a habitação segura, adequada e próxima ao local de trabalho caso fique localizado em região afastada, estimulando a urbanização sustentável da comunidade.
- G (Governança) – Todos os ODS: o sucesso das práticas do social e ambiental pode ser identificado com uma gestão bem-sucedida da governança, que deve desenvolver mecanismos de gestão, mensuração e prestação de contas de todos os objetivos ou metas estipulados utilizando cada um dos 17 Objetivos de Desenvolvimento Sustentável.

Portanto, a conexão entre ESG e ODS é essencial para o desenvolvimento e sustentabilidade do negócio, para o investimento responsável, a inovação sem comprometer o nosso planeta e as gerações futuras, e para a construção de um amanhã equitativo, inclusivo e, quiçá, com igualdade para todas as pessoas independentemente de suas individualidades.

Dicas para fazer a diferença:

- Tenha ESG como pauta institucional, para que todas as pessoas colaboradoras de diversas áreas possam contribuir com suas respectivas expertises.
- Mapeie os pontos fortes e fracos para identificar onde colocar a energia. É imprescindível saber onde está e para onde deve ir, tendo consciência de que o sucesso da empresa em direção à Agenda 2030 é uma jornada.
- Por fim, mas não menos importante, promova a inclusão da diversidade; as pautas trabalhadas pelos grupos de afinidade contribuem diretamente com os ODS, além de impulsionar a inovação.

REFERÊNCIAS BIBLIOGRÁFICAS

ÁBIDO, Karolina; VARGAS, Lucas Antonio. *Objetivos de desenvolvimento sustentável e a estrutura de governança corporativa*. Disponível em: https://anpcont.org.br/pdf/2020_CFF488.pdf. Acesso em: 26 jun. 2023.

ALMEIDA, E. *Novo relatório da ONU avalia implementação mundial dos Objetivos de Desenvolvimento do Milênio (ODM)*. Disponível em: https://unaids.org.br/2015/07/novo-relatorio-da-onu-avalia-implementacao-mundial-dos-objetivos-de-desenvolvimento-do-milenio-odm/. Acesso em: 26 jun. 2023.

[AMCHAM BRASIL] AMERICAN CHAMBER OF COMMERCE FOR BRAZIL. *O que é a agenda ESG e qual a sua importância para os negócios*. [S.l.], 2023. Disponível em: https://www.amcham.com.br/noticias/gestao/o-que-e-agenda-esg-e-qual-a-sua-importancia-para-os-negocios. Acesso em: 26 jun. 2023.

AZEVEDO, Julia. *O que é tripé da sustentabilidade?* Disponível em: https://www.ecycle.com.br/tripe-da-sustentabilidade/. Acesso em: 26 jun. 2023.

FIA. *Objetivos de Desenvolvimento Sustentável [ODS]*: o que são e importância. Disponível em: https://fia.com.br/blog/ods/. Acesso em: 26 jun. 2023.

GRUPO HOUER. *ESG e ODS*: o que são, razões para investir e outras curiosidades. Disponível em: https://blog.houer.com.br/esg-e-ods-o-que-sao-razoes-para-investir-e-outras-curiosidades/. Acesso em: 26 jun. 2023.

IGNACIO, Julia. *ECO-92: o que foi a conferência e quais foram seus principais resultados?* Disponível em: https://www.politize.com.br/eco-92/. Acesso em: 26 jun. 2023.

IDEIA SUSTENTAVEL. *As empresas na Rio+20*. Disponível em: https://ideiasustentavel.com.br/as-empresas-na-rio20/. Acesso em: 26 jun. 2023.

IPEA. História – Rio-92. Disponível em: https://www.ipea.gov.br/desafios/index.php?option=com_content&id=2303:catid=28&Itemid. Acesso em: 26 jun. 2023.

INPE. *O futuro que queremos*. Disponível em: http://www.inpe.br/noticias/arquivos/pdf/RIO+20-web.pdf. Acesso em: 26 jun. 2023.

JAPIASSÚ, Carlos Eduardo. *30 anos do Relatório Brundtland:* nosso futuro comum e o desenvolvimento sustentável como diretriz constitucional brasileira. *Revista de Direito da Cidade*, v. 9, n. 4, 2017.

MOURÃO, R. *Categoria Conceitos – Nosso Futuro Comum – Relatório Brundtland.* Disponível em: http://www.ecobrasil.eco.br/site_content/30-categoria-conceitos/1003-nosso-futuro-comum-relatorio-brundtland. Acesso em: 16 ago. 2023.

NAÇÕES UNIDAS BRASIL. *Objetivos de Desenvolvimento Sustentável.* Disponível em: https://brasil.un.org/pt-br/sdgs. Acesso em: 26 jun. 2023.

NAÇÕES UNIDAS BRASIL. *Os Objetivos de Desenvolvimento do Milênio.* Disponível em: https://brasil.un.org/pt-br/66851-os-objetivos-de-desenvolvimento-do-mil%C3%AAnio. Acesso em: 26 jun. 2023.

SETIC-UFSC. *Comitê Facilitador da Sociedade Civil Catarinense para a Rio+20.* Disponível em: https://riomais20sc.ufsc.br/quem-somos/o-que-e-a-rio20/. Acesso em: 26 jun. 2023.

UNEP. *Uma iniciativa de investidores em parceria com a Iniciativa Financeira do Programa da ONU para o Meio-Ambiente (UNEP FI) e o Pacto Global da ONU.* Disponível em: https://www.unpri.org/download?ac=10969#:~:text=Os%20Princ%C3%ADpios%20para%20o%20Investimento%20Respons%C3%A1vel%20(PRI)%20foram%20criados%20por,para%20as%20pr%C3%A1ticas%20de%20investimento. Acesso em: 26 jun. 2023.

SUELMA ROSA

Diretora executiva de reputação e assuntos corporativos da América Latina e Caribe de Unilever. Atua como *sponsor* do Grupo de Afinidade proUd e do Fundo Afrolever no Brasil. Membra do conselho administrativo da Rede Brasil do Pacto Global das Nações Unidas. Doutora pelo Departamento de Ciência Política da Universidade de Panthéon--Sorbonne. Faz parte do Conselho de Sustentabilidade da marca Mãe Terra e é líder de políticas públicas do Movimento Jovens do Brasil.

ANANDA PUCHTA

Advogada, ativista interseccional, feminista, antirracista e apaixonada pela quebra de paradigmas! Foi finalista do 24º Prêmio Claudia na categoria políticas públicas, *fellow* da Out & Equal Workplace Advocates. Defendeu a criminalização da LGBTQIA+fobia no STF e foi presidente da Comissão de Diversidade Sexual e de Gênero da OAB do Paraná (2019-2021). Atualmente é responsável pela pasta de ativismo, cultura e missão social na Ben & Jerry's Brasil.

CAPÍTULO 4

ADVOCACY CORPORATIVO PELA DEFESA DE DIREITOS E PROMOÇÃO DE EQUIDADE, DIVERSIDADE E INCLUSÃO

SUELMA ROSA | ANANDA PUCHTA

O nosso objetivo é trabalhar a partir de um caso prático o exercício de *advocacy* corporativo para a defesa e promoção de direitos de Equidade, Diversidade e Inclusão, bem como apresentar esse conceito, usado também nos países do hemisfério norte, mas que ainda causa um certo estranhamento no setor privado brasileiro. Isso porque, em anos de polarização política e construção de narrativas de pós-verdade e *fake news*, o termo *advocacy* foi amplamente atrelado à defesa de direitos humanos e, por conseguinte, visto com certo receio e distanciamento pelo setor privado.

Por *advocacy* entendemos o termo que compreende o conjunto de estratégias utilizadas para impulsionar uma mudança social perene a médio ou longo prazo, geralmente com alta escalabilidade de impacto. Ao atrelar esse compêndio estratégico ao ambiente corporativo, tem-se como premissa a participação ativa de empresas e corporações nas ações de mudança social em prol da Equidade, Diversidade e Inclusão. Isso porque se parte do princípio de que as empresas são parte constituinte da sociedade, compostas por pessoas que, na maioria das vezes, são impactadas pela necessidade de políticas públicas de inclusão e responsáveis pela saudabilidade econômica de um país.

Embora *advocacy*, em sua tradução literal para o português, signifique advogar, o termo na prática se distancia da atividade jurídica, pois é muito mais amplo. Da mesma forma, não pode ser considerado apenas como lobby, pois o *advocacy* compreende um conjunto de estratégias de influência direta e indireta sobre tomadores de decisão por meio da mobilização de diversos atores da sociedade. Ações de comunicação como campanhas, posicionamentos, entrevistas e veiculação de mídia também não esgotam toda a complexidade do termo. Acordos público-privados, parcerias e coalizões também fazem parte do mundo de *advocacy*, já que amplificam não só o debate como também o alcance de participação para que se realize a mudança perene desejada. Mas, enfim, o que é *advocacy*?

Com foco na mudança social, atingindo tanto comportamento (cultura) quanto políticas públicas e a forma como a sociedade se organiza, o *advocacy* de fato compreende todas as práticas elencadas acima, quais sejam, lobby, campanhas de comunicação, coalizões entre instituições, acordos privados etc. Agora, como o mundo corporativo se coloca no centro como participante ativo dessas ações? Conforme veremos nos casos práticos, as corporações podem atuar em praticamente todas essas frentes, seja com o lobby, grande aliado dos times de relações governamentais, com a participação institucional em conselhos, comitês, fóruns, seja com campanhas de comunicação voltadas à promoção ou defesa de direitos, como a emblemática "Resolve esse B.O" (ALL OUT, [s. d.]), seja liderando coalizões ou fazendo acordos privados — a exemplo do Consórcio de Veículos de Imprensa (G1, 2020) criado durante a pandemia de covid-19. Ou seja, assim como o terceiro setor, corporações podem agir de forma a impactar a mudança social, trazendo resultados benéficos a toda uma comunidade.

Vale ressaltar, portanto, a importância da consciência empresarial como aliada em pautas sociais, ambientais e de governança. As corporações, nas suas atribuições de engajamento com a sociedade, devem retratar, por meio de ativismo corporativo, os seus valores, os seus compromissos com a sociedade e quais são as suas contribuições para além da provisão de produtos e serviços. Posicionar-se a respeito de quais são os valores, os padrões, as normas sociais, que tenham coerência com as suas práticas dentro da empresa é uma das maneiras de participação ativa na sociedade em temas tão variados quanto equidade racial, de gênero, promoção de direitos, justiça ambiental e combate de todas as formas de discriminação.

Um exemplo foi a mobilização em torno do Projeto de Lei n. 504/2020, o qual será detalhado a seguir.

PROJETO DE LEI N. 504/2020

No Brasil, um caso emblemático e recente de *advocacy* corporativo se deu no debate em torno do Projeto de Lei n. 504 de 2020 (PL 504), que tramitou na Assembleia Legislativa do Estado de São Paulo e cujo teor visava "a proibição da publicidade, através de qualquer veículo de comunicação e mídia de material que contenha alusão a preferências sexuais e movimentos sobre diversidade sexual relacionados a crianças no Estado de São Paulo" (SÃO PAULO, 2020).

O Projeto de Lei foi proposto no mês de agosto de 2020, em resposta às propagandas publicitárias de Dia dos Pais que retratavam homens trans com seus filhos, bem como famílias compostas por dois pais, trazendo a diversidade para o centro do debate sobre o que é de fato a paternidade. No entanto, somente no mês de abril de 2021 o Projeto de Lei chegou à grande mídia, após publicação do parecer conjunto da Comissão de Constituição, Justiça e Redação, Comissão de Defesa dos Direitos da Pessoa Humana, Comissão da Cidadania, Comissão da Participação e das Questões Sociais e da Comissão de Finanças, Orçamento e Planejamento, que se mostrou favorável à redação de emenda proposta pela deputada Janaina Paschoal. O objetivo da emenda era alterar a redação do art. 1º, explicitando ainda mais a proibição de publicidades que fizessem "alusão a gênero e orientação sexual, ou a movimentos sobre diversidade sexual relacionados a crianças e adolescentes" e substituindo a redação original.[1]

Vale ressaltar que a ampla veiculação midiática sobre o Projeto de Lei e toda a discussão sobre a sua inconstitucionalidade teve como base primordial a articulação e visibilidade de parlamentares pertencentes à comunidade LGBTQIAP+ que, ao lado da sociedade civil organizada, levaram à mídia e, por conseguinte, às empresas a necessidade de discussão

1 "Artigo 1º – É vedado em todo o território do Estado de São Paulo, a publicidade, por intermédio de qualquer veículo de comunicação e mídia que contenha alusão a preferências sexuais e movimentos sobre diversidade sexual relacionados a crianças."

sobre a real inconstitucionalidade da proposta. A partir daí, pelo andar urgente da tramitação legislativa, o papel do setor privado foi fundamental para apresentar à sociedade os pontos negativos da proposta legislativa, bem como suas inconstitucionalidades e incongruências.

Sobre a participação das empresas em movimentos tão relevantes quanto a mobilização em torno desse Projeto de Lei, há de se considerar a importância de delimitar qual perfil de empresas e de marcas possuem credenciais para entrar na conversa. Antes de uma mobilização dessa natureza é importante avaliar se a empresa, a marca, já incorporou a proteção dos direitos LGBTQIAP+ como uma prática dentro da organização por meio de iniciativas de promoção de Equidade, Diversidade e Inclusão na estrutura organizacional e por meio de uma agenda consistente de posicionamento de marca, a exemplo de quando esta decide incorporar uma causa como parte do seu propósito de existência. Coerência e consistência são as condições necessárias para que essas empresas possam adentrar em uma agenda de *advocacy* dessa natureza.

Em menos de uma semana, a pressão da opinião pública e a manifestação de mais de seiscentas entidades da sociedade civil, entre elas 69 empresas, que publicamente se declararam contrárias ao PL, utilizando as *hashtags* #abaixopl504, #PropagandaPelaDiversidade e #lgbtnãoémáinfluência (FILIZOLA, 2021), corroboraram para que o projeto fosse emendado, alterado e não votado. Evidente que campanhas de comunicação com investimento conseguem alcançar mais pessoas, democratizar conhecimento e pautar a pressão popular para que PLs como esse sejam barrados ou alterados.

Contudo, a articulação do meio empresarial com as entidades do terceiro setor e parlamentares foi fundamental para definição de estratégias que culminariam não só na campanha contra o PL, como também na propositura de uma emenda de plenário, com conteúdo em defesa da comunidade LGBTQIAP+, para que esta não fosse estigmatizada como estimuladora de "práticas danosas" ou tendo uma "influência inadequada" à infância.[2]

2 A justificativa da emenda continua ainda com a defesa de que "É indiscutível a necessidade de proteção das infâncias e das adolescências, incluindo aquelas que sofrem de discriminação, seja por razões de gênero, raça, entre outros marcadores. Contudo, associar a violação dos direitos das crianças e adolescentes às diversidades sexuais e de gênero é, além de discriminatório, desumanizador".

Ainda, esse exemplo mostra que o posicionamento empresarial não parte do princípio de garantia de reserva de mercado ou possibilidade de lucro pelo chamado *pink washing*, haja vista que, de acordo com o Estudo de Representação da Diversidade na Propaganda Digital Brasileira, realizado pela Agência AS365 e Elife (SA365; ELIFE, 2019), pessoas LGBTQIAP+ estão presentes em apenas 2% das propagandas brasileiras. Esse dado demonstra que o comprometimento com a garantia dos direitos das pessoas LGBTQIAP+ é de fato genuíno e coloca no centro a importância do posicionamento das corporações para promoção e garantia de direitos. São poucos os estudos e informações oficiais a respeito da comunidade LGBTQIAP+ para além de pesquisas pontuais, não há um censo integrador que caracterize essa população e determine quais são as condições de vida no país. De maneira que a estratégia de *advocacy* e a própria discussão do Projeto de Lei se depararam com essa ausência de informações que melhor instruiria a promoção de políticas públicas mais eficazes.

Cabe ressaltar ainda a importância de instituições da sociedade civil que trabalham com o diálogo e construção de pontes entre o setor privado e público. Um exemplo de sucesso no caso do PL 504 foi a atuação do Fórum de Empresas LGBTI+,[3] que, ao redigir uma nota de repúdio, encorajou muitas das mais de oitenta empresas participantes do grupo a se manifestarem publicamente contra o projeto. Instituições com esse propósito também são fundamentais na amplificação das vozes da sociedade civil organizada, fazendo com que o setor privado conheça, aprenda e desenvolva projetos alinhados aos objetivos de efetivação de direitos dos movimentos ativistas.

Nesse sentido, a alteração da redação do PL 504 por pressão popular se mostra como um caso emblemático de *advocacy* corporativo por fazer com que muitas companhias se posicionassem publicamente, algumas inclusive investindo em mídia e relações públicas para garantir a repercussão da narrativa justa e constitucional, qual seja, a da defesa da não estigmatização da comunidade LGBTQIAP+, bem como a garantia da liberdade de criação e expressão na publicidade. Para além da comuni-

3 Saiba mais em: https://www.forumempresaslgbt.com/.

cação, o diálogo contínuo com entidades da sociedade civil organizada permitiu que as companhias amplificassem o trabalho dessas instituições e as fizessem acessar outros públicos, contribuindo para o fortalecimento de uma cultura mais diversa. Por último, mas não menos importante, demonstra a maturidade dessas companhias na defesa de direitos fundamentais, constitucionalmente protegidos, como pedra fundamental contra os discursos de ódio extremistas que, além de não serem benéficos à sociedade, também prestam um desserviço à economia do país.

As empresas que fizeram parte do movimento de *advocacy* do Projeto de Lei em questão ao assumirem um posicionamento entraram em um debate polarizado, em um contexto político complexo, debatendo política pública sem se filiar a um partido ou a uma agenda político-partidária. A matéria central eram os direitos, contudo, a percepção de quem não tem familiaridade com o debate e a formulação de políticas públicas frequentemente associa posicionamentos em causas e temas a ideologias político-partidárias. Há de se celebrar a coragem dessas empresas de entrar em um debate polarizado, confiantes de que seus posicionamentos e valores eram coerentes com as crenças que defendiam e preparadas para navegar em uma rede de manifestações de ódio, de *fake news*, de ataques pessoais e à marca.

CONCLUSÃO

Como elucidado nos exemplos práticos ao longo do capítulo, o *advocacy* corporativo é um aliado importante em causas que, muitas vezes, compõem os valores das companhias. No entanto, seu sucesso depende muito de uma conjuntura favorável, bem como articulações de ações em frentes diversas — lobby, campanhas, dados, coalizões, participação institucional etc. —, sempre com foco no impacto de transformações sociais. Ademais, a sua execução depende fortemente da vontade de lideranças corporativas que não só entendam o processo de articulação como também validem a estratégia, de forma a permitir a atuação dos seus times com a liberdade necessária para endereçar temas importantes para a mudança social.

Por fim, em um mundo empresarial onde as pautas de Equidade, Diversidade e Inclusão estão em disputa e a agenda ESG[4] vem perdendo força em meio a crises econômicas, o *advocacy* corporativo se torna ainda mais importante, pois garante a sobrevivência de pautas e causas relevantes dentro e fora do ambiente de trabalho, contribuindo para um mundo mais inclusivo, com melhores práticas de mercado e mais justo para com as pessoas colaboradoras e consumidoras.

REFERÊNCIAS BIBLIOGRÁFICAS

ALL OUT. *Resolve esse B.O.!* [S. l.]. [s. d.]. Disponível em: https://campaigns.allout.org/pt/resolve-esse-bo. Acesso em: 3 ago. 2023.

FILIZOLA, Paula. É inconstitucional e discriminatório, diz especialista sobre PL 504/20. *Metrópoles*, 30 abr. 2021. Disponível em: https://www.metropoles.com/colunas/m-buzz/especialista-em-compliance-para-empresas-rebate-pl-504-2020. Acesso em: 3 ago. 2023.

G1. Veículos de comunicação formam parceria para dar transparência a dados de Covid-19. [S. l.], 8 jun. 2020. Disponível em: https://g1.globo.com/politica/noticia/2020/06/08/veiculos-de-comunicacao-formam-parceria-para-dar-transparencia-a-dados-de-covid-19.ghtml. Acesso em: 3 ago. 2023.

SA365; ELIFE. *Representação da diversidade na propaganda digital brasileira.* São Paulo, mar. 2019. Disponível em: https://elife.com.br/wp-content/uploads/2019/04/Estudo-Representa%C3%A7%C3%A3o-da-Diversidade-na-Propaganda-Digital-Brasileira-2019.pdf. Acesso em: 3 ago. 2023.

SÃO PAULO. Assembleia Legislativa. Projeto de Lei n. 504, de 2020. Dispõe sobre a proibição da publicidade, através de qualquer veículo de comunicação e mídia de material que contenha alusão a preferências sexuais e movimentos sobre diversidade sexual relacionados a crianças no Estado de São Paulo.

4 Sigla que significa *environmental, social and governance* (ambiental, social e governança) e que condensa as ações de sustentabilidade, responsabilidade social e governança dentro das empresas.

ALESSANDRA DI CASTRO

Coordenadora de Projetos e consultora na Integra Diversidade. Especialista em Comunicação Estratégica e Gestão de Marcas, atua com DEIP em projetos de diferentes portes.

KEYLLEN NIETO

Fundadora e consultora sênior na Integra Diversidade. Antropóloga urbana e mestre em Desenvolvimento Internacional Sustentável. Autora de texto sobre migração e refúgio no 1º volume do livro *Diversidade e inclusão e suas dimensões*. Cofundadora da Rede Milbi+.

MAITE SCHNEIDER

Cofundadora e consultora na Integra Diversidade. MBA em Gestão Estratégica, Inovação e Conhecimento. Primeira profissional trans eleita LinkedIn Top Voice no Brasil e TOP 20 2023 do Prêmio iBest. Cofundadora da TransEmpregos, professora e escritora.

CAPÍTULO 5

DIVERSIDADE NA CADEIA DE VALOR — COMPRAS INCLUSIVAS

ALESSANDRA DI CASTRO | KEYLLEN NIETO | MAITE SCHNEIDER

Diversidade, Equidade, Inclusão e Pertencimento (DEIP) são conceitos fundamentais, que desempenham papéis essenciais na construção de uma sociedade mais justa e equânime. Contudo, no universo empresarial e laboral, é muito comum testemunhar a aplicação desses conceitos, quando e se aplicados, apenas da porta para dentro.

São ainda muito raros exemplos no Brasil em que DEIP é considerada como parte do negócio em toda a sua integridade, estendendo-se, mas não se resumindo, a práticas, programas e projetos para além do público interno. Ou seja, considerando toda a cadeia de valor de empresas e organizações públicas ou privadas, envolvendo assim a DEIP em todas as etapas da sua atuação, desde a aquisição de matérias-primas até a entrega final do produto ou serviço para as pessoas consumidoras ou público final.

Garantir que todas as partes interessadas nos trâmites comerciais tenham oportunidades equânimes de participação e atuação é, além de uma ação inovadora, uma forma importante de ampliar a atuação da empresa, e organizações com ações que realmente mudam ponteiros sociais ajudam a reduzir as desigualdades e fortalecem a sustentabilidade do mercado.

Dentro das ações voltadas para a cadeia de valor dos negócios, destaca-se o conceito de compras inclusivas. Essas são práticas, estratégias e diretrizes estabelecidas por organizações públicas ou privadas para promover a inclusão de grupos historicamente sub-representados na cadeia de suprimentos e nos processos de compras. Nesse sentido, têm como objetivo principal criar oportunidades dirigidas à inclusão de empresas e pessoas fornecedoras pertencentes a esses grupos, como micro e pequenas empresas, empreendimentos de comunidades tradicionais, entre outros. Além de envolver a consideração de critérios como políticas trabalhistas, práticas ambientais e impacto social.

As políticas de compras inclusivas visam superar as barreiras que essas empresas e pessoas fornecedoras enfrentam, como o acesso limitado a crédito, recursos financeiros, capacitação e oportunidades comerciais. Buscam criar um ambiente propício para a participação ativa e competitiva de todas as partes nos processos de aquisição de bens e serviços.

É necessário ainda levar em consideração a sigla ESG, que representa os critérios ambientais, sociais e de governança (*environmental, social and governance*) utilizados para avaliar o desempenho e a sustentabilidade de uma empresa ou organização. Critérios estes que são considerados importantes para empresas e pessoas investidoras, acionistas, clientes e outras partes interessadas que buscam entender o impacto das empresas e organizações.

As práticas ESG estão se tornando cada vez mais importantes no mundo empresarial, à medida que as empresas reconhecem a necessidade de se tornarem mais responsáveis e sustentáveis. Empresas que adotam práticas ESG geralmente são vistas como mais atraentes pelas pessoas e empresas consumidoras, investidoras e até para talentos, o que traz benefícios competitivos do curto ao longo prazo.

Ao integrar compras inclusivas e critérios ESG, as empresas criarão uma cadeia de valor mais sustentável e socialmente responsável. Isso envolve selecionar empresas e pessoas fornecedoras que compartilham dos mesmos valores e estão comprometidas com práticas sociais e ambientais concretas e efetivas.

Com isso, a organização irá fortalecer sua imagem e marca, estreitar as relações com as partes interessadas, diminuir riscos na corresponsabilidade de discriminações e infrações às leis trabalhistas e ambientais e contribuir para um impacto positivo e muito mais extenso e efetivo na sociedade. Aqui estão algumas razões pelas quais a inclusão nas compras é fundamental:

1. *Equidade de oportunidades*: aqui se aplica o conceito de equidade e não de igualdade, avaliando e adaptando processos, burocracias

e buscas por talentos, oportunidades de acessos, serviços diferenciados ou excepcionais que a pessoa ou organização de grupos sub-representados trará à empresa.

2. *Acesso a talentos diversos*: a implementação de processos de compras inclusivas permite que as empresas acessem um pool mais amplo de pessoas ou empresas fornecedoras ou parceiras. Esta é uma maneira de aproveitar a diversidade como um recurso estratégico para impulsionar a inovação e o crescimento.
3. *Resposta às necessidades de clientes*: a diversidade é uma realidade na sociedade e as pessoas consumidoras têm demandas cada vez mais variadas. Ao adotar processos de compras inclusivas, as empresas podem compreender melhor e satisfazer as necessidades e preferências de diferentes grupos de pessoas consumidoras. Isso leva a uma expansão na participação de mercado, melhor adequação de produtos e serviços, o que, por sua vez, pode impulsionar a fidelidade de clientes e a competitividade do negócio.
4. *Responsabilidade social e reputação*: processos de compras inclusivas demonstram um compromisso com a justiça social, a igualdade de oportunidades e a responsabilidade corporativa. Essas práticas positivas podem fortalecer a reputação da empresa, atrair clientes e investimentos conscientes e criar uma imagem positiva no mercado.
5. *Redução de riscos e garantia de conformidade*: adotar processos de compras inclusivas ajuda as empresas a mitigar riscos legais e financeiros. Ao garantir que as práticas de aquisição sejam inclusivas, as empresas evitam a possibilidade de violações de leis antidiscriminação, multas e litígios. Além disso, políticas inclusivas estão alinhadas com as regulamentações e diretrizes governamentais, promovendo a conformidade.
6. *Inovação e criatividade*: a diversidade é um impulsionador da inovação. Ao incorporar diferentes perspectivas, ideias e experiências por meio de processos de compras inclusivas, as empresas podem estimular a criatividade e a geração de soluções inovadoras.

A diversidade de pessoas ou empresas fornecedoras traz insights e abordagens únicas e contribui para a solução de problemas complexos de maneira mais eficaz.

7. *Promoção do desenvolvimento econômico e diminuição das desigualdades econômicas e sociais*: ao abrir espaço para pessoas ou empresas fornecedoras diversas, as empresas contribuem para a redução das desigualdades sociais e promovem um desenvolvimento econômico mais equitativo e sustentável, alinhado com os ODS — Objetivo de Desenvolvimento Sustentável da ONU.
8. *Acesso a diferentes perspectivas culturais e conhecimentos especializados*: diferentes perspectivas culturais trazem uma compreensão mais abrangente das necessidades, preferências e comportamentos das pessoas consumidoras de diferentes origens e culturas. Isso permite que as empresas se adaptem e ofereçam produtos e serviços mais relevantes e atrativos para diversos grupos de clientes.
9. *Sensibilidade cultural*: as empresas podem evitar estereótipos e erros de comunicação que possam alienar ou ofender determinados grupos. Essa sensibilidade cultural é fundamental para construir relacionamentos comerciais sólidos e respeitosos.
10. *Processos mais ágeis e adaptáveis*: a metodologia Agile, conhecida por sua flexibilidade e colaboração, proporciona maior capacidade de resposta às necessidades de clientes e do mercado, permitindo ajustes rápidos nos requisitos e prioridades. Essa combinação resulta em um processo de compras mais ágil, adaptável e alinhado com os valores de DEIP das empresas.

E quais são algumas das ações que podem ser realizadas?

1. Defina com clareza quais os produtos e/ou serviços que podem ser fornecidos por pessoas ou empreendimentos pequenos. Exemplo: serviços de consultorias diversas que possam ser acessados por toda a empresa ou matérias-primas produzidas em comunidades vulneráveis.
2. Qualifique a área de compras para elaborar chamados que estimulem a participação de micro e pequenos empreendimentos, ou

de empresas que comprovem ter um foco substancial na inclusão das diversidades. Exemplo: formação em comunicação inclusiva e mapeamento de canais que chegam nessas comunidades.

3. Diversifique, sempre que possível, a origem geográfica do fornecimento, pois a centralização em torno das principais cidades promove a concentração da riqueza e do acesso a melhores produtos e serviços nessas regiões. Exemplo: contate associações regionais e de classe fora do entorno imediato da empresa para divulgar os chamados e concorrências.
4. Conheça as características e necessidades de fornecedores de grupos sub-representados e diminua os prazos de pagamento, já que o fluxo de caixa geralmente é pequeno e o valor da maioria de produtos e serviços fornecidos pode ser pago em menos de um mês. Busque entender o que é realmente necessário e o que é supérfluo ou desatualizado em seus processos de pagamento e de cadastro. Exemplo: promova atividades que registrem quais as características e necessidades desses empreendimentos, dialogando com as suas pequenas empresas fornecedoras e com instituições reconhecidamente dirigidas por e para essas comunidades.
5. Promova a adaptação digital inclusiva, com linguagem e sistemas acessíveis — e isso inclui acessibilidade para pessoas com deficiência —, simplificando os processos e requisitos necessários para o cadastramento. Exemplo: contrate uma consultoria especializada que trabalhe com a área de *compliance*, jurídica e compras para diversificar e adaptar os processos e documentações.
6. Contrate na área de compras pessoas que pertençam a esses grupos sub-representados e que tenham conhecimento de como acessar redes e canais de fornecimentos diversos. Exemplo: trabalhe com a liderança da área de compras para que, junto de R&S, possam acessar e selecionar talentos diversos, representativos e qualificados.
7. Ofereça suporte especializado, com linguagem clara e acessível e atendimento humanizado, pois muitas vezes há despreparo e até hostilidade de pessoas na área de compras que não sabem lidar com

as especificidades e dúvidas de micro e pequenos empreendimentos. Exemplo: estabeleça um programa de formação permanente que vise o letramento sobre grupos sub-representados, assim como a atualização permanente dos processos e sistemas que simplifiquem a participação desses grupos.

8. Revise quais são as prioridades da política ou plano de diversidade, assim como do plano ambiental e de ESG, para que as metas e ações incluam as compras de pessoas e empreendimentos diversos nos resultados. Exemplo: crie um programa que pontue empresas fornecedoras por demonstrarem a inclusão das diversidades e práticas ambientalmente responsáveis, indo além da eleição exclusivamente pelo menor preço. Isso fará com que empresas fornecedoras demonstrem e ampliem a DEIP e o ESG.
9. Promova a indicação de quem oferecer boa qualidade e atendimento dentre estas empresas fornecedoras, sem fechar as portas para novas fontes de serviços. Exemplo: assim como há divulgação de premiações por melhor desempenho de equipes e pessoas funcionárias, sua empresa pode criar um reconhecimento justo e criterioso de empresas fornecedoras diversas.
10. Sempre dê retorno claro e respeitoso a pessoas e empresas diversas com quem entrar em contato. Desde a chamada para a concorrência até a reunião de encerramento do processo, o tratamento humanizado e a disponibilidade são fundamentais para que a sua empresa seja reconhecida como "boa para se trabalhar" e não como uma que se apresenta de uma maneira para clientes e pessoas funcionárias mas age de forma totalmente contrária com quem lhe fornece os serviços necessários para seu bom funcionamento. Exemplo: ofereça um canal — seja por reunião ou formulário — para escutar como foi a experiência desses talentos e empresas diversas junto da sua organização e ter insumos para melhorar as práticas.
11. Finalmente, é fundamental colher e produzir dados que sirvam de evidência de que o dinheiro investido através da área de compras está, de fato, contribuindo para fortalecer empreendimentos

diversos, inclusivos e sustentáveis. Exemplo: tire informações desnecessárias ou irrelevantes dos formulários de cadastro e acrescente perguntas sobre o perfil das pessoas funcionárias, das práticas de inclusão e das práticas ambientais comprováveis.

Com esses compromissos e ações, as empresas poderão contribuir de forma muito mais ampla e efetiva para a revitalização da economia e a inclusão social dos diversos talentos disponíveis para além de seu quadro de pessoas colaboradoras. Somente vamos ter um resultado macro verdadeiramente sólido e acima de nossos objetivos quando potencializarmos o micro, incentivando o ganho recíproco. Quanto mais inclusiva, diversa e sustentável for a sua cadeia, mais valor ela terá.

ELAINE TERCEIRO

Psicóloga, mestra em Educação Sexual pela Unesp, aluna especial no doutorado de Educação Escolar pela Unesp, MBA em Marketing pela FGV, especialista em *Coaching* pelo ICI, *D&I manager* na Hotmart e professora convidada na Fundação Dom Cabral e no Hospital Sírio-Libanês. Atuou também nos bancos Sudameris, Itaú Unibanco e na Atento, nas áreas de *ombudsman*, cultura organizacional, comunicação interna e responsabilidade social, e na Consultoria Mais Diversidade foi consultora e *head* de Treinamento em *D&I*.

CAPÍTULO 6

DIVERSIDADE, EQUIDADE, INCLUSÃO & COMPLIANCE

ELAINE TERCEIRO

A primeira vez que escutei o termo *compliance*, eu era analista júnior da área de *ombudsman*, em meu primeiro emprego, em um banco italiano. Aliás, *ombudsman* (ouvidoria) era outro termo recém-aprendido por mim no ano de 1997 ou 1998.

Na época, além de implementado por nós, o *ombudsman* estava presente também no Banco Nacional e no Grupo Pão de Açúcar. Vera Giangrande assumiu esse desafio no Grupo Pão de Açúcar, aos 62 anos, em uma época em que não se discutia etarismo ou inclusão de pessoas 60+ no mercado de trabalho. Eu me arrisco a dizer que ela foi precursora no Brasil do uso do termo *customer centricity* ("foco no cliente"). Ela introduziu aspectos de governança muito importantes; lembro às pessoas leitoras que o Código de Defesa do Consumidor foi criado pela Lei 8.078, em 1990, e é o principal instrumento de garantia dos direitos dos consumidores, porém nessa década estávamos no início dessa educação.

Eu, jovem estudante de psicologia, de família bastante humilde, de escola pública, tentando sobreviver em uma instituição de pessoas "bem formadas", em escolas privadas renomadas, com experiências internacionais, tive meus primeiros entendimentos e insights sobre privilégios e meritocracia ainda no banco.

Lembro-me de que um colega de outra área voltara da Europa, da matriz do banco, trazendo novos conhecimentos, bem como o desafio de implantar nas unidades Latam a área e o programa de *compliance*. Dizia-me ele que haveria estreita proximidade em nossas atividades, relatórios e seus impactos; eu não havia ainda entendido o quão estreita seria essa relação nas atividades que eu viria a desempenhar na minha vida profissional.

Na ocasião, o banco lançou a campanha "Ser *Compliance*", ou seja, conhecer as normas da organização e do mercado, seguir os procedimentos, agir em conformidade aos seus processos, ter consciência ética em todas as situações, de forma natural.

O *compliance* surgiu nas empresas como uma resposta à necessidade de maior controle e transparência nas práticas empresariais, no que diz respeito à ética e à conformidade legal. Na década de 1970, em decorrência de diversos escândalos corporativos e financeiros que abalaram a confiança dos investidores e do público em relação às empresas, adotaram-se medidas pelos órgãos e autoridades reguladoras.

Cito também a Certificação SA 8000:14, criada em 1989 pela Social Accountability International (SAI). O padrão SA 8000 é baseado nos princípios internacionais contidos na norma ILO (Organização Internacional do Trabalho), na Declaração Universal dos Direitos Humanos (ONU) e na Convenção dos Direitos da Criança e tem como foco principal melhorar as condições de trabalho em todos os países (FUNDAÇÃO VANZOLINI, [s. d.]).

O fato é que a globalização dos negócios e a expansão das operações internacionais aumentaram também a complexidade dos ambientes, e foram estabelecidos diversos marcos regulatórios. Por exemplo, nos Estados Unidos, em 2002, surgiu a Lei Sarbanes-Oxley (SOX), que introduziu exigências ainda mais rígidas para a prestação de contas financeiras, auditorias independentes, entre outros.

Em paralelo a essa pauta, de forma global, diversidade, equidade e inclusão ganhavam espaço na agenda estratégica das organizações. No Brasil, sobretudo com a promulgação da Constituição de 1988, também conhecida como a Constituição Cidadã, houve importantes avanços na garantia dos direitos humanos no país. Nas décadas de 1980 e 1990, os movimentos sociais e sindicais ganharam maior pujança, indagando a conjuntura política, econômica, sociocultural e empresarial no Brasil. Através da articulação desses movimentos sociais, criaram-se sujeitos sociais com maior atuação em rede.

Mais recentemente, o ESG (*environmental, social and governance*), ganhou maior visibilidade. As questões ambientais, sociais e de governança passaram a ser consideradas essenciais nas análises de riscos e nas decisões de investimentos, colocando forte pressão sobre o setor empresarial (STILINGUE; PACTO GLOBAL REDE BRASIL, [s. d.]). Segundo o relatório da PwC, até 2025, 57% dos ativos de fundos mútuos na Europa estarão em fundos que consideram os critérios ESG, o que representa US$ 8,9 trilhões. Dos investidores institucionais pesquisados pela PwC, 77% disseram que planejam parar de comprar produtos não ESG nos próximos dois anos. No Brasil, fundos ESG captaram R$ 2,5 bilhões em 2020 — mais da metade da captação veio de fundos criados nos últimos doze meses (VIRI; ADACHI, 2021).

ESG está interligado ao *compliance*, e eles se complementam dentro das empresas. O *compliance* desempenha um papel fundamental na implementação e monitoramento dos critérios ESG.

Dessa forma, fazendo um paralelo com a evolução do mercado e minha carreira, que começou na área de *ombudsman*, percorrendo as leis e regulamentos citados por mim neste capítulo, fomos sendo desafiados, nos modernizando e ampliando conceitos e atuação, tal qual o *compliance*, que evoluiu para além do cumprimento de leis e regulamentos de prevenção à corrupção, abarcando a promoção de uma cultura ética, a adoção de práticas sustentáveis, de responsabilidade social e de direitos humanos em toda a cadeia de *stakeholders*. Obviamente, tantos outros marcos de governança (leis e regulamentos) foram criados; faço aqui apenas um singelo paralelo entre os que considero marcantes na minha jornada profissional.

Esse contexto me levou, como profissional da área de recursos humanos, psicóloga e *ombudsman*, a buscar maior aprofundamento nas questões relacionadas a direitos humanos, uma vez que as denúncias de assédio, microagressão, preconceito e discriminação ganhavam maior volume à medida que consumidores, colaboradores e prestadores de serviços tornavam-se mais críticos e encorajados a reivindicar seus direitos, fosse pelo movimento organizado das entidades, redes sociais, comunidades, ou também pela disseminação da cultura ética nas empresas com a implementação de canais de denúncias e *ombudsman* visíveis e atuantes.

A humanização dessas tratativas, para além da relação de consumo, passou a ter maior impacto também no relacionamento entre colaborador e empresa, ou seja, o *employee experience* ("experiência do colaborador") e conceitos como a "marca empregadora" passaram a ser medidos, valorizados e reconhecidos, a exemplo do que propõem listas como *Great Place to Work* e *Top of Mind RH* e comunidades e sites de vagas como o *Glassdoor*.

Dessa forma, sendo o Brasil um país bastante diverso, mas com ampla desigualdade e não inclusivo, tampouco equânime, faz-se fundamental a implementação de políticas públicas e, no ambiente organizacional, o estabelecimento de mecanismos que garantam a representatividade de sua população, em todos os níveis de cargos, gerando uma experiência positiva aos colaboradores, que organicamente se propaga pelas redes e traz, como consequência, maior atratividade e retenção de talentos, inovação e engajamento para a marca, inclusive com os consumidores. Portanto, a implantação de estruturas e programas de diversidade, equidade e inclusão atende aos requisitos ESG e sobretudo apoiam a estratégia do negócio.

Essa conjuntura nos leva novamente ao *compliance,* uma vez que um programa de conformidade eficaz envolve a identificação dos requisitos legais e regulatórios relevantes para a organização, a criação de políticas e procedimentos internos para orientar as partes interessadas sobre como agir em conformidade, implementação de controles e monitoramento contínuo, e a aplicação de medidas corretivas em caso de desvios. Entretanto, o que comumente observo é que a pluralidade de nossa população não é também identificada em áreas e atividades como *compliance*, *ombudsman,* canal de denúncias e investigação, o que traria benefícios significativos para as empresas na análise de riscos e diretrizes.

Os aspectos que, particularmente, recomendo a serem observados, com base em minha experiência, são:

1. *Representatividade*: ter diversidade no *compliance* significa "Ser *Compliance*", é garantir a representação de diferentes grupos na equipe, como pessoas de diferentes raças e etnias, gêneros, orienta-

ções afetivo-sexuais, idades, deficiências, origem, condição social, habilidades, formações, experiências, entre outros, estimulando o pensamento crítico, a criatividade, inovação, além da confiança para que as pessoas se sintam seguras para se manifestarem.

2. *Multiculturalidade*: ter sensibilidade cultural e conhecimento das leis locais, normas, modos de existência e práticas culturais nas diferentes regiões onde a empresa opera pode auxiliar na compreensão de questões, comportamentos e adaptação das políticas e procedimentos de conformidade para atender às expectativas locais.

3. *Processo*: garantir que procedimentos, comunicações e sistemas sejam inclusivos, antidiscriminatórios, com ampla divulgação às partes interessadas, considerando ferramentas de acessibilidade, para que a cultura de inclusão seja uma prática na própria área que tem como propósito garantir a conformidade e a integridade da empresa. No mercado, identifico empresas que abordam com grande empenho as questões relacionadas a direitos humanos e combate a assédios, preconceito, discriminação, bem como canais e práticas antidiscriminatórios, mas não oferecem meios de acesso adequados a todas as pessoas e suas pluralidades. É importante garantir que a classificação dos riscos, natureza e demografia das denúncias contemple os aspectos de diversidade, possibilitando o reporte adequado dessas informações, cruzamentos internos e planos de ação para correção. Certa vez, por ocasião do apoio consultivo a uma empresa, sem entrar no mérito da apuração e procedência, mas sim com base na releitura dos relatos, reclassificamos todo o histórico de denúncias do ano anterior, com a nova árvore de assuntos que desdobrava discriminação em "discriminação relacionada a gênero", a "pessoa com deficiência", relacionado a "orientação afetivo-sexual" e assim por diante. Nesse trabalho, o que antes estava "encoberto" como discriminação de forma generalista passou a ter um foco, com planos de ações menos generalistas e mais efetivos, por temáticas em áreas e regiões de recorrência, alinhando a trilha educacional, esforços e budget

da área de diversidade, equidade e inclusão, conseguindo prover maior valor à empresa a partir da mensuração e acompanhamento de resultados.

4. *Treinamento e conscientização*: é importante fornecer treinamento adequado às partes interessadas, especialmente aos responsáveis por decisões, contratação, promoção, gestão de pessoas e fornecedores, assim como aos colaboradores que compõem a governança da empresa e sistemas de gestão, incluindo *compliance*, *ombudsman*, canal de denúncias, investigação, comitê de ética, entre outros. Deve-se ter o cenário da organização por área, localidade, para esforços customizados às necessidades sociais, culturais e educacionais de cada local, conforme citado no item anterior.
5. *Monitoramento*: realizar auditorias regulares para identificar práticas e condutas discriminatórias e tomar medidas para corrigi-las; ter entre as áreas de *compliance*, de Diversidade, Equidade e Inclusão e de *ombudsman* uma estreita parceria para que as estratégias sejam *cross* e aproveitem a agenda da própria organização.

Concluo este capítulo enfatizando a importância de a agenda de Diversidade, Equidade e Inclusão permear todos os processos da empresa. Uma cultura inclusiva adota o modelo de *compliance* antidiscriminatório, visando garantir, entre outros atributos, um ambiente seguro para todas as pessoas, equânime, isento de assédios, preconceito e discriminação e íntegro em toda a cadeia de valor, provocando transformação na sociedade por meio de suas práticas e influência.

REFERÊNCIAS BIBLIOGRÁFICAS

FUNDAÇÃO VANZOLINI. *Sistema de Gestão SA 8000.* [S. l.], [s. d.]. Disponível em: https://vanzolini.org.br/certificacao/sistema-de-gestao/sa-8000/. Acesso em: 2 ago. 2023.

STILINGUE; PACTO GLOBAL REDE BRASIL. *Estudo A Evolução do ESG no Brasil.* [S. l.], [s. d.]. Disponível em: https://conteudos.stilingue.com.br/estudo-a-evolucao-do-esg-no-brasil. Acesso em: 2 ago. 2023.

VIRI, Natalia; ADACHI, Vanessa. Levantamento Fundos ESG, Morningstar e Capital Reset. *Reset*, 29 jan. 2021. Disponível em: https://www.capitalreset.com/fundos-esg-captaram-ao-menos-r-25-bi-em-2020-no-brasil-o-que-esta-por-tras-do-numero/. Acesso em: 2 ago. 2023.

CAROLINA THAINES

Especialista em Inovação e *Design Thinking* pela HEC Paris. Há dez anos atua como consultora, apoiando organizações de diversos setores e portes a transformar a inovação em cultura. Carol é apaixonada por educação e hoje coordena a pós-graduação de Gestão Estratégica da Inovação no Senac Campinas.

JP POLO

Consultor e Especialista em DE&I, foi escolhido pelo LinkedIn como um dos TOP20 perfis de profissionais que escrevem sobre esse tema na plataforma. Foi Secretário Adjunto do Fórum LGBTI+ e atualmente é coordenador e professor da pós-graduação do Senac e colunista de Diversidade do Portal TemMais.

CAPÍTULO 7

INOVAÇÃO INCLUSIVA: COMO DE&I PODEM POTENCIALIZAR UMA CULTURA DE INOVAÇÃO NAS ORGANIZAÇÕES

CAROLINA THAINES | JP POLO

Muito se fala do quanto Diversidade, Equidade e Inclusão (DE&I) são propulsoras da Inovação, que hoje é elemento primordial para uma empresa sobreviver num mercado com tantas incertezas, mudanças rápidas e profundas. Um estudo da McKinsey&Company comprova que organizações que adotam a diversidade nas suas práticas são mais inovadoras que as concorrentes.

O estudo afirma ainda que o fato de a empresa se comprometer com DE&I incita suas lideranças a promover mais inovação e desenvolver equipes de alta performance, o que consequentemente impacta a lucratividade. Mas como isso acontece na prática? A provocação que queremos trazer neste capítulo é: será que, apenas ao estabelecer times diversos e ambientes inclusivos, consequentemente a inovação acontece?

O que temos visto ao desenvolver programas de DE&I ou se valendo das abordagens de inovação para a resolução de desafios ligados a DE&I é que, para estabelecer uma *cultura de inovação* que se pretende também *inclusiva*, precisamos adotar as perspectivas de DE&I em todas as etapas do processo de inovação, bem como utilizar o próprio processo de inovação como ferramenta constante na resolução de desafios de DE&I.

Na sequência, vamos entender o que é a tal da "desejada inovação" e como ela se consolida num espaço corporativo para além de uma ferramenta ou ação isolada, mas também como uma maneira de ser, pensar e se relacionar com as diferentes partes e pessoas diversas que compõem uma empresa.

DESMISTIFICANDO A INOVAÇÃO

Qual é a primeira coisa que vem à cabeça quando você pensa em inovação? Geralmente, a resposta é sempre a mesma: algo relacionado à criatividade, tecnologia ou produto. Assim como acontece com DE&I, muito se fala sobre inovação, mas são poucas as empresas que estão inovando de fato. Isso acontece porque existe muito mito em torno desse conceito.

As pessoas imaginam que para inovar é preciso ser algum tipo de "cientista maluco", tipo o Dr. Brown, do filme *De volta para o futuro* ou o Rick, do desenho *Rick and Morty*. Um gênio (ou gênia) solitário criando algo inédito e altamente tecnológico direto do seu laboratório de garagem, como uma máquina do tempo ou uma arma que abre portais para outros universos. Para isso, damos o nome de invenção, que vem da palavra em latim *inverine*, que significa algo que está "por vir". A inovação é diferente, pois não se trata apenas de criar algo inédito, mas sim algo novo ou significativamente melhorado que traz algum tipo de resultado. O professor Silvio Meira descreve bem essa diferença quando diz que "inovação é a emissão de mais e melhores notas fiscais". Mas aqui vamos além e não nos restringimos apenas aos resultados financeiros; estamos falando de gerar impacto positivo no sentido mais amplo, principalmente socioambiental.

Quando somos procurados para criar soluções inovadoras, muitas empresas têm a falsa ideia de que todos os seus problemas podem ser resolvidos criando um *app*, principalmente se tiver a tal da inteligência artificial. Precisamos aumentar as vendas: vamos criar um *app*. Precisamos estar mais próximos dos nossos clientes: vamos criar um *app*. O que a gente vê na prática é que, na maioria dos casos, a solução inovadora está muito mais ligada à melhoria de processos do que à criação de um *super app*. Isso porque a tecnologia não é o objetivo fim da inovação, ela é apenas o meio. Claro, não há como negar que a tecnologia é uma ferramenta importante para impulsionar a inovação. A inteligência artificial, por exemplo, quando usada para resolver problemas complexos a partir de um olhar centrado nas pessoas, pode potencializar o impacto dessas inovações. No entanto, tecnologia pela tecnologia, sem estar aplicada na resolução de problemas reais de pessoas e do planeta, não é sinônimo de inovação.

Mas o que é, de fato, inovação?

Nós acreditamos que *inovar é transformar ideias em valor para as pessoas.* "Transformar" porque a inovação se dá por meio de um processo estruturado em que identificamos problemas e a partir deles criamos soluções novas ou significativamente melhoradas. Quando falamos em ideias não nos limitamos apenas a produtos; podemos inovar em processos, serviços e experiências, por exemplo. "Valor" se refere à percepção da pessoa sobre o benefício que determinada solução traz. E, por fim, "pessoas" porque acreditamos que a inovação só acontece quando ela é feita pelas e para as pessoas. Ou seja, inovamos para criar soluções relevantes que, primordialmente, atendam às necessidades das pessoas e que, ao mesmo tempo, sejam viáveis tecnicamente e gerem resultados para os negócios.

A inovação não acontece de forma espontânea nas empresas. Na maioria das organizações, ela é um gene recessivo que requer tempo e trabalho para que possa se desenvolver. Para que possamos inovar na prática precisamos ter um processo estruturado. O processo de inovação que utilizamos é o *design thinking*, uma abordagem de inovação centrada no ser humano utilizada pelas empresas mais inovadoras do mundo. Os três pilares do *design thinking* são a *empatia, a colaboração e a experimentação.*

Empatia, porque a gente parte do entendimento das dores e das necessidades das pessoas para criar soluções inovadoras. O criador do Waze sintetiza esse pensamento na seguinte frase: "Apaixone-se pelo problema. Não pela solução. No Waze, éramos apaixonados por ajudar as pessoas no trânsito, não pelo Waze". Empatia também significa envolver as pessoas no próprio processo de inovação, ou seja, nós criamos a inovação com as pessoas que serão impactadas por ela. A *colaboração* é essencial para o processo de inovação. Steven Johnson, autor do livro *De onde vêm as boas ideias?*, ao traçar a história por trás de mais de duzentas inovações, nos mostra que as ideias mais inovadoras não nascem de gênios isolados, mas sim de várias pessoas que têm parte da ideia e que, ao colaborarem, geram uma ideia de fato inovadora. A internet, por exemplo, foi criada a partir da colaboração de diversas mentes pensantes. Por fim, o terceiro valor é a *experimentação*. Justamente por se tratar de um processo que envolve muitas incertezas, o erro é visto como aprendizado. Por isso, o quanto antes tirarmos as nossas ideias do papel e as experimentarmos (e certamente errarmos), mais cedo iremos acertar.

Pautado nesses três valores, o *design thinking* é uma abordagem criativa que reduz os riscos do processo de inovação. Iniciamos pelo entendimento do problema a partir do ponto de vista das pessoas, passamos pela geração de ideias e finalizamos com o teste das soluções criadas. Nos últimos dez anos, já utilizamos essa abordagem em organizações de diversos setores e porte. O que percebemos é que, mais do que um processo, o *design thinking* traz um novo modelo mental para a resolução de problemas complexos capaz de promover profundas transformações na cultura das empresas a partir de um olhar centrado nas pessoas. Portanto, entendemos que, para inovar na prática e transformar o DNA das organizações, é preciso entender a inovação como um processo contínuo que precisa ser pensado pelas e para as diversas pessoas que fazem parte da organização.

INOVAÇÃO INCLUSIVA

A *inovação inclusiva é uma abordagem que visa criar soluções que atendam às necessidades de diferentes grupos de pessoas, considerando e valorizando também aquelas que são historicamente excluídas*. Mas não só isso: como as pessoas estão no centro na abordagem do *design thinking*, é fundamental que todo o processo seja protagonizado por elas. Porém, não somente "pessoas": devem ser "pessoas diversas". Ou seja, elas não serão apenas consideradas como usuárias finais da solução desejada, mas como partes essenciais na busca de tal solução. Serão as entrevistadas e as entrevistadoras na etapa de empatia; a colaboração vai se valer da potência das suas diferenças identitárias e, obviamente, a experimentação de possíveis resultados poderá ser colocada em prática considerando o maior número de pessoas e suas diferenças.

Quando combinadas a inovação e a abordagem do *design thinking* juntamente com as perspectivas de DE&I, temos um impacto significativo no engajamento dos profissionais. Aqui estão algumas maneiras de como a Inovação Inclusiva pode contribuir para a cultura da empresa:

- *Diversidade de perspectivas*: a colaboração promovida pelo *design thinking* reúne pessoas com diferentes origens, experiências e habilidades. Diversas perspectivas ajudam a identificar uma gama mais ampla de necessidades e desafios, garantindo que as soluções propostas sejam mais inclusivas.
- *Foco nas necessidades*: a abordagem empática coloca as necessidades e desejos das pessoas, seja no processo ou como consumidor(a) final, no centro do processo de inovação. Isso inclui compreender as necessidades específicas de profissionais de diferentes origens e contextos. Ao considerar isso, as soluções resultantes têm maior probabilidade de engajar e satisfazer as pessoas envolvidas.
- *Cocriação e participação*: a colaboração promovida pelo *design thinking* permite que profissionais participem ativamente da criação e do desenvolvimento de soluções. Isso lhes dá a oportunidade de contribuir com ideias e insights, aumentando o senso de pertencimento e envolvimento. Quando profissionais têm voz ativa no processo de inovação, tendem a se sentir valorizados(as) e comprometidos(as).
- *Experimentação*: o processo de inovação incentiva a experimentação rápida de ideias. Isso permite que profissionais testem e refinem suas soluções de forma colaborativa, incorporando *feedback* contínuo. Essa abordagem ágil ajuda a criar um ambiente de aprendizado contínuo e melhoria, encorajando as pessoas a se envolverem ativamente no processo de inovação.

A Inovação Inclusiva tem sido um dos caminhos escolhidos por algumas empresas para potencializar as suas ações de DE&I. A BDF Nivea é uma delas. Ela tem apostado no *mindset* inovador da empresa, somado à diversidade de pessoas no processo, trazendo profissionais da própria organização e especialistas de fora, e estabelecendo ambientes inclusivos para a colaboração acontecer. Já foram conduzidos alguns processos de inovação com temas específicos: *analytics*; PcD; atração e seleção; comunicação e letramento; e governança de DE&I. O que se percebe é que, quando as próprias pessoas levantam as questões e buscam resoluções a partir de uma escuta empática e considerando as vivências pessoais e profissionais, conseguimos chegar em pontos cruciais que fomentam o engajamento para a manutenção de uma ação ou programa definido como o resultado daquele processo. E, consequentemente, contribuindo para a construção de uma cultura mais inovadora.

"Na BDF Nivea, acreditamos que para criar uma cultura verdadeiramente inclusiva, precisamos construir uma base de liderança que reflita a diversidade e a singularidade do Brasil. Para sermos bem-sucedidos, entendemos que o melhor caminho é o da experimentação constante e incansável, sempre olhando para o que tem gerado impactos, alinhados com nossa visão e reconhecendo onde podemos ser melhores. Uma das chaves para isso foi reunir diferentes *stakeholders* em *sprints* temáticos, onde conduzimos discussões multifuncionais, cheias de aprendizado e cocriação. Se algo na implementação falhar, a gente reconhece com humildade; volta, entende e tenta de novo", reforça Jean Henry, líder de DE&I da organização, em comunicação pessoal.

Outro exemplo de inovação inclusiva foi desenvolvido pela L'Oréal. O HAPTA é o primeiro aplicador de maquiagem portátil do mundo projetado para pessoas com mobilidade limitada de mãos e braços, utilizando tecnologia de ponta. Para Barbara Lavernos, vice-CEO responsável por Pesquisa, Inovação e Tecnologia na L'Oréal, "a inclusão está no centro de nossa estratégia de inovação e tecnologia de beleza. Somos dedicados e apaixonados por trazer novas tecnologias potencializando serviços de beleza que aumentam e alcançam os desejos, expectativas e necessidades não atendidas de cada indivíduo".

Em resumo, a inovação inclusiva, ao considerar a diversidade no seu processo tal como foco na busca de soluções, pode contribuir para o engajamento de profissionais ao permitir a participação ativa, valorizar diferentes perspectivas, focar as necessidades reais e criar soluções relevantes, inclusivas e satisfatórias para todas as pessoas envolvidas. Dessa maneira, DE&I podem contribuir na prática para potencializar a cultura de inovação dentro das empresas.

REFERÊNCIAS BIBLIOGRÁFICAS

ACCENTURE. *Getting to equal 2019: Creating a Culture That Drives Innovation.* [S.l.], 2019.

CASTILHO, Paula. *Diversity Matters*: Latin America – Why Diverse Companies are Healthier, Happier and More Profitable. [S.l.], McKinsey&Company, 2020.

JOHNSON, Steven. *De onde vêm as boas ideias:* uma breve história da inovação. Trad. Maria Luiza X. de A. Borges. Rio de Janeiro: Zahar, 2021.

L'ORÉAL. L'Oréal revela duas novas tecnologias de beleza premiadas no CES® 2023 INNOVATION AWARD. Site da L'Oréal. Disponível em: https://www.loreal.com/pt-br/brazil/news/grupo/loreal-revela-duas-novas-tecnologias-de-beleza-premiadas-no-ces-2023-innovation-award/. Acesso em: 14 ago. 2023.

MEIRA, Silvio. *Dá pra definir inovação?* Blog do Silvio Meira. 24 Mar. 2010. Disponível em: https://silvio.meira.com/d-pra-definir-inovao/#:~:text=a%20defini%C3%A7%C3%A3o%20de%20inova%C3%A7%C3%A3o%20%C3%A9,mais%20e%20melhores%20notas%20fiscais. Acesso em: 14 ago. 2023.

ANGELA DONAGGIO

Profa. Dra. Angela Donaggio é palestrante internacional, advogada, professora e pesquisadora dedicada a ESG, Ética e Diversidade desde 2004. Coordenadora do Programa Lideranças Virtuosas e do Programa FemLeader da Virtuous Company Consultoria. É Doutora em Direito pela USP, Visiting Researcher e Scholar por Harvard e Cornell (EUA) e Mestra em Direito pela FGV-SP. Professora nos cursos para conselheiros do IBGC e da Fundação Dom Cabral e cursos executivos da FGV, FIA, LCA, PUC-Minas e PUC-Rio. Membra da Comissão de Pessoas do IBGC, Conselheira do Instituto Pactuá e Embaixadora da iniciativa "The Female Lead". Autora do livro *Governança Corporativa e Novo Mercado* (Saraiva, 2012) e *Women in Business Leadership Boost ESG Performance* (World Bank, 2019).

CAPÍTULO 8

DIVERSIDADE & INCLUSÃO NA ALTA GESTÃO DAS EMPRESAS

ANGELA DONAGGIO

Nunca duvide que um pequeno grupo de pessoas conscientes e engajadas possa mudar o mundo. De fato, sempre foi assim que o mundo mudou.

Margaret Mead (1901-1978)

Muitas lideranças querem que suas empresas avancem em Diversidade e Inclusão (D&I) na alta gestão, mas não sabem por onde começar. Também desconhecem a motivação que justifica essa preocupação, o que poderia até soar como algo "elitista" quando temos tantos outros obstáculos a enfrentar em D&I.

Neste breve capítulo, definirei "alta gestão", demonstrarei a situação atual do Brasil em relação à D&I na alta gestão e as relacionarei às práticas ESG. Dessa forma, apresentarei que a D&I na alta gestão não é uma preocupação elitista, mas de necessidade das organizações que buscam continuar relevantes no século XXI, de forma a fazerem parte da mudança que precisamos — e queremos — ter no mundo.

Em primeiro lugar, é importante entender o que se quer dizer com "alta gestão". Geralmente há uma confusão entre cargos de alta e média gestão, o que leva a uma dificuldade de comparabilidade e efetividade das ações em D&I.

Por isso, é importante estabelecer que cargos de alta gestão são as posições em conselhos de administração, diretorias e conselhos fiscais. Isso posto, é preciso identificar nosso status atual para sabermos aonde temos que ir, quais estratégias adotar e em qual velocidade.

O primeiro e mais amplo estudo a tratar da diversidade nos altos cargos de gestão no Brasil, do qual sou coautora, investigou mais de 73 mil cargos em conselhos de administração, conselhos fiscais, além de diretorias das companhias brasileiras listadas na B3 em um período de quinze anos (de 1997 a 2012).[1]

Utilizamos dois critérios importantes e dignos de nota: consideramos apenas diretoras estatutárias e conselheiras titulares, visto o recorrente uso de suplentes para inflar o número de mulheres na alta gestão.

Os resultados indicavam uma retumbante homogeneidade dos conselhos no Brasil, com a estagnação na participação de mulheres brancas em cerca de 7,5% durante os quinze anos analisados e a inexistência de mulheres negras na alta gestão.

Com a mesma metodologia, analisamos dados globais em 2019. Concluímos que o Brasil tinha "avançado" para 8% (lembrando se tratar apenas de mulheres brancas)[2] e foi "ultrapassado" pelo Japão (que tinha 2% em 2009 e subiu para 10% em 2019). Segundo dados de 2021, a participação de homens negros é de cerca de 4% em conselhos de administração.[3]

Os dados mais recentes, de 2023,[4] mostram um aumento para 15,2% de mulheres na alta gestão. Contudo, não há recorte racial, nem diferenciação entre titulares e suplentes ou consideração de apenas diretorias estatutárias.[5] Provavelmente o número será menor se utilizarmos esses critérios.

De qualquer forma, dados da própria B3 corroboram com o estado alarmante da D&I na alta gestão das companhias brasileiras listadas: das 423 empresas listadas, 61% delas têm zero diretora (branca ou negra) e 37% delas têm zero conselheira (branca ou negra).[6] Ora, se nem a diversidade

1 Ver Silveira et al. (2014).

2 Ver meu artigo "Diversidade avança, mas com passos de formiga e sem vontade" (Donaggio, 2022).

3 Ver notícia sobre o índice de equidade racial empresarial (IERE) de 2021 em Pinheiro (2021).

4 IBGC (2023).

5 A diversidade racial na alta gestão é ainda mais desafiadora em virtude do racismo estrutural no qual a sociedade brasileira foi forjada e constituída. Começamos a engatinhar no tema, visto que apenas em 2020 foi nomeada a primeira conselheira negra em uma companhia aberta brasileira.

6 Ver notícia "Mulheres seguem distantes dos cargos de alta liderança das empresas de capital aberto, apesar de avanço pontual em 2022" (B3, 2022).

de gênero — que é a mais fácil de se identificar nas pesquisas — está em franca ascensão no Brasil, que dirá as outras diversidades.[7]

Percebemos, então, que o Brasil apresenta dados muito abaixo do esperado em D&I na alta gestão para uma economia como a nossa. Não apenas isso, entendemos que nossa situação está bem próxima da estagnação em termos de inserção de gênero e raça, o que quer dizer que não basta esperar que a situação "evolua" com o tempo, pois isso não ocorrerá se não houver práticas específicas e contundentes para mudar essa realidade.

O segundo ponto importante aqui é: além de sabermos onde estamos em termos de D&I na alta gestão, precisamos entender o porquê da D&I na alta gestão. E essa motivação vai além da questão de justiça social e de representatividade — que por si só já seriam mais do que suficientes para justificar a temática.

Estudos mostram que a diversidade faz toda a diferença no grau de inteligência coletiva de grupos decisórios[8] e que a diversidade identitária aumenta comprovadamente a probabilidade de o processo decisório ser munido de diferentes perspectivas,[9] sendo essencial para gestão de riscos corporativos na alta gestão.

Mais do que isso, recentemente foi descoberto que a diversidade identitária é capaz de mudar a forma de pensar do próprio grupo decisório (e não apenas dos indivíduos).[10]

Nesse sentido, verifica-se que a diversidade identitária não traz apenas novas perspectivas à alta gestão, mas também *transforma* a maneira do grupo de pensar e agir, permitindo aos órgãos de governança considerarem uma maior gama de estratégias de criação de valor para a empresa.

7 Utilizei neste artigo os dados sobre gênero e raça, pois são os mais representativos da sociedade brasileira e sub-representados na alta gestão. Isso não quer dizer, contudo, que a presença de outros grupos minorizados — com dados de acesso mais difícil quanto a conselhos e diretorias — não seja de absoluta importância, tais como pessoas com deficiência, LGBTQIA+, entre outras minorias.

8 Sobre inteligência coletiva em conselhos, ver Donaggio (2020).

9 Page (2007) demonstra existir correlação positiva entre diversidade identitária e diversidade cognitiva e demonstra os benefícios das interseccionalidades e das diferentes perspectivas para a criatividade e solução de problemas.

10 Post et al. (2021) verificaram que a maior diversidade de gênero na alta gestão está relacionada a benefícios (financeiros e não financeiros) porque a diretoria — *como um todo* — se torna mais aberta a mudanças e *muda* seu foco estratégico para investir internamente em R&D e menos em M&As. Embora a pesquisa tenha focado em gênero, a literatura sugere que outras diversidades gerariam efeito similar.

Além de impactar positivamente a inteligência coletiva dos órgãos, a D&I nos altos cargos está diretamente associada a melhores práticas ESG ou ASG (ambientais, sociais e de governança corporativa).

Com enfoque em diversidade de gênero, nosso artigo "Women in business leadership boost ESG performance: existing body of evidence makes compelling case",[11] mostra que conselhos e diretorias com mais mulheres apresentam mais e melhores práticas ESG.

Entre essas práticas, ressaltam-se melhores indicadores ambientais e de cultura ética, menores índices de fraudes corporativas, melhor integração entre vida pessoal e profissional e melhor qualidade dos processos de governança.

Esses resultados são ainda mais pronunciados quando se evita o tokenismo[12] e se ultrapassa a barreira da "massa crítica"[13] na alta gestão.

Sendo assim, os resultados são muito mais pronunciados e positivos nas empresas que apresentam de 20% a 40% de mulheres nos conselhos e diretorias.[14]

Isso quer dizer que a D&I em altos cargos tem um efeito cascata — "bola de neve" — em relação a diversas outras boas práticas ESG, inclusive as próprias práticas de D&I.

Então, o que fazer para fomentar a D&I na alta gestão?

Uma solução bastante eficaz tem sido a de âmbito estatal. Dezenas de países (e estados federados) já adotaram políticas afirmativas de quotas em conselhos de administração com excelentes resultados positivos

11 Ver Silveira e Donaggio (2019).

12 Tokenismo ou simbolismo ocorre quando pessoas de grupos sub-representados ou minorizados são vistas como um mero símbolo, sendo as únicas em um grupo homogêneo. Elas não são tratadas como indivíduos, mas como representantes de sua "categoria", sendo facilmente estereotipadas e tendo menor chance de exercer influência no grupo. Paradoxalmente, o tokenismo gera tanto invisibilidade quanto hipervisibilidade. Grupos homogêneos tendem a não escutar as contribuições dessas pessoas em pé de igualdade e só passam a fazê-lo após superada a barreira de 20%. Muito se fala sobre a "síndrome do impostor", mas essa "condição" só existe devido a uma recorrente desconfiança dos grupos homogêneos em relação às contribuições de representantes de grupos minorizados. Ver Tulshyan e Burey (2021).

13 Explico a teoria da massa crítica (*critical mass theory*) e seus reflexos nas práticas ESG, bem como o tokenismo e seus efeitos deletérios para os *tokens,* em meu capítulo "Cultura Ética para uma Empresa ESG na Prática" no livro da CFA Society Brazil, *Novas fronteiras de risco e retorno* (Siqueira et al., 2022).

14 Ver o *webinar* "IFC Sustainability Webinar: Women in Business Leadership: A Boost to ESG and the Triple Bottom Line" (Silveira e Donaggio, [s.d.]).

e sem gerar impactos negativos nas empresas ou na sociedade. Muito pelo contrário!

Outra solução está nas mãos das próprias empresas, que não precisam esperar por regulação estatal ou mesmo autorregulação para começar a tornar sua alta gestão mais diversa e inclusiva.

Conselhos de administração, conselhos fiscais e diretorias só serão mais efetivos e com maior inteligência coletiva se tiverem D&I na alta gestão.[15]

Para isso, é imprescindível investir em: (i) educação executiva em D&I, inteligência coletiva, segurança psicológica e cultura ética para a alta gestão; (ii) avaliações independentes dos órgãos de governança;[16] (iii) além de redesenhar processos de seleção e avaliação de lideranças[17] a fim de mitigar os vieses inconscientes, individuais e institucionais, inerentes ao processo decisório.

Com essas práticas — públicas e privadas — sairemos do campo da "boa vontade" e passaremos para as mudanças estruturais que precisamos ter na alta gestão de nossas empresas, que, por sua vez, gerarão benefícios para toda a sociedade e o planeta.

REFERÊNCIAS BIBLIOGRÁFICAS

B3. Mulheres seguem distantes dos cargos de alta liderança das empresas de capital aberto, apesar de avanço pontual em 2022. [S.l.], 19 dez. 2022. Disponível em: https://www.b3.com.br/pt_br/noticias/estudo-mulheres-na-alta-lideranca.htm. Acesso em: 21 jul. 2023.

DONAGGIO, Angela. Empresas inteligentes: como estimular a inteligência coletiva dos Conselhos?. *Revista Análises & Tendências*, n. 8, 2020. Disponível em: https://conhecimento.ibgc.org.br/Paginas/Publicacao.aspx?PubId=24342. Acesso em: 21 jul. 2023.

______. Diversidade avança, mas com passos de formiga e sem vontade. *Reset*, 19 ago. 2022. Disponível em: https://www.capitalreset.com/opiniao-proposta-b3-diversidade-mulheres-negros-conselhos/. Acesso em: 21 jul. 2023.

15 Ver Silveira e Donaggio (2019), Donaggio (2020) e Siqueira et al. (2022).

16 Para mais sobre avaliação de conselhos de administração e comitês, ver Silveira (2020).

17 O processo de seleção deve diferenciar "confiança" de "competência", deixando de considerar excesso de confiança, narcisismo e carisma como atributos de potencial liderança.

IBGC. *Análise da participação das mulheres em conselhos e diretorias das empresas de capital aberto*. 3. ed. São Paulo, 2023.

PAGE, Scott E. *The Difference:* How The power of Diversity Creates Better Groups, Firms, Schools, and Societies. Princeton: Princeton University Press, 2007.

PINHEIRO, Lana. Índice de Equidade Racial Empresarial mostra queda do número de negros em Conselhos de Administração. *IstoÉ Dinheiro*, 11 nov. 2021. Disponível em: https://istoedinheiro.com.br/indice-de-equidade-racial-empresarial-mostra-queda-do-numero-de-negros-em-conselhos-de-administracao/. Acesso em: 21 jul. 2023.

POST, Corinne et al. What Changes After Women Enter Top Management Teams? TMT Cognitions and Strategic Renewal. *Academy of Management Proceedings*, n. 1, p. 17589, 2020.

POST, Corinne. et al. Research: Adding Women to the C-Suite Changes How Companies Think. *Harvard Business Review*, 6 abr. 2021.

SILVEIRA, Alexandre di Miceli da. *Governança corporativa:* o essencial para líderes. Vinhedo: Virtuous Company, 2020.

SILVEIRA, Alexandre di Miceli da; DONAGGIO, Angela. Women in Business Leadership Boost ESG Performance. [S.l.], IFC/World Bank, 2019. Disponível em: https://www.ifc.org/wps/wcm/connect/topics_ext_content/ifc_external_corporate_site/ifc+cg/resources/private+sector+opinion/women+in+business+leadership+boost+esg+performance. Acesso em: 21 jul. 2023.

_____. A importância da diversidade de gênero nos conselhos de administração para a promoção da responsabilidade social corporativa. *DESC – Direito, Economia e Sociedade Contemporânea*, v. 2, n. 2, p. 11-42, 2019.

_____. IFC Sustainability Webinar: Women in Business Leadership: a Boost to ESG and the Triple Bottom Line. YouTube, [s.d.]. Disponível em: https://www.youtube.com/watch?v=tjRVROzcskQ. Acesso em: 21 jul. 2023.

SILVEIRA, Alexandre di Miceli da; DONAGGIO, Angela; SICA, Lígia; RAMOS, Luciana. Women's Participation in Senior Management Positions: Gender Social Relations, Law and Corporate Governance. [S.l.], 2014. Disponível em: https://ssrn.com/abstract=2508929. Acesso em: 21 jul. 2023.

SIQUEIRA, Ana et al. *Novas fronteiras de risco e retorno – Guia prático para integração ESG nos investimentos*. [S.l.], CFA Society Brazil/Ed. Lux, 2022.

TULSHYAN, Ruchika; BUREY, Jodi-Ann. Stop Telling Women They Have Imposter Syndrome. *Harvard Business Review*, 11 fev. 2021. Disponível em: https://hbr.org/2021/02/stop-telling-women-they-have-imposter-syndrome#:~:text=Imposter%20syndrome%20is%20loosely%20defined,they%E2%80%99re%20deserving%20of%20accolades. Acesso em: 21 jul. 2023.

REINALDO BULGARELLI

Sócio-diretor da Txai Consultoria e Educação, criada em 2001 para atuar com a agenda de sustentabilidade e responsabilidade social empresarial, sobretudo com diversidade, equidade e inclusão.

CAPÍTULO 9

COMO CONSTRUIR PROGRAMAS INCLUSIVOS E EFETIVOS

REINALDO BULGARELLI

A empresa me procurou recentemente por meio de seu presidente, algo raro de acontecer. Ele sabia que eu poderia ajudar como consultor de Diversidade, Equidade e Inclusão (DE&I). O conselho de administração havia solicitado que definisse metas para a inclusão de mulheres e pessoas negras. Ele tinha dúvidas se faria isso ou não, mas o conselho estava pressionado por meio do investidor. Haviam estabelecido essa tarefa para conformidade com a agenda ASG (meio ambiente, social e governança) ou ESG (na sigla em inglês).

Eu nem sabia por onde começar a conversa. Conhecia a empresa e eles não possuíam um programa de DE&I, pessoa dedicada ao tema, plano de ação ou qualquer outra iniciativa no tema, apesar de algum esforço para cumprir a legislação de cotas para contratação de pessoas com deficiência. Como poderiam estar falando em metas se nada mais havia na empresa?

É um exemplo que ilustra o momento atual e a importância, mais que nunca, de termos programas estruturados de DE&I. A preocupação apenas com o viés inconsciente de liderança inclusiva e palestras de sensibilização com foco nas chamadas minorias não tem sido suficiente para atender a complexidade do tema, seus desafios e suas muitas possibilidades. Olham para comportamentos e minorias, mas não olham para as estruturas e para o todo a ser transformado. Um programa de DE&I é exatamente para isso.

Começamos muito bem no Brasil porque o tema entrou nas empresas em 1998 com a criação do Instituto Ethos de Empresas e Responsabilidade

Social. DE&I é um dos pilares do Instituto e esteve presente ao longo de todos esses anos nos indicadores Ethos. Isso afastou o tema de modismos, sendo incorporado no conjunto de transformações das empresas e seus negócios na direção do capitalismo de *stakeholders*.

Agora, com a agenda ESG, a partir de 2020, a demanda por estruturar ações em DE&I está vindo de empresas que possuem culturas indiferentes ou até mesmo avessas à sustentabilidade e responsabilidade social empresarial. É um bom momento, mas desafiador e cheio de riscos.

Como pensar DE&I para além das chamadas minorias, projetos pontuais que abrem uma porta lateral da empresa para inserir alguns profissionais diferentes, porém mantendo a porta principal aberta para os mesmos de sempre e na estrutura de sempre?

Sempre evitei fórmulas prontas, planilhas, gráficos, roteiros lineares para a inserção de DE&I nas empresas. Cada empresa merecia uma solução, mas os novos tempos exigem escala e obrigam a sistematizar de alguma forma o que foi aprendido ao longo de duas décadas.

Programas de DE&I mais estruturados sempre foram necessários, mas agora são ainda mais porque os 25 anos do tema no país não geraram mudanças significativas na demografia interna das empresas.

Tento aqui, assim, sistematizar em oito passos o que é a implantação de um programa de DE&I que possa facilitar o trabalho na empresa. Alerto, contudo, que o processo deve ser mais orgânico, baseado em visão sistêmica, dimensões a serem trabalhadas todas juntas e ao mesmo tempo, sobretudo visando que a empresa desenvolva apreço pelo tema e tenha um plano de ação condizente com esse gosto por DE&I.

Começamos com o marco zero (1), passamos para a estruturação inicial da governança do programa (2), o diagnóstico (3), a definição de metas (4), a elaboração de um posicionamento da empresa sobre DE&I (5), a definição de pilares ou frentes de atuação do programa (6), a elaboração da política (7) e, por fim, a elaboração do plano anual de ação (8).

O *Marco Zero (1)* é um momento dentro de um processo de engajamento da liderança, o que implica mostrar que o tema faz sentido para a empresa e que deve ser inserido na cultura, ou seja, na maneira de ser, de fazer o negócio e de se relacionar com seus diferentes *stakeholders*. É preciso apresentar o tema para o comitê executivo de maneira que possam tirar dúvidas, falar dos medos, apresentar como será conduzido o programa e o ritmo dessa implementação. É o momento de estabelecer vínculo com a identidade organizacional e o Código de Ética e Conduta, bem como com a estratégia de negócios resultante dessas escolhas já realizadas sobre o propósito ou razão de existir da empresa.

Por meio do diálogo sobre o tema com o comitê executivo, realizado em dois ou mais encontros estruturantes do programa, cada líder deve responder duas questões: o que a empresa pode fazer por DE&I e o que DE&I pode fazer pela empresa. A segunda pergunta costuma gerar muita criatividade, mais do que a primeira, estabelecendo um vínculo necessário com cada área e responsabilidade de cada membro do comitê executivo, presidente e seus diretos. Respondidas as questões na forma genérica, podem responder a partir de suas áreas e atividades o que podem fazer por DE&I e o que DE&I pode fazer por suas áreas, suas entregas, metas, estratégias. Aprofundando ainda mais, é possível pensar no que cada líder do comitê pode fazer pelo tema e o que o tema pode fazer por ele ou ela, sua equipe e seus relacionamentos internos e/ou com seus *stakeholders* externos.

Eu utilizo, de forma didática, 5 Cs para apresentar o que se espera do Marco Zero e do programa a ser implantado: consistência (das motivações e do plano de ação), coordenação (governança), constância (planejamento e persistência), colaboração (apoio mútuo entre líderes, apoio aos liderados e estímulo permanente a essa colaboração entre todos), compartilhamento (interno e externo, abertura para ser influenciado e para influenciar a cadeia de valor).

A definição pelo comitê executivo da *Governança (2)* do tema na empresa é um passo importante e mais que necessário para temas de transformação organizacional. A criação de um comitê implica definir representantes das diferentes áreas da empresa. É o comitê executivo que indica seus representantes, porque estes irão trazer a perspectiva das áreas e levar a elas o que for combinado. O comitê de DE&I da empresa reporta para o comitê executivo. Não precisa ser constituído de diretores, mas a pessoa precisa entender da área que está representando e ter facilidade para dialogar e articular colegas, tornando sua representatividade mais legítima e produtiva.

Como a proposta é a transformação organizacional, aprimoramento das práticas, políticas, posturas, procedimentos, processos, entre outros aspectos, não é essencial que a pessoa seja representante de uma chamada minoria.

Nessa instância, mais importante é que o representante dialogue com colegas, entenda da empresa, seu momento, suas necessidades, seus desafios em DE&I, de maneira a produzir, no primeiro momento, a estruturação do programa. No segundo momento, o comitê passa a acompanhar as ações e pode incrementar o programa em seus diferentes níveis de amadurecimento.

As entregas principais do comitê no primeiro momento, assim, são: (a) estruturação do programa; (b) realização do diagnóstico; (c) elaboração do posicionamento da empresa e (d) definição das frentes de atuação do programa. Aconselha-se, portanto, que tenha um mandato de dois anos e, como acontece em algumas empresas, possa trocar metade de seus membros em períodos distintos para garantir a continuidade dos trabalhos.

O *Diagnóstico (3)* é um passo essencial para chegar com consistência ao plano de ação. Um erro comum é começar pela realização de um censo interno, porque nem há ainda conhecimento suficiente para saber o que perguntar, nem as pessoas sabem ainda o motivo de tantas perguntas.

O RH possui dados no cadastro de colaboradores que podem não ser os melhores, mas raramente são buscados com recortes de gênero, raça, idade e deficiência e cruzados entre si para se ter informações sobre tempo de empresa, tempo que se leva para alcançar uma promoção, entre tantas outras informações. Os dados que faltam podem ser buscados, após a implantação do programa, com a realização do censo interno.

Esse momento de utilizar os dados do RH é também o de aprimorar o cadastro, a forma de coleta, o conteúdo das perguntas, as fases em que os dados serão coletados e reportados, sempre considerando proteger as informações individuais, mesmo na produção de estatísticas. Haverá a inclusão no cadastro de questões novas, como as relacionadas à diversidade sexual e de gênero? É um tema para reflexão do comitê de DE&I e, como vários outros, a ser levado para decisão final pelo comitê executivo da empresa.

Levantar dados não é diagnóstico. Ele envolve o olhar das pessoas sobre os dados, consenso do grupo sobre os motivos da realidade encontrada, qual a história dos dados, quais posturas e práticas explicam que sejam assim. Os dados podem ser também qualitativos, e cruzá-los com a pesquisa de clima e/ou de engajamento pode ajudar no diagnóstico ou indicar caminhos para o censo interno e pesquisas específicas no tema.

No passo 3 temos, assim, um relatório com o diagnóstico realizado pelo comitê, ouvindo os colegas das áreas que representam e quem mais puder ser envolvido. Além do relatório, outro legado deste momento é a construção de um painel de controle (*dashboard*) para acompanhamento dos dados que se quer acompanhar no comitê e, de preferência, pelas lideranças de toda a empresa e em todos os níveis.

Com base nos resultados, encontrados os desafios e também as riquezas, é possível estabelecer *Metas (4)*, que podem ser divulgadas ou utilizadas apenas por instâncias definidas até que a empresa se sinta confortável em divulgá-las para todos os seus *stakeholders*. As metas podem estar relacionadas a segmentos da população ou a temas que precisam ser implantados, melhorados ou aprimorados na empresa.

A partir do Marco Zero e do relatório com os resultados do diálogo com o comitê executivo, chegamos na construção do *Posicionamento (5)*. É um texto manifesto da empresa para utilização interna e externa, com diferentes *stakeholders*, dizendo o que pensa sobre DE&I, porque é importante para ela, o que assume como compromisso (sem promessas vazias ou falsas, mas não se esgotando em metas). O posicionamento irá contribuir, por exemplo, para o anúncio de vagas para que todas as pessoas ou pessoas de determinados segmentos possam conhecer a empresa e se sentir atraídas para trabalharem nela ou com ela (no caso de fornecedores, clientes e outros públicos).

O passo seguinte é a definição das *Frentes (6)* de atuação do programa, com impacto na maneira de elaborar depois o plano anual de ação. O erro comum aqui é entender as frentes ou pilares do programa como "minorias". O foco, no entanto, é na estratégia da empresa, não apenas do RH, mas de toda a empresa. Com base em todos os passos anteriores, não apenas no diagnóstico, o comitê de DE&I propõe as frentes com base nos desafios e possibilidades da empresa. Pode ser que o desafio seja na comunicação, na educação da liderança, na relação com clientes ou com a comunidade, enfim, três a cinco frentes são suficientes para apontar o que se quer enfrentar, desenvolver e criar, e sempre com muito engajamento dos colaboradores e outros *stakeholders*.

O momento exige agora o que antes não era essencial. A formulação de uma *Política (7)* de DE&I tem se mostrado necessária para garantir avanços e é uma boa ferramenta para orientar a liderança, colaboradores e outros *stakeholders* da empresa. A política tem vínculo direto com a identidade organizacional e o Código de Ética e Conduta. Pode estar subordinada a uma política de sustentabilidade e responsabilidade social ou de ESG ou paralela. O importante é que diga o que se quer e detalhe o que não se quer, matéria trabalhada, em geral, no Código de Ética e Conduta.

Chegamos, por fim, na elaboração do *Plano de Ação (8)*, momento que aproveita todos os passos anteriores de estruturação do Programa de DE&I da empresa. Deve ser anual e pode utilizar a ferramenta que a empresa utiliza para planejar (5w2h, por exemplo). As empresas deveriam ser cobradas pelo seu plano de ação em DE&I e não apenas por suas metas. É o plano que demonstrará a consistência do compromisso, o entendimento da importância do tema, a maneira como irá chegar à situação desejada, já que definiu a situação atual. O plano pode conter, entre outras atividades, o aprimoramento do sistema de governança com a criação de um grupo ou grupos de afinidade, conforme sua realidade, momento, temas relevantes e aspirações. Um grupo de afinidade criado nesse contexto não desanimará tão facilmente nem ficará perdido, sem saber a quem reportar suas propostas, como no caso citado no início.

O espaço não permite detalhar cada um dos oito passos, mas é suficiente para complementar os demais colegas do livro nesta jornada bonita de transformar nossas organizações em espaços que promovem respeito, justiça, segurança e desenvolvimento de todas as pessoas, e não apenas algumas.

ARLANE GONÇALVES

É CEO Fundadora da AGC, Consultoria de Cultura, Equidade e Comunicação. É LinkedIn Top Voice e recebeu duas vezes prêmio Feedz RH. É também palestrante, mentora e professora.

Com um time diverso e multidisciplinar, une um amplo repertório de experiências corporativas ao conhecimento acadêmico para construir, com organizações de vários segmentos e tamanhos, culturas afirmativas, de pertencimento e de alta performance.

Sua missão é trabalhar e inovar por mais igualdade nas organizações — e para além delas.

CAPÍTULO 10

AÇÕES AFIRMATIVAS: O QUE SÃO E COMO APLICÁ-LAS

ARLANE GONÇALVES

Você já parou para pensar sobre como se deu o acesso à educação no Brasil?

Sobre como se deu a ida das pessoas para a escola: se a princípio todo mundo já podia ir ou se houve diferenças no direito de acesso a ela?

Acredito que eu e você concordamos sobre a importância do direito à educação nas nossas vidas. Sem ela, eu não teria chegado ao nível de exercer a profissão que hoje exerço e de, então, publicar este artigo. E você provavelmente não estaria na posição que agora ocupa, na qual busca alavancar suas competências e habilidades para avançar em ações mais estratégicas de diversidade.

Podemos dizer, na verdade, que a sociedade como um todo não teria conquistado os avanços que conquistou, nem necessariamente superado os tabus que superou se não tivesse um sistema organizado de educação para letrar e desenvolver os potenciais das populações.

Voltando então à pergunta inicial, o fato é que, após a chegada dos europeus, as primeiras escolas começaram a ser construídas neste território em meados de 1530.

Naquele momento, a Igreja Católica era a detentora da gestão educacional, representada pelos padres jesuítas. Além disso, havia o consenso social de que as mulheres eram intelectualmente inferiores e de que o lugar delas era dentro de casa: cuidando do marido e da família.

Pelas leis portuguesas da época, as mulheres faziam parte da categoria *imbecilitus sexus* ("sexo imbecil"). Nessa classificação também estavam as crianças e as pessoas com deficiência — ou seja, todos os grupos então considerados como incompetentes e incapazes de tomar decisões.

Dentro da estrutura patriarcal colonial, não havia lugar para a mulher transitar no ambiente de negócios, no ambiente político, nem opinar no que quer que fosse. Sendo assim, para que lhe serviria a educação?

Consequentemente, as escolas foram feitas apenas para os homens, especialmente para os filhos de famílias ricas.

Foi somente a partir de meados de 1750 que esse cenário começou a mudar. Nesse período, inclusive, há o registro de que Catarina Paraguaçu (1503-1583), ou Catarina Guaibimpará, mulher indígena tupinambá, da região onde hoje é a Bahia, foi a primeira brasileira a aprender a ler e escrever.

Porém, somente em 1827 é que foi instituída uma lei que regulamentava o direito das mulheres à educação — oficializando, 327 anos depois da chegada de Portugal, a permissão da entrada delas nas portas das escolas.

E por que fizemos essa pequena revisão histórica?

Foi para que refletíssemos sobre a seguinte pergunta: *qual foi o critério utilizado para excluir as mulheres do acesso à educação no Brasil?*

Note que o nosso país está hoje com 523 anos. Destes, 327 anos, ou seja, mais de 62% do tempo do Brasil, correspondem ao período no qual, legalmente, as mulheres não puderam acessar a educação.

E veja: nem falamos ainda de mulheres ou pessoas negras que, até 1888, eram legalmente objetos de compra, uso, aluguel e venda.

Estamos falando apenas de mulheres brancas, especialmente das pertencentes às famílias mais ricas.

Qual foi então o critério utilizado para excluir essas mulheres do acesso à educação?

Foi o critério da identidade.

A ele estava atrelado todo um conjunto de crenças e de validações sociais que definiam o lugar desse grupo naquela conjuntura. Assim, as instituições, a lei, a religião, as regras e as normas daquela sociedade funcionavam como uma engrenagem sincronizada, a partir da qual o resultado unânime e decisivo era: mulheres, por serem mulheres, não podiam acessar determinado direito.

Fazendo uma conexão com a atualidade, percebe-se através dos vários índices socioeconômicos de domínio público o quanto homens e mulheres ainda estão em patamares desiguais.

Assim como o acesso à educação, vários outros direitos e oportunidades foram e são retirados das mulheres, das pessoas negras e indígenas, das pessoas com deficiência, entre outras, a partir de suas identidades. Como destaca a ADC 41/DF do Supremo Tribunal Federal (STF), a identidade torna-se, então, elemento influenciador e definidor "das condições de moradia e saúde, nas relações com a Polícia e com o Estado, na educação e ainda, com especial relevância, no mercado de trabalho".

Dessa forma, podemos dizer em suma que *a identidade era e continua sendo um fator determinante de discriminação e de definição dos níveis de participação social.*

Em adição, denota-se que, mesmo diante da conquista oficial de direitos e oportunidades, há ainda uma longa jornada para a efetivação da conquista material. Isso significa que, depois de institucionalizada a lei ou o respectivo mecanismo de compromisso social, existe ainda o processo de transformação cultural, que envolve a mudança de mentalidade e a aceitação de que tais grupos sejam de fato detentores e usufruidores naturais dos tais direitos e oportunidades.

AÇÕES AFIRMATIVAS

Ações afirmativas são programas, políticas, atos ou medidas especiais, intencionais e temporários, realizados com os objetivos de:

- Buscar a eliminação das desigualdades historicamente acumuladas, ainda que sejam resultados não intencionais.
- Promover, através da distribuição equitativa, a igualdade de tratamento e de acesso a direitos e oportunidades.
- Buscar a compensação das perdas provocadas pela discriminação decorrente de motivos étnico-raciais, de gênero, entre outros.

Ou seja, como contraponto a um histórico que usou e usa a identidade para limitar e restringir a participação social de vários grupos, "minorizando-os", a ação afirmativa usa essa mesma identidade como um dos fatores para discriminar positivamente esses mesmos grupos, impulsionando e alavancando suas respectivas participações sociais.

É importante frisar que, na implementação de uma ação afirmativa, pessoas negras, por exemplo, são priorizadas não apenas por serem pessoas negras, e sim por serem pessoas negras e por atenderem a um conjunto específico de competências ou de experiências desejadas.

A identidade se soma aqui como um fator de peso a ser considerado, em conjunto com outros, a favor da inclusão de grupos minorizados.

Inverte-se, assim, a lógica de exclusão predominante e estruturante das organizações e da sociedade.

Outro ponto que precisa ser endereçado nesta temática é o ideal de "abaixar a régua".

Prevalece, até o momento, uma narrativa que diz que as pessoas que hoje ocupam o lugar que ocupam estão ali unicamente porque "fizeram por merecer". Porque "se esforçaram o suficiente" e porque "são competentes para tal".

No país no qual mais de 90% das pessoas em cadeiras de CEO são homens brancos, essa narrativa nos sugere que: esses homens ocupam esse lugar, nessa proporção, porque são competentes para tal. Ao passo que mulheres, pessoas negras e indígenas, pessoas LGBTQIAP+ e todo o restante da maioria da população que não está lá, ou não faz por merecer, ou não se esforça o suficiente, ou não é competente para tal. Ou tudo junto.

Dessa forma, qualquer ação afirmativa que vise impactar esse número seria então uma ação que "abaixaria a régua".

Definitivamente, esse não é o caso.

O mérito não é a única razão para a existência desses 90%. Como vimos anteriormente, há um imenso acúmulo de decisões da sociedade que, ao mesmo tempo que "tiravam os outros grupos do caminho", privilegiavam os homens brancos, alçando-os a esse lugar que agora ocupam. O resultado diz muito mais sobre uma herança de privilégio do que sobre mérito.

Logo, uma ação afirmativa não abaixa a régua. Ao contrário, *amplia a régua*. Fazendo com que ela contemple todo o potencial que ora ficou de fora e distribua os direitos e oportunidades proporcionalmente à realidade material em questão.

Em termos práticos, é imperativo que as organizações, os governos e a sociedade se movimentem, com ações intencionais e específicas, para combater os resultados excludentes que eles mesmos provocaram, intencionalmente ou não.

No Brasil, o STF atesta a legitimidade das ações afirmativas em documentos como a Ação Declaratória de Constitucionalidade 41 Distrito Federal (ADC 41/DF), e o Ministério Público do Trabalho corrobora em documentos como a Nota Técnica GT de Raça 001/2018.

AÇÕES AFIRMATIVAS NAS ORGANIZAÇÕES

Como vimos em *cases* brasileiros de sucesso, como o do Magazine Luiza, com o programa de *trainee* para pessoas negras; o da Gerdau, com o programa de *trainee* para mulheres; o da Casa&Video, com o programa de *trainees* para pessoas trans e 50+; e o da Mondelēz, com o programa de liderança para pessoas negras, cresce no país o movimento de priorização na aceleração de grupos minorizados.

Uma boa prática é que essas decisões sejam tomadas dentro de uma estratégia de DEI alicerçada no tripé: censo/diagnóstico interno, preparo da liderança, e um sistema de suporte e aceleração para os grupos contemplados.

O censo/diagnóstico entrega indicadores que demonstram o retrato da organização, mostrando, entre outras coisas, como está o percentual da presença dos diversos grupos sociais em comparação ao cenário da população nacional.

A partir disso, a instituição toma a decisão de quais desafios endereçará, com que recursos e em qual prazo — gerando, assim, potenciais ações como as supracitadas.

Para processos seletivos afirmativos, o sistema de suporte e aceleração para as pessoas contratadas pode se dar através de programas de desenvolvimento de habilidades relacionais, políticas e técnicas, mentorias, *sponsorships*, entre outros. A inserção de benefícios que contemplem necessidades imediatas, como o subsídio de curso de idiomas, assim como a disponibilização de recursos de apoio à saúde mental e do trabalho híbrido, são também boas práticas observadas nos *cases* de sucesso.

Já o preparo da liderança precisará ser específico, pois será ela que irá receber e gerir esses talentos. Num aspecto mais amplo, ela tem que ser preparada para gerir times diversos.

O preparo de líderes passa pela educação corporativa, através de treinamentos, mentorias e afins, e pela responsabilização institucional. Nesta, mecanismos oficiais são utilizados para atrelar o exercício da liderança ao fomento de uma cultura mais inclusiva, representada por indicadores de percepção e clima. Um exemplo é a validação de metas com impacto em bônus.

Em organizações que têm cerca de 90% de pessoas brancas, ou que simplesmente não têm pessoas trans, por exemplo, é certo que surgirão novos e complexos desafios.

No ensejo dessas novas relações, uma liderança e uma equipe não preparadas não terão ferramentas nem incentivo para reconhecer e endereçar a manifestação dos vieses, velada ou explícita. E, assim, ao invés de essa cultura colher os benéficos frutos do aumento da diversidade, ela será terra fértil para o surgimento e prosperidade de conflitos não resolvidos, resultando na renovação inevitável do ciclo de discriminação.

Essa mesma linha de raciocínio se aplica aos demais processos organizacionais.

A ação afirmativa não se restringe a processo seletivo. A formação do *pipeline* de promoção pode ser afirmativa. A promoção pode ser afirmativa. A revisão e a instauração de novos benefícios, a relação com fornecedores...

Todos os processos organizacionais podem ser afirmativos.

E, para todos eles, não basta apenas endereçar o processo em si.

Cada movimento de ação afirmativa faz parte de um contexto maior — que é o da transformação cultural. E, nesta, mais do que a mudança de processo, é imprescindível o desenvolvimento de habilidades e ferramentas inclusivas para as pessoas que farão essa nova engrenagem girar.

É necessário um trabalho particular, intencional e constante para que a liderança, em especial, cumpra o seu papel de validadora e potencializadora dessa nova cultura em construção, saindo do mito do "abaixar a régua" e avançando para a materialização do "ampliar a régua".

Numa sociedade cuja narrativa é enraizada no mito da meritocracia, desafios na implementação das ações afirmativas são, sim, esperados.

Entretanto, assim como outros direitos e oportunidades já foram conquistados e, na jornada de concretização deles muitas mentalidades foram mudadas, aqui nós também temos a possibilidade de reconstruir mentes e redirecionar decisões.

É imperativo, para isso, o emprego da *intencionalidade*.

Que agora podemos traduzir como "esta transformação é a nossa responsabilidade e por isso faremos com que ela aconteça de propósito".

REFERÊNCIAS BIBLIOGRÁFICAS

ENSINAR HISTÓRIA. A educação da mulher no Brasil colonial. [S. l.], 2021. Disponível em: https://curt.link/YVyFw1Z. Acesso em: 30 jun. 2023.

GONÇALVES, Arlane. Veja 3 motivos por que a sua empresa precisa aderir às ações afirmativas. *LinkedIn*, 2022. Disponível em: https://curt.link/Uoj0aoT. Acesso em: 30 jun. 2023.

GRANT, Adam. *Think Again*. New York: Viking, 4 fev. 2021.

HERÉDIA, Thais. Mais de 90% dos CEO's do Brasil são homens brancos. *CNN Brasil*, 2021. Disponível em: https://curt.link/lFoSF3r. Acesso em: 30 jun. 2023.

VAZ, Lívia Sant'Anna. *Cotas raciais*. São Paulo: Jandaíra, 6 set. 2022.

FÁTIMA FRAZÃO

Maria de Fátima Gullino Frazão é Fá Frazão. Filha de Dona Lourdes (*in memoriam*) e Seu Cido, irmã do Fábio, lésbica, autodidata, designer e atua em ações LGBTQIAP+ e de tecnologia. Trabalha como especialista em *Product design* e consultora de transformação digital e cultural. Mentora de profissionais em migração de carreira para UX (*user experience design* ou design de experiência). Com mais de 15 anos de experiência, seu objetivo é incansável e complexo: desenhar soluções humanizadas e sustentáveis.

CAPÍTULO 11

DIVERSIDADE, EQUIDADE E INCLUSÃO EM PRODUTOS DIGITAIS

FÁTIMA FRAZÃO

O QUE SÃO PRODUTOS E SERVIÇOS DIGITAIS?

Desde o registro das primeiras espécies humanas, nossos ancestrais tiveram a necessidade de solucionar algum problema. Essas criaturas certamente fizeram uso de pedras, ossos e outros itens para a criação de um artefato. Ao longo das evoluções e revoluções, de forma sistêmica e capitalista, passamos a denominar alguns artefatos como produtos e os recursos ao seu redor de serviços.

> **produto** 1 aquilo que é produzido; resultado da produção. 2 aquilo que é produzido para venda no mercado. 3 resultado de um trabalho ou de uma atividade ‹p. intelectual› [...]
> **serviço** 1 ação ou efeito de servir, de dar de si algo em forma de trabalho. 2 exercício e desempenho de qualquer atividade.[...]

Hoje temos também os produtos ou serviços digitais, que são artefatos ou soluções que são comercializados e iterados através de tecnologias digitais, aplicativos, softwares que atendem a pessoa usuária. Por exemplo: a canção de seu artista favorito é um produto, que você vai escutar com exclusividade através do serviço de uma plataforma digital de música. Nada muito distante de uma pessoa empreendedora que tem como produtos bolos caseiros. Através de uma lista de transmissão de serviço de mensagens instantâneas, ela pode divulgar, vender e localizar onde serão entregues suas deliciosas encomendas.

Os produtos e serviços digitais criados com foco em humanos devem considerar e convergir com os objetivos da empresa e podem ter sua oferta potencializada se, em seu DNA, possuírem a diversidade, equidade e inclusão.

ESTRUTURAS DAS EMPRESAS

Com o andar da carruagem a vapor a caminho de mais uma revolução industrial, as empresas iniciaram as mudanças em suas estruturas robustas e hierarquizadas. A partir do início do século XX, os modelos tradicionais têm estruturas sistematizadas em departamentos, onde cada um possui um objetivo único direcionado para que a empresa atenda o mercado e os consumidores de forma abrangente, e muitas vezes comercializa seu produto ou serviço apenas quando estiver 100% pronto. As adaptações e melhorias são aplicadas após um período de ciclo de vida no mercado e realizadas paralelamente por cada departamento envolvido na cadeia de produção e venda do produto. Se a performance compactuar com os resultados desejados pela empresa, o produto será mantido e posteriormente serão projetadas futuras versões e melhorias.

Na década de 2010, a quarta revolução industrial direciona as empresas à transformação digital e adoção de práticas exponenciais, para ganhar mais sinergia ao longo da jornada de compra; atender e corresponder à necessidade da pessoa usuária. Além de obter dados que vão além dos essenciais, como: engajamento e iteração, comportamentais e métricas de satisfação, critérios de compra, conveniência do produto etc. Independentemente da maturidade e segmento, esse modelo ou mentalidade (*mindset*) exponencial propõe mudanças, por exemplo, os departamentos se transformam e, em áreas com objetivos comuns, compartilham com fluência dados e aprendizados contínuos e cocriam soluções. Assim pessoas colaboradoras e lideranças têm a possibilidade de atuar com menos barreiras organizacionais, com papéis e ações transversais (*cross*), cultivar senso de responsabilidade e pertencimento das soluções criadas para seus usuários. Essas ideias inovadoras são capazes de impulsionar negócios e vantagem competitiva.

PESSOAS USUÁRIAS: QUEM SÃO? ONDE VIVEM? DO QUE SE ALIMENTAM?

Eu, tu, ela, ele, ile e elu somos pessoas usuárias. São pessoas beneficiárias ou usuárias todas aquelas que fazem iterações com um produto ou serviço. Cada uma tem habilidades e comportamentos únicos e, ao pesquisar os motivadores de decisão, modos de uso, circunstâncias e demais propriedades, podemos agrupar as características por similaridades com mais clareza.

Pessoas usuárias trilham as jornadas de uso de um produto; já as pessoas que criam os produtos e serviços utilizam recursos e ferramentas para melhorar a experiência ao longo da jornada, para que cada etapa seja executada sem complicações ou desconfortos até que seja concluída. Para que uma experiência seja aceitável é importante que ela seja simples, usável, eficiente, acessível, orientada e agradável de realizar.

Quando buscamos compreender as pessoas usuárias, abrimos a escuta e a observação sobre suas necessidades, motivações, contextos e elementos subjetivos que fazem parte da sua jornada de experiência ao usar um produto. Por isso é importante que todas as pessoas participantes da criação de produto compreendam o perfil do usuário ao desenhar e melhorar as experiências para as pessoas usuárias, percebendo oportunidades para beneficiá-las e convergir com objetivos de negócios. Além de estabelecer a manutenção ou ampliação das funcionalidades de um produto ou serviço.

Quando se trata de usar ou criar produtos, temos agentes comuns: as pessoas. Ao criar produtos e serviços, é crucial não só reunir diversas áreas, mas compor o grupo com características, formações e identidades com perspectivas diferentes para que possam ou não convergir e se complementar. É válido ressaltar a importância da área e as ações relacionadas de diversidade, equidade e inclusão nas empresas. Além de fortalecer cultura e práticas, é também possível apoiar, orientar e impulsionar em processos de criação de produtos. Da mesma maneira que equipes de produto devem consultar a área de DE&I para ter mais informações e embasamento ao criar um produto que atenda e inclua seus usuários. Ao elaborar e estabelecer essas conexões entre tecnologias, modelos de negócio emergentes e práticas sociais e ambientais sustentáveis, também é possível despertar o progresso e a harmonização dessas áreas em sinergia (CESCHIN; GAZIULUSOY, 2016).

SE O FOCO É ATENDER A NECESSIDADE DA PESSOA USUÁRIA, POR QUE NÃO ESTAMOS CONSIDERANDO DEI EM PRODUTOS?

Como mencionei em parágrafos anteriores, a quarta revolução industrial provoca mudanças constantes em nosso caminho. As mudanças sociais são aparentemente gradativas, por exemplo, a introdução de DE&I nas empresas na década de 1970 nos Estados Unidos e a partir de 2010 em empresas privadas multinacionais no Brasil. Já as mudanças dos meios de produção iniciaram nas manufaturas, passaram pela automação a vapor e combustíveis, evoluindo para a robótica, e hoje tecnologias que envolvem análises avançadas com inteligência artificial compõem uma mudança exponencial.

Antes da concepção dos primeiros produtos digitais, os esforços para criar produtos não físicos, por assim dizer, não abrangiam integralmente as características das pessoas usuárias. Mesmo que cada frente esteja evoluindo em ritmos diferentes, suas jornadas se encontram em momentos de reflexão, como este, ao partilhar informações e contribuir com a manutenção de produtos e serviços diante dos comportamentos e movimentos constantes da sociedade.

COMO CRIAR PRODUTOS E SERVIÇOS DIGITAIS?

A forma de criar produtos e serviços tem etapas básicas:

1. *Identificar* necessidade e oportunidade.
2. *Explorar* e descobrir contextos.
3. *Idear* soluções em grupo e *criar um protótipo* da solução mais aderente à necessidade do usuário.
4. *Coletar dados e avaliações* sobre o produto.
5. *Desenvolver e implementar a solução*, com os ajustes identificados na etapa anterior.
6. *Realizar melhorias contínuas* de acordo com os usuários e convergindo com o objetivo da empresa.

De forma enxuta, essas são as etapas que podem ser executadas e adaptadas para nossos contextos profissionais. Numa parcela considerável, também notamos que diretorias e as pessoas interessadas em resultados para a empresa (*stakeholders*) desejam a implementação da solução de forma direta, para depois realizar as melhorias contínuas. Nessas situações é importante avaliar o impacto e riscos e, se necessário, realizar uma implementação em etapas.

COMO TIRAR A DIVERSIDADE, EQUIDADE E INCLUSÃO DO *BACKLOG* DE PRODUTO

O QUE É UM *BACKLOG*?

Um termo muito comum na área de produto é o backlog:

> **Backlog:** *uma quantidade de trabalho que já deveria ter sido feito, mas ainda não foi.*

A lista de tarefas contém diversos tipos de itens: funcionalidades, características, recursos, problemas no desenvolvimento no produto, erros do produto em execução, acessibilidade, testes e outros. A dinâmica da escolha de qual item deve ser feito geralmente é realizada por metodologias ágeis, que são práticas que priorizam a adaptabilidade, colaboração, comunicação e entrega contínua de valor ao cliente e estão alinhadas com os objetivos da empresa (Manifesto Ágil, 2001). Elas estão também se estabelecendo além da área de tecnologia, demonstrando sua eficácia na resolução de problemas complexos, que envolvem um elevado grau de incertezas durante a execução.

BACKLOG DE PRODUTO & DE&I

Agora que sabemos o que é um *backlog*, reunimos aqui alguns exemplos de itens para compor um *backlog* de DE&I com áreas de produto.

<table>
<tr><th>Nome da tarefa</th><td colspan="3">Ativação de áreas de DE&I e produto</td></tr>
<tr><th>Descrição da tarefa</th><td colspan="3">PARA aprender sobre o produto da empresa, perfis e jornada das pessoas usuárias
COMO área de DE&I
QUERO realizar uma ativação/workshop com a área de produto</td></tr>
<tr><th>Critérios de aceite</th><td colspan="3">1: conhecer o produto, perfil e jornada da pessoa usuária
2: identificar pontos de DE&I no perfil e jornada da pessoa usuária
3: apresentar pontos e propor melhorias de DE&I na jornada da pessoa usuária</td></tr>
<tr><th>Tipo de priorização</th><td>☐ baixa</td><td>☐ média</td><td>☑ alta</td></tr>
<tr><th>Responsáveis</th><th>Data de início</th><th>Data de entrega</th><th>Materiais para executar a tarefa</th></tr>
<tr><td>Nome/Area</td><td>DD/MM/AAAA</td><td>DD/MM/AAAA</td><td>–</td></tr>
</table>

<table>
<tr><th>Nome da tarefa</th><td colspan="3">"Dados de produto"</td></tr>
<tr><th>Descrição da tarefa</th><td colspan="3">PARA medir impacto dos itens não atendidos de DEI no produto
COMO área de DE&I
QUERO conhecer dados do produto como: demográficos, dispositivos, canais de aquisição e insights das entrevistas feitas com usuários</td></tr>
<tr><th>Critérios de aceite</th><td colspan="3">1: conhecer os dados de produto
2: comparar com dados e insights relacionados a DE&I</td></tr>
<tr><th>Tipo de priorização</th><td>☐ baixa</td><td>☑ média</td><td>☐ alta</td></tr>
<tr><th>Responsáveis</th><th>Data de início</th><th>Data de entrega</th><th>Materiais para executar a tarefa</th></tr>
<tr><td>Nome/área</td><td>DD/MM/AAAA</td><td>DD/MM/AAAA</td><td>–</td></tr>
</table>

<table>
<tr><td>Nome da tarefa</td><td colspan="3">"Apoio na pesquisa com usuários"</td></tr>
<tr><td>Descrição da tarefa</td><td colspan="3">PARA garantir que o usuário tenha suas necessidades atendidas em relação a cadastro do nosso produto/serviço
COMO área de DE&I
QUERO apoiar na elaboração do roteiro de entrevistas com os usuários com o time de pesquisa de produto</td></tr>
<tr><td>Critérios de aceite</td><td colspan="3">1: utilizar linguagem inclusiva no roteiro de entrevistas
2: verificar uso de recursos acessíveis para usuários com deficiência</td></tr>
<tr><td>Tipo de priorização</td><td>☐ baixa</td><td>☐ média</td><td>☑ alta</td></tr>
<tr><td>Responsáveis</td><td>Data de início</td><td>Data de entrega</td><td>Materiais para executar a tarefa</td></tr>
<tr><td>Nome/área</td><td>DD/MM/AAAA</td><td>DD/MM/AAAA</td><td>–</td></tr>
</table>

<table>
<tr><td>Nome da tarefa</td><td colspan="3">"Apoio na ideação de produto"</td></tr>
<tr><td>Descrição da tarefa</td><td colspan="3">PARA a ideação de produto é necessária a participação de 20 colaboradores da empresa
COMO área de DE&I
QUERO ajudar e garantir que o grupo de trabalho tenha a participação de mulheres, pessoas pretas, PCDs, pessoas LGBTQIA+ e pessoas acima de 45 anos.</td></tr>
<tr><td>Critérios de aceite</td><td colspan="3">1: garantir a participação dos perfis solicitados
2: verificar o uso de recursos acessíveis para usuários com deficiência
3: apoiar na facilitação</td></tr>
<tr><td>Tipo de priorização</td><td>☐ baixa</td><td>☐ média</td><td>☐ alta</td></tr>
<tr><td>Responsáveis</td><td>Data de início</td><td>Data de entrega</td><td>Materiais para fazer a tarefa</td></tr>
<tr><td>Nome/área</td><td>DD/MM/AAAA</td><td>DD/MM/AAAA</td><td>–</td></tr>
</table>

<table>
<tr><td>Nome da tarefa</td><td colspan="3">Apoio em testes de produto</td></tr>
<tr><td>Descrição da tarefa</td><td colspan="3">PARA realizar o teste de produto é necessário garantir a execução dos itens de acessibilidade
COMO área de DE&I
QUERO apoiar na indicação de colaboradores PCDs especialistas em testes
Exemplos de critérios de validação</td></tr>
<tr><td>Critérios de aceite</td><td colspan="3">1: garantir a participação dos perfis solicitados
2: verificar o uso de recursos acessíveis para usuários com deficiência
3: apoiar a consolidação de dados dos relatórios dos testes</td></tr>
<tr><td>Tipo de priorização</td><td>☐ baixa</td><td>☑ média</td><td>☐ alta</td></tr>
<tr><td>Responsáveis</td><td>Data de início</td><td>Data de entrega</td><td>Materiais para fazer a tarefa</td></tr>
<tr><td>Nome/área</td><td>DD/MM/AAAA</td><td>DD/MM/AAAA</td><td>–</td></tr>
</table>

<table>
<tr><td>Nome da tarefa</td><td colspan="3">“Promover resultados”</td></tr>
<tr><td>Descrição da tarefa</td><td colspan="3">PARA manter a qualidade e gerar valor em nossos produtos
COMO área de DE&I
QUERO promover os resultados do trabalho/ações entre as áreas de produto e DEI</td></tr>
<tr><td>Critérios de aceite</td><td colspan="3">1: apresentação com objetivo, dados, impactos e próximos passos
2: documentar e partilhar relatórios e boas práticas</td></tr>
<tr><td>Tipo priorização</td><td>☐ baixa</td><td>☑ média</td><td>☐ alta</td></tr>
<tr><td>Responsáveis</td><td>Data de início</td><td>Data de entrega</td><td>Materiais para fazer a tarefa</td></tr>
<tr><td>Nome/área</td><td>DD/MM/AAAA</td><td>DD/MM/AAAA</td><td>–</td></tr>
</table>

Através desta introdução ao tema de DE&I em produtos e serviços digitais, convido os colegas dessas áreas, que aparentemente possuem práticas e linguagens distintas, a se aproximarem deste desafio complexo e contínuo: compreender as necessidades das pessoas e oferecer soluções que tornem a jornada simples, acessível, ética, sustentável e humana.

REFERÊNCIAS BIBLIOGRÁFICAS

CARDOSO, Rafael. *Design para um mundo complexo*. 2.ed. São Paulo: Ubu Editora, 2022.

CARROLL, Antionette. TED Archive. Designing for a more equitable world. YouTube, 17 janeiro 2019. Disponível em: https://youtu.be/z9XKBgdOrHU. Acesso em: 14 de agosto de 2023.

CESCHIN, Fabrizio; GAZIULUSOY, İdil *(ed.)*. *Design for Sustainability*: A Multi-level Framework from Products to Socio-technical Systems. Routledge, 2019. E-book Kindle (186p.)

MANIFESTO para Desenvolvimento Ágil de Software. [S.l.]. Agile Alliance, 2001. Disponível em: https://agilemanifesto.org/iso/ptbr/manifesto.html. Acesso em: 13 ago. 2023.

MCKINSEY & Company. What are Industry 4.0, the Fourth Industrial Revolution, and 4IR? Featured Insights. Publicado em: 17 agosto de 2022. Disponível em: https://www.mckinsey.com/featured-insights/mckinsey-explainers/what-are-industry-4-0-the-fourth-industrial-revolution-and-4ir. Acesso em: 14 de agosto de 2023.

NORMAN, Donald A. *O design do dia a dia*. Tradução Ana Deiró. Rio de Janeiro: Rocco, 2006.

NORMAN, Don; NIELSEN, Jakob. Nielsen Norman Group. *The Definition of User Experience (UX)*. "User experience" encompasses all aspects of the end-user's interaction with the company, its services, and its products. Disponível em: https://www.nngroup.com/articles/definition-user-experience/. Acesso em: 14 de agosto de 2023.

PORTAL da Indústria. Indústria 4.0: Entenda seus conceitos e fundamentos. Indústria de A-Z. Disponível em: https://www.portaldaindustria.com.br/industria-de-a-z/industria-4-0/. Acesso em: 14 de agosto de 2023.

PRODUTO. In: Houaiss. *Houaiss Dicionário da Língua Portuguesa Online*. UOL. Disponível em: https://houaiss.uol.com.br/corporativo/apps/uol_www/v6-1/html/index.php#2. Acesso em: 13 de agosto de 2023.

SANTOS, William Bizotto dos; VAN AMSTEL, Frederick M.C.; BOTTER, Fernanda. *Giro decolonial por um design conscientizador.* In: II COLÓQUIO DE PESQUISA E DESIGN. DE(S)COLONIZANDO O DESIGN, 2021, Fortaleza. Editora Nadifúndio, PDF. Organização: Camila Bezerra Furtado Barros, Claudia Teixeira Marinho, Bruno Ribeiro do Nascimento. p. 133-139. Disponível em: https://design.ufc.br/wp-content/uploads/2021/07/iicpd.pdf. Acesso em: 14 de agosto de 2023.

SERVIÇO. In: Houaiss. *Houaiss Dicionário da Língua Portuguesa Online*. UOL. Disponível em: https://houaiss.uol.com.br/corporativo/apps/uol_www/v6-1/html/index.php#5. Acesso em: 13 de agosto de 2023.

ANGELA CASTRO

Apaixonada por gente. Sócia *head* de DE&I na Deloitte, membro atuante no IBEF e Ibracon. Graduada em Letras e Ciências Contábeis, com MBA em Gestão Empresarial, especializações em Pessoas, Projetos e Estatística. Certificada em Coaching Int., Liderança Inclusiva Int. e Conselho de Administração. Coautora de seis livros executivos e de DE&I. Aprendiz por natureza; ama cozinhar, ler, fotografar e caminhar.

Filha de Antonio e Russi, mãe do Matheus e Lucas, avó de Laura, namorada do DT e tia do Caio, Cael, Duda, Pedro, Henrique e Gabriel.

CAPÍTULO 12

A IMPORTÂNCIA DA LIDERANÇA INCLUSIVA NA DINÂMICA DAS ORGANIZAÇÕES

ANGELA CASTRO

LIDERANÇA INCLUSIVA: UM OLHAR SOBRE A RELEVÂNCIA

Liderança inclusiva é um conceito que tem se destacado cada vez mais na agenda das corporações, principalmente quando se refere a Diversidade, Equidade e Inclusão (DE&I). Porém, liderança inclusiva não é somente sobre marcadores sociais que diferem em grupos de afinidades, mas sobre pessoas, qualquer pessoa, indistintamente. Liderança inclusiva é sobre atitude, comportamento e compromisso.

A liderança consiste em conhecer pessoas, acolher e inspirar e, assim, convergir para os propósitos das organizações, gerenciando e mantendo o foco em objetivos definidos e acordados. Para isso, é necessário ter harmonia entre o discurso e as ações, atuando sempre no ambiente de confiança, inspirada e gerada. É também sobre força, ao mesmo tempo que reconhecer e assumir as vulnerabilidades é essencial.

Anualmente, a Deloitte prepara um estudo para identificar como as empresas no Brasil se estruturam para fomentar a discussão sobre DE&I e trazer quais as expectativas, desafios, tendências e avanços no tema. Na segunda edição da *Pesquisa Diversidade, Equidade e Inclusão nas Organizações*, identificou-se que um dos maiores desafios está relacionado aos entraves culturais devido a um ambiente de negócios conservador e à cultura nas organizações. Nesse ponto, a liderança exerce papel fundamental como agente da transformação, criando ambientes acolhedores e de confiança através de uma gestão humanizada. DE&I é vital para o desempenho de qualquer organização. O desafio é ter alinhamento adequado em todo o ecossistema e gerar compromisso através de impactos positivos. O pensamento, atitudes e os comportamentos inclusivos devem ser uma expressão por decreto de propósito, valores e código ético.

O estudo destaca o papel da liderança nos desafios de avanço das iniciativas:

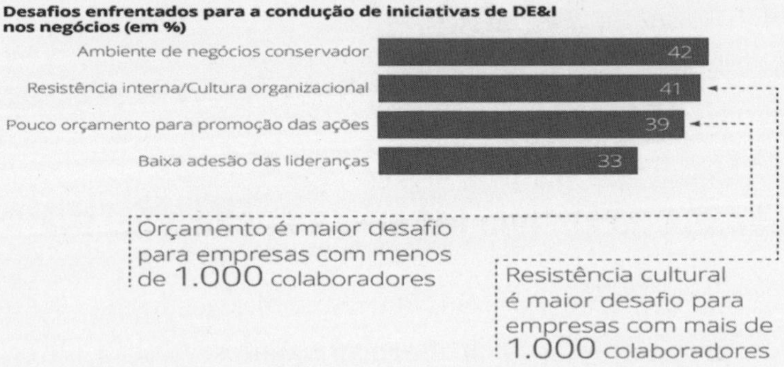

Mais de 90% das 374 empresas que participaram nessa pesquisa entendem que as práticas de DE&I, em geral, trazem benefícios para os negócios (94%), contribuem para a inovação (94%), geram valor ao negócio (93%), aumentam a retenção dos profissionais (91%) e melhoram a qualidade da força de trabalho (90%). Esses pontos são altamente relevantes para as organizações, e, quando nos voltamos ao papel da liderança e o desafio de ser uma liderança inclusiva, estamos falando de negócios, mas também de respeito e justiça.

CONSCIÊNCIA, REFLEXÃO E AÇÃO

Na Deloitte, para implementar a estratégia *All In*, estruturamos o plano com base na metodologia *4S: sensibilização, sistematização, sustentação e conexões sociais*. O objetivo foi criar um cardápio de atividades e ações que reforcem o compromisso diário com o tema, respeitando a maturidade do programa ao longo de sua construção. A base inicial contemplou temas como consciência de vieses, ações pontuais de engajamento e alto letramento para incentivar uma comunicação mais inclusiva. Para percorrer a jornada de inclusão e escrever a história que queremos contar, navegamos de forma consistente na evolução da estratégia e implementamos o treinamento "Liderança Inclusiva" global adaptado para o Brasil, com testes para reflexão, dinâmicas, compartilhamento de situações vivenciadas e estabelecimento de compromissos para uma atuação sem viés e mais inclusiva. Para atuar como facilitadora é necessário que a pessoa obtenha um certificado internacional, com mais de cinquenta horas de estudo e avaliação final de conclusão. Esse treinamento visa reforçar a missão do *All In*, que é promover oportunidades de crescimento, desenvolvimento e sucesso às pessoas.

Na jornada de sensibilização é fundamental trazer consciência dos vieses para neutralizá-los. Eliminar julgamentos que, de forma tendenciosa, podem ferir a equidade, influenciando em atitudes com base nos estereótipos sociais que foram se formando ao longo da vida. Entender os efeitos negativos é imperativo quando falamos da consciência dos nossos vieses, mas, principalmente, é necessário entender a origem e quais as ações para combater esses vieses. Esses vieses são criados ao longo da vida, fazem com que esse pensamento automático seja normatizado e acabam por gerar comportamentos repetitivos e são muito comuns no contexto organizacional.

Não se nasce um líder inclusivo. Um líder desse tipo é construído através do conhecimento, da preparação, da reflexão acentuada e contínua, do acompanhamento da evolução dos temas e de ações identificadas, e, por que não, com metas de evolução nos temas em que se necessita ter mais foco e atenção, por exemplo, exercer a escuta ativa. Também ao se propor a escutar de forma ativa e proposital, com atenção e respeito, sem interromper ou se distrair e direcionar o pensamento a outros assuntos. Essas distrações têm sido identificadas em vários cenários atualmente, e há uma extensa literatura sobre esse tema. A escuta ativa é uma ferramenta fundamental no processo de consciência; ela nos dá repertório para uma comunicação mais fluida, que gera acolhimento e pertencimento.

Como resumo, as três dimensões do treinamento de liderança inclusiva na Deloitte trazem esta sequência de valor:

1. *Consciência* – Garantir que todos estejamos na mesma página, com a aspiração tanto de criar um local de trabalho inclusivo como de ser uma pessoa líder inclusiva.

2. *Reflexão* – Permitir que sejam analisados os pontos fortes e áreas de desenvolvimento como uma pessoa líder.
3. *Ação* – Considerando a influência e responsabilidade de uma pessoa líder, é fundamental planejar o que deve ser feito, qual o caminho de construção para se tornar um líder inclusivo mais eficaz.

Trazer as pessoas para o centro da discussão e valorização não é sobre como a pessoa líder se sente, mas como um líder como você faz os outros se sentirem todos os dias.

Há uma frase que ouvi em um desses treinamentos que exemplifica bem a que me refiro: "É muito fácil fazer que se sintam incluídas pessoas que são como você — você apenas faz as coisas que você precisa para se sentir incluído. O objetivo final é ser capaz de fazer aqueles que são diferentes de você se sentirem incluídos".

SEIS TRAÇOS TÍPICOS DA LIDERANÇA INCLUSIVA

Com a relevância e urgência global do ESG (*environment, social and governance*) ou, no uso nacional, ASG (ambiente, social e governança), temos o tema que envolve pessoas no centro das discussões em todas as dimensões do ASG, sendo mais fortemente relacionado ao "S" de social. Nessa dimensão, incentivar a liderança a ter uma visão da pluralidade e riqueza dos aspectos relacionados a DE&I se torna imperativo.

Na Deloitte, através do estudo *Seis traços da Liderança Inclusiva*, reforçamos a necessidade da convergência de aspectos que possam promover a inclusão de forma consistente, com ritmo e intenção. Trata-se não apenas de características que definem o que é ser um líder inclusivo, mas também atitudes e posturas que podem ser adquiridas e medidas através de práticas diárias que denotam a legítima aspiração a ser um líder inclusivo num mundo em total transformação, que inclui DE&I na pauta de estratégia de negócios. Essa discussão é gerida por líderes. No estudo, foram destacadas as seis características que legitimam a necessidade da postura altamente inclusiva na liderança e se tornam essenciais na jornada de DE&I:

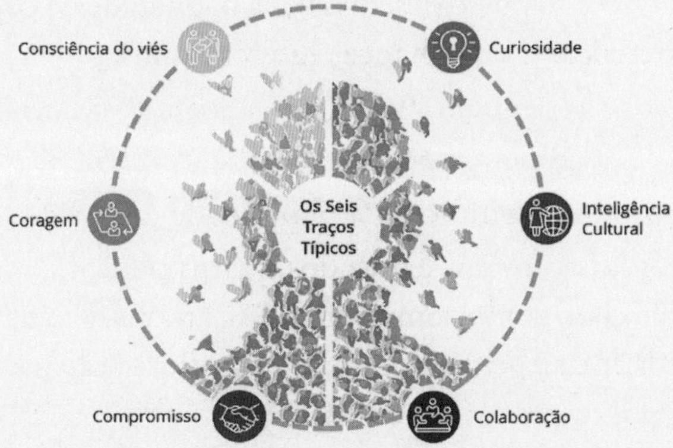

Figura 12.1: Os seis traços típicos da liderança inclusiva.
Fonte: adaptado de BOURKE (2016).

1. Conhecimento dos vieses:

- Aceitar que os vieses podem existir.
- Estar consciente de seus vieses e pontos cegos.
- Refletir sobre como combater esses vieses para garantir justiça e respeito às pessoas.
- *Desafio*: quais comportamentos posso incluir na minha rotina para promover melhor comunicação, buscando o feedback do time para acompanhar a evolução?

2. Coragem:

- Aceitar que temos aspectos de vulnerabilidade.
- Entender que podemos não ser tão inclusivos, quanto pensamos.
- *Desafio*: compartilhar seus desafios e expectativas e abrir espaço com sua equipe.

3. Inteligência cultural:

- Entender outras culturas.
- Buscar conhecimento e dividir aspectos de sua própria cultura.
- Evitar estrangeirismos para promover uma comunicação mais inclusiva quando o ambiente requerer.

- *Desafio*: como posso desenvolver a habilidade de conhecer aspectos de diferenças e semelhanças interculturais?

4. Compromisso:

- Comprometimento com a pluralidade, o DE&I.
- Na pesquisa, foram destacados quatro pontos comuns nos que se reconheciam como comprometidos: através de seus valores pessoais (equidade e respeito às pessoas) e da priorização na agenda (horário para avaliar processos, estudar).
- Crença nos benefícios ao negócio como um todo.
- Participar em grupos de afinidades na organização, ou externamente, e incluir o tema nas reuniões.
- O compromisso pode ser medido através do tempo de dedicação a atividades de DE&I.
- *Desafio*: quanto tempo de dedicação semanal eu destino para DE&I?

5. Curiosidade:

- Estar aberto a conhecer o outro de forma legítima.
- Praticar a escuta ativa.
- Exercitar a tolerância a ambiguidades.
- Exercitar empatia, por mais restrita que essa prática possa ser.
- Aceitar seus pontos fortes, assim como opiniões de outras pessoas, independentemente de qualquer situação, seja idade, raça, gênero, condição física e mental, origem etc.
- *Desafio*: buscar opiniões de pessoas que você sabe que se posicionam de forma contrária à sua.

6. Colaboração:

- Montar uma equipe com composição plural e diversa.
- Capacitar as pessoas diferentes a serem quem são.
- Garantir que haja diversidade de pensamento.
- Empoderar cada pessoa de sua equipe.

- Exercitar o espírito de colaboração e engajamento, de forma legítima, para que a equipe trabalhe no espírito de união.
- Promover ambiente com segurança psicológica.
- *Desafio*: como posso dar espaço para que cada pessoa possa ser o melhor de si sem perder as características de sua essência?

LIDERANÇA INCLUSIVA É SOBRE INTENÇÃO

No estudo originado na segunda edição da Pesquisa de Diversidade, Equidade e Inclusão da Deloitte de 2022, foi destacado que as frentes de DE&I nas organizações são lideradas por presidência (14%), diretoria (35%) e gerência (27%), o que indica que a alta gestão tem o desafio de liderar a transformação das organizações, sendo o componente central do sucesso.

Para navegar nesse ambiente de mudanças é fundamental exercer com legitimidade e intenção a liderança inclusiva e combater os entraves e resistências existentes para incorporar a perspectiva de pluralidade à alma das organizações.

REFERÊNCIAS BIBLIOGRÁFICAS

DELOITTE. *Pesquisa Diversidade, Equidade e Inclusão nas Organizações* [S.l.], 2022. Disponível em: https://www2.deloitte.com/br/pt/pages/about-deloitte/articles/pesquisa-diversidade-inclusao-organizacoes.html. Acesso em: 22 jul. 2023.

BOURKE, Juliet. *The Six Signature Traits of Inclusive Leadership*.– [S.l.], 2016. Disponível em: https://www2.deloitte.com/au/en/pages/human-capital/articles/six-signature-traits-inclusive-leadership.html. Acesso em: 22 jul. 2023.

ADRIANO BANDINI

É psicólogo, especialista em diversidade, equidade, inclusão e neurociência, palestrante e educador. Atua há mais de vinte anos em diversos pilares de diversidade, com experiência nos setores público e privado. Pós-graduado em Economia Comportamental e Tomada de Decisão pela FIA, *coach* formado pelo Integrated Coaching Institute e PNL. É um profundo conhecedor do comportamento humano. Desenvolve líderes e equipes para estruturação de programas de DEI.

CAPÍTULO 13

O PAPEL DAS PESSOAS ESPECIALISTAS EM DIVERSIDADE, EQUIDADE E INCLUSÃO (DEI) NAS EMPRESAS

ADRIANO BANDINI

A Diversidade, a Equidade e a Inclusão tornaram-se cada vez mais importantes nas empresas, não apenas como uma questão moral, mas também como um fator-chave para a competitividade e o sucesso nos negócios.

Pessoas especialistas em Diversidade, Equidade e Inclusão (DEI) são profissionais que desempenham um papel crítico na criação de ambientes inclusivos, saudáveis e equânimes. Neste capítulo, abordaremos o papel dessas pessoas, sua importância, desafios e exemplos práticos de como elas estão envolvidas na cultura empresarial.

Nos últimos anos, houve uma crescente conscientização em torno do tema da DEI no ambiente de trabalho. Na medida em que as empresas reconhecem a importância da DEI na criação de culturas mais justas, equânimes e produtivas, muitas procuram contratar pessoas especialistas no tema para liderar essas iniciativas. Mas qual é exatamente o papel dessas pessoas e como elas podem ajudar a promover uma maior diversidade e inclusão nas empresas?

O papel das pessoas especialistas em DEI é multifacetado e pode variar de acordo com a empresa em que trabalham. Em geral, elas são responsáveis por posicionamento estratégico, criação de políticas, liderar iniciativas de diversidade e inclusão com os times (como fomentar a representatividade, promover ações afirmativas, a inclusão de grupos minorizados e acessibilidade para pessoas com deficiência), aconselhar líderes e equipes sobre gestão inclusiva e garantir que as práticas da empresa estejam alinhadas com os valores DEI.

A criação ou revisão de políticas e procedimentos empresariais para garantir que sejam justos, acessíveis e equitativos inclui a análise das políticas de contratação, promoção e remuneração para identificar vieses inconscientes ou critérios subjetivos e desenvolver planos de ação para mitigá-los. Também é importante que esses profissionais trabalhem com uma equipe multidisciplinar, em especial com o time de recursos humanos, para garantir que as políticas para licença parental, licença médica, uso de nome social, benefícios, entre outras, sejam inclusivas.

Esse papel é cada vez mais reconhecido como essencial e estratégico para a criação de ambientes de trabalho justos, acessíveis, saudáveis e inclusivos, além de melhorar a produtividade e a satisfação de funcionários, parceiros e clientes. As pessoas especialistas atuam em recursos humanos, mas também em sustentabilidade, na agenda ESG, dentro dos negócios, no marketing e em muitas outras áreas.

São profissionais com múltiplas formações que acumulam habilidades e conhecimentos específicos para lidar com questões de DEI. São responsáveis por promover ações inclusivas dentro e fora das empresas, bem como garantir que todas as pessoas sejam tratadas com respeito, independentemente de sua característica.

Na esfera estratégica, especialistas em diversidade participam de conselhos de administração, conselhos de diversidade, comitês consultivos e podem ajudar a desenvolver análise de cenário nacional e internacional, definir posicionamento, metas e objetivos para a empresa, incluindo a recomendação da diversificação da equipe de liderança, a criação de canais de denúncia e articulação de grupos de afinidade. Esses esforços podem ajudar a melhorar a percepção da empresa dentro e fora de seus muros, atraindo e promovendo talentos diversos, além de ampliar a base de clientes.

Especialistas em DEI podem trabalhar diretamente com a equipe de liderança para garantir que a empresa esteja presente com as melhores práticas de inclusão e diversidade. Elas podem oferecer mentoria, *coach*, palestras e treinamentos para apoiar os líderes a entender a importância da diversidade e da inclusão e desenvolver habilidades para liderar equipes inclusivas e mitigar vieses na tomada de decisão.

Elas também podem trabalhar com grupos ou indivíduos para identificar quaisquer desafios ou barreiras existentes que impeçam a inclusão e, ainda, desenvolver soluções. Times de saúde e segurança do trabalho, advocacia, *business partner* e gestão de pessoas podem recorrer a esse olhar especializado para apoio na análise, tomada de decisão e implementação de ações diferenciadas, como acessibilidade metodológica ou respostas para fiscalizações, por exemplo.

Nos negócios e operações, uma das responsabilidades dessa especialidade é garantir que as empresas cumpram as legislações vigentes (como a lei de cotas para aprendizes, pessoas com deficiência), realizem ações afirmativas para grupos minorizados e criem produtos e serviços inclusivos, onde clientes, terceiros, parceiros e pessoas que ali trabalham se sintam valorizadas e respeitadas. Isso inclui identificar e eliminar preconceitos e barreiras atitudinais, além de promover a acessibilidade e a representatividade em todos os níveis e espaços.

A representatividade é um dos temas mais importantes na área de DEI, pois é essencial que as empresas reflitam a diversidade da sociedade em geral. Especialistas em DEI fazem diagnósticos corporativos por meio de dados quantitativos e qualitativos utilizando diversos processos de análise para apoiar a liderança na priorização da pauta. A análise das informações de uma empresa leva em consideração os dados do setor econômico, região de operação do negócio, perfil dos clientes e dados populacionais para o tema estudado.

Os grupos minorizados também são foco de atuação dos especialistas em DEI. Em muitos locais, os grupos se organizam por afinidade (como mulheres, pessoas negras, indígenas, LGBTQIA+, pessoas com deficiência, entre outros) e trabalham juntos com os especialistas para garantir que sejam representados, ouvidos e respeitados. Essa atuação contribui para a construção de ambientes mais justos e igualitários e cumpre uma das frases mais importantes dessa pauta: "Nada sobre nós, sem nós".

Além disso, a falta de representatividade também pode levar a uma falta de perspectivas diversas e inovadoras, amplia os riscos reputacionais e impacta negativamente a autoestima e a sensação de pertencimento dos grupos minorizados, além de limitar a capacidade de inovação e de lucratividade da empresa.

A criação e a gestão de programas de treinamento e letramento aparecem na agenda de trabalho de especialistas em DEI com alguma frequência. Esses programas ajudam a sensibilizar e conscientizar as equipes sobre a importância da diversidade e da inclusão, bem como identificar e enfrentar os preconceitos e os vieses inconscientes. Os treinamentos também ensinam técnicas de comunicação não violenta, legislação trabalhista, atendimento inclusivo, conceitos básicos para cada tema em DEI, termos, expressões e palavras que não devem ser utilizadas e ainda como agir de forma respeitosa com pessoas de diferentes origens e culturas.

É importante ressaltar que existem diferentes estilos de especialistas em DEI, cada um com suas habilidades, personalidade, abordagens específicas e estilos diferentes. Alguns têm formação em sociologia, psicologia, comunicação ou ciências sociais, outros em administração, sustentabilidade, gestão de projetos, enquanto outros podem ter experiência em relações públicas ou gestão de recursos humanos. O importante é que essas pessoas tenham uma compreensão profunda dos problemas enfrentados pelos grupos minorizados e um forte compromisso em promover a inclusão, com estratégias eficientes dentro da cultura organizacional.

Por exemplo, há especialistas que focam questões culturais, outros em mídias e comunicação, outros são articuladores entre empresas, grupos identitários, enquanto alguns trabalham com aspectos mais técnicos (como na escuta de problemas e desafios individuais de aprendizagem e acessibilidade, muitas vezes únicos, para criar soluções disruptivas e pioneiras). Há especialistas que dialogam com o poder público fomentando ações afirmativas nas esferas governamentais, no aprimoramento das legislações ou cobrando efetividade nas que já existem. Há também especialistas que administram fornecedores e atuam como PMO de projetos.

Os regimes de contratação dessas pessoas são diversos. Algumas empresas contratam especialistas no regime CLT, outras como pessoas jurídicas no papel de consultores, palestrantes, *coaches* e professores. O fato é que precisamos de toda essa diversidade de formatos, estilos e especialidades!

Há também diferentes níveis de profundidade em cada especialista e ainda temas específicos ou generalistas na formação dessas pessoas. Pode existir uma pessoa especialista em um pilar e leiga em outro.

Uma pessoa especialista em DEI não necessariamente precisa pertencer ou carregar a característica de diversidade que está trabalhando para promover, respeitar, valorizar e incluir. Ela reconhece seu ponto de partida, seu lugar de fala, estuda tecnicamente cada tema a partir de fontes seguras para falar "sobre" qualquer tema.

Há também, além das pessoas aliadas, pessoas que carregam alguma das características diversas e que, além de falar "sobre", podem falar "de", como apresentado por Mario Sergio Cortella no livro *A diversidade – Aprendendo a ser humano*:

> Quando falamos "de", é a partir de nossa vivência. Quando falamos "sobre", é a partir do nosso conhecimento, da nossa observação, do nosso estudo ou da nossa análise.(CORTELLA E FERRAZ, 2010)

As pessoas especialistas em DEI podem usar a neurociência como ferramenta para ajudar as empresas a criar equipes diversificadas e inclusivas. Ao entender como pessoas de diferentes origens e experiências pensam e se comunicam, essas especialistas podem ajudar a criar ambientes de trabalho onde todas as pessoas se sintam valorizadas, respeitadas e tenham a oportunidade de contribuir de maneira significativa.

A neurociência tem um papel fundamental na compreensão dos vieses inconscientes e o conjunto de valores e crenças pessoais que influenciam os processos de tomada de decisão e de julgamento humano, o que tem um impacto direto na capacidade de a pessoa especialista influenciar o grupo onde está, e na forma como as pessoas interagem e se relacionam. Ela tem sido um campo de estudo cada vez mais relevante no contexto das empresas e vai da análise a intervenções que envolvem os vieses inconscientes, o entendimento da acessibilidade mais adequada para inclusão de pessoas neuroatípicas e a capacidade de gerar engajamento positivo.

No entanto, a criação de ambientes de trabalho inclusivos não é uma tarefa fácil. Um dos principais desafios enfrentados por essas pessoas é lidar com a resistência, com o descrédito e com a falta de compreensão. Algumas estruturas podem se sentir desconfortáveis e até ameaçadas pela mudança que a pauta de DEI provoca e podem resistir a ela.

Outro desafio é lidar com a falta de diversidade no início dos trabalhos. Algumas áreas podem ser dominadas por um único grupo, o que pode criar um ambiente hostil para algumas pessoas. Especialistas precisam ser capazes de comunicar de forma objetiva e persuasiva a importância da diversidade e da inclusão e tangibilizar as vantagens que podem trazer para a empresa. Eles precisam de habilidades de liderança e comunicação eficazes para influenciar outras pessoas e obter o apoio da liderança da empresa.

É interessante que especialistas em DEI desenvolvam seu autoconhecimento para aprimorar sua autopercepção e repertório, tornando-se capazes de manter a estabilidade e equilíbrio emocional nas mais diversas pautas e discussões, nem sempre favoráveis, e com profundos valores e crenças embutidos. Muitas vezes o comportamento da pessoa especialista é mais inspirador do que suas palavras.

Finalmente, as pessoas especialistas em DEI são grandes influenciadoras, inspiradoras e capazes de conectar as pessoas da empresa e da comunidade com propósitos humanitários, criando e engajando pessoas aliadas em cada pauta. São construtoras de pontes, articuladoras, mediadoras de conflitos e promotoras da dignidade humana.

Fica mais objetivo perceber que o papel das pessoas especialistas em DEI é crucial para garantir um ambiente de trabalho saudável, produtivo, que todas as vozes sejam ouvidas e que todas as pessoas tenham oportunidades equânimes de sucesso.

Se você tem interesse em se tornar especialista em DEI, comece com leituras de autores diversos, conheça as legislações atuais, leia a biografia de personalidades históricas com características diversas para entender os motivadores de cada ação, conecte-se com pessoas diversas e participe de iniciativas relacionadas aos temas de seu interesse. Você também pode escolher um curso de curta ou longa duração, ampliando passo a passo sua formação.

REFERÊNCIA BIBLIOGRÁFICA

CORTELLA, Mario Sergio; FERRAZ, Janete Leão (coautora). *A diversidade – Aprendendo a ser humano*. São Paulo: 3DEA Editora/Littera, 2020.

DEBORA GEPP

Socióloga formada pela Universidade Federal de São Paulo (Unifesp) e certificada pela Stanford University no LGBTQ Executive Leadership Program. Possui mais de nove anos de experiência na gestão de programas de diversidade e inclusão em empresas, é cofundadora da Rede Brasileira de Mulheres LBTQ e gerente global de diversidade e inclusão na Thomson Reuters. Foi vencedora do 2020 Out and Equal Awards por seu trabalho na inclusão LGBTQIAP+ no local de trabalho e parte da coorte de 2022 da Columbia Women's Leadership Network.

CAPÍTULO 14

GRUPOS VOLUNTÁRIOS DE DIVERSIDADE E A REVITIMIZAÇÃO DAS MINORIAS

DEBORA GEPP

O QUE SÃO OS GRUPOS VOLUNTÁRIOS DE DIVERSIDADE

A promoção da colaboração e a gestão participativa são aspectos fundamentais para o sucesso de uma estratégia de diversidade e inclusão nas organizações. Isso quer dizer, sobretudo, que, se estamos desenhando ações para tornar uma organização mais diversa e inclusiva, nada mais coerente e inteligente que compartilhar a jornada com as populações que são foco desses esforços, ou seja, os grupos minorizados.

Essa forma de participação voluntária é chamada de diversos nomes nas organizações ao redor do mundo: *employee resource groups*, *business resource groups*, grupos de diversidade, redes de *networking*, grupos de trabalho de diversidade, entre outros. Como assertivamente Luana Gimenez descreveu:

> Os grupos comumente são formações de pessoas conectadas por um mesmo objetivo e/ou características semelhantes que, de maneira organizada, promovem ações internas e externas sobre uma ou mais pautas identitárias ou causas sociais. Além disso, os grupos também estão alinhados com a visão, valores, missão e objetivos estratégicos da companhia a que fazem parte ao mesmo tempo em que focam em diversidade, equidade e inclusão. (GIMENEZ, 2022, p. 59)

Nos Estados Unidos, o movimento dos direitos civis da década de 1960 teve um impacto significativo no surgimento dos grupos voluntários de diversidade e dos programas de diversidade e inclusão nas organizações. O primeiro grupo voluntário de diversidade surge oficialmente em 1970 nos Estados Unidos, quando, após um episódio de discriminação racial, Joseph Wilson, CEO da Xerox Corporation, reuniu pessoas colaboradoras negras a fim de criar ações de combate ao racismo na organização, originando o chamado National Black Employees Caucus.

A partir dos anos 1980, os grupos voluntários de diversidade começaram a se expandir para incluir outros grupos minorizados, como mulheres, LGBTQIAPs, pessoas com deficiência e outros. No final dos anos 1990 e início dos anos 2000, à medida que a conscientização sobre a importância da diversidade e inclusão crescia, mais empresas começaram a estabelecer formalmente os grupos como parte de suas estratégias de diversidade, equidade e inclusão.

A estrutura de pessoas desses grupos, assim como papéis e responsabilidades, pode variar de empresa para empresa, mas, de forma geral, os grupos são compostos por pessoas membras, líderes e *executive sponsors* que atuam como uma voz coletiva para representar as necessidades e preocupações das pessoas colaboradoras pertencentes aos grupos minorizados. Historicamente, com base em um propósito legítimo de garantia ao lugar de fala, os grupos são majoritariamente formados por pessoas que se identificam com a minoria que é foco do grupo, sobretudo as posições de liderança. Sendo assim, observamos que ao longo das últimas décadas os próprios grupos minorizados trabalham de forma voluntária para apoiar as organizações na solução de problemas de que eles próprios são vítimas.

A LINHA TÊNUE ENTRE VOLUNTARIADO EM DIVERSIDADE E A REVITIMIZAÇÃO DAS MINORIAS

Os programas de voluntariado nas organizações privadas são iniciativas que envolvem a participação ativa das pessoas colaboradoras em atividades voluntárias para causas sociais ou comunitárias. O entendimento do trabalho voluntário em empresas privadas permite que as pessoas colaboradoras dediquem parte do seu tempo de trabalho para realizar essas atividades, como é o caso dos grupos de diversidade que surgem com o objetivo de dar voz e visibilidade às pessoas impactadas pelos efeitos do preconceito e da discriminação.

Com a crescente ampliação e demanda por ações de Diversidade, Equidade e Inclusão (DEI) nas organizações, a responsabilidade e expectativa em relação aos grupos voluntários de diversidade também cresceu. Muitas vezes pela falta de entendimento do escopo e da importância de uma área de DEI, ou até mesmo por falta de investimento exclusivo, as organizações acabam por colocar como expectativa de trabalho aos grupos voluntários de diversidade o desenvolvimento e implementação de ações e estratégias que seriam de responsabilidade da área de DEI, formada por profissionais especializados, remunerados e dedicados ao tema.

Sendo assim, os líderes dos grupos voluntários de diversidade muitas vezes enfrentam desafios significativos, pois, além de muitas vezes não terem o conhecimento e a experiência necessária e terem que organizar eventos, ações, *advocacy* e diagnósticos, precisam lidar com questões complexas e emocionalmente exigentes relacionadas ao tema, além do fato de terem que conciliar o seu trabalho remunerado com o voluntário. Além disso, o trabalho de liderança desses grupos pode envolver lidar com questões sensíveis e desafiadoras, como preconceito, discriminação e desigualdade, o que pode ser emocionalmente drenante. Um estudo publicado na revista *Frontiers in Psychology* em 2020 examinou o impacto do voluntariado em diversidade e inclusão no trabalho e identificou que, embora possa ser recompensador, também pode estar associado a níveis mais altos de *burnout*. O estudo destacou que líderes de grupos voluntários de diversidade podem enfrentar desafios relacionados à carga emocional, sobrecarga de trabalho e falta de apoio organizacional adequado, e é nesse momento que a revitimização acontece. Ou seja, quando não há uma gestão organizacional responsável dos grupos voluntários de diversidade, as minorias que estão à frente dos grupos acabam por ter uma carga horária de trabalho maior e não ter recursos para desenvolver as ações, apoio e reconhecimento da liderança da organização, impactando diretamente a qualidade de vida profissional e pessoal.

GESTÃO ORGANIZACIONAL RESPONSÁVEL DOS GRUPOS VOLUNTÁRIOS DE DIVERSIDADE

Para mitigar o risco da criação de um novo ciclo de violência contra os grupos minorizados, as organizações precisam fazer uma gestão organizacional responsável do Programa de Diversidade, Equidade e Inclusão, impactando diretamente o sucesso dos grupos voluntários de diversidade. A gestão responsável se baseia na execução das seguintes ações:

ÁREA OU PROFISSIONAL DEDICADO PARA DEI

É importante que as organizações reconheçam que é necessário investimento em DEI, disponibilizando recursos humanos e financeiros para o desenvolvimento e implementação das ações no tema. Ter uma área ou pelo menos uma pessoa dedicada, especializada e com experiência no tema para ser responsável pelas ações mais estratégicas em DEI e por apoiar diretamente os grupos voluntários de diversidade e sua respectiva liderança é fundamental para o sucesso do programa e dos grupos.

RECURSO FINANCEIRO DEDICADO PARA OS GRUPOS VOLUNTÁRIOS DE DIVERSIDADE

A falta de orçamento para realizar ações é um fator que estressa e desestimula as pessoas voluntárias dos grupos de diversidade. Há empresas que colocam como responsabilidade dos grupos a captação de recursos financeiros para desenvolverem as ações, por exemplo, ter um *executive sponsor* que, além da sua função de apoiar no direcionamento estratégico do grupo, precisa dispor de orçamento para a realização das ações; mas uma boa prática é disponibilizar um valor anual de forma igualitária para cada grupo e orientá-los sobre qual é a expectativa da organização de uso desse recurso.

NITIDEZ NOS PAPÉIS E RESPONSABILIDADES

A definição dos papéis e responsabilidades de todas as áreas e pessoas envolvidas nos grupos voluntários de diversidade é fundamental para evitar desalinhamento, frustrações e para que cada *stakeholder* envolvido saiba qual é a expectativa de trabalho de cada um, como: das pessoas membras, da liderança, dos *executive sponsors*, da área de diversidade e inclusão, do RH regional e toda área ou posição que tenha uma interface relevante junto ao trabalho executado pelos grupos.

NITIDEZ NA EXPECTATIVA DE TRABALHO A SER REALIZADO

Como mencionado anteriormente, o escopo de atuação de diversidade, equidade e inclusão em uma organização pode abranger um universo complexo de possibilidades, envolvendo ações internas e externas, indo desde ações em recrutamento e seleção até posicionamento institucional em situações de crise de imagem, por exemplo. Sendo assim, é importante ter uma nitidez sobre qual é o escopo de trabalho da área de DEI e qual é o foco de trabalho esperado do grupo, com exemplos práticos de ação. Se a expectativa é que os grupos apoiem na promoção do engajamento de pessoas aliadas no tema, por exemplo, é importante deixar isso claro para o grupo e também, quando possível, fornecer exemplos práticos do que seriam as ações a serem realizadas. O planejamento e a priorização são fundamentais para que os grupos voluntários de diversidade possam focar o que é importante, evitando assim frustrações e a sensação de que não estão realizando ações de impacto. A missão dos grupos é a de *apoiar* no desenvolvimento, avaliação e implementação das ações de diversidade, equidade e inclusão em uma organização, e não a de serem totalmente responsáveis por elas.

TREINAMENTO E DESENVOLVIMENTO NO TEMA

A promoção da capacitação, sobretudo da liderança dos grupos voluntários de diversidade, é fundamental para o sucesso das ações. Identificar-se como parte de um grupo minorizado pode dar-lhe o entendimento e o lugar de fala do que é ser uma mulher, por exemplo, mas não necessariamente gera o conhecimento de como desenvolver e implementar ações pela equidade de gênero em uma organização. Ou seja, muito importante que as pessoas voluntárias tenham acesso a conteúdos como: o que é diversidade, equidade e inclusão, grupos minorizados, microagressões, vieses inconscientes, comunicação inclusiva, e também sobre liderança, gestão de pessoas, gestão de conflitos, planejamento, organização de eventos, comunicação e outros. Sendo assim, é importante mapear conceitos teóricos e práticos aos quais os grupos voluntários precisam ter acesso para o sucesso do trabalho.

RECONHECIMENTO E APOIO DA LIDERANÇA

A gestão organizacional dos grupos voluntários de diversidade tem a responsabilidade de estruturar um programa de reconhecimento para quem se voluntaria nos grupos, sobretudo para quem os lidera. A oportunidade de liderar os grupos, além de impactar positivamente a organização, propicia para as pessoas voluntárias o desenvolvimento em diversas competências técnicas e comportamentais, como gestão de equipe, comunicação, planejamento estratégico, gestão de conflitos, entre outros. Ou seja, o ato de se voluntariar nos grupos também oferece aos profissionais e às áreas contrapartidas de desenvolvimento profissional que devem ser reconhecidas nas avaliações anuais de desempenho, assim como o impacto positivo que a pessoa voluntária gerou na organização. O apoio da liderança das pessoas voluntárias é fundamental, tanto para reconhecer os esforços nas avaliações, como citado acima, quanto para garantir apoio e segurança psicológica para os voluntários que estão dedicando horas do trabalho remunerado para a promoção de diversidade, equidade e inclusão.

ACOMPANHAMENTO E SUPORTE DA ÁREA DE DEI

Uma das principais funções da área ou profissional de DEI é realizar um acompanhamento regular com os grupos, apoiando no planejamento das ações, na priorização de ações, na gestão de conflitos e no suporte prático e teórico da execução das ações no tema.

O caráter democrático e colaborativo dos grupos voluntários de diversidade é fundamental para a geração de ações assertivas e para a promoção do engajamento das pessoas colaboradoras no tema. Contudo, é importante realizarmos uma gestão responsável desse mecanismo de apoio a fim de evitar a exploração indevida e a revitimização dos grupos minorizados neste processo louvável de transformação das empresas em um lugar mais diverso e inclusivo para todas as pessoas.

REFERÊNCIAS BIBLIOGRÁFICAS

GIMENEZ, Luana; AMATO, Luciano (Coord.) *Diversidade e Inclusão e suas dimensões.* Vol. I. São Paulo: Literare Books, 2022, p.59.

SHULTE, Niklas et al. Linking Diversity and Mental Health: Task Conflict Mediates between Perceived Subgroups and Emotional Exhaustion. *Frontiers in Psychology*, v. 11, 30 jun. 2020. Disponível em: https://www.frontiersin.org/articles/10.3389/fpsyg.2020.01245/full /. Acesso em: 20 jun. 2023.

SNOWDEN & ASSOCIATES INC. *The Evolution of Employee Resource Groups, Forward Trends, and New Solutions*. Disponível em: http://www.maysnowden.com/blog/posts/the-evolution-of-employee-resource-groups-forward-trend-s-and-new-solutions/. Acesso em: 20 jun. 2023.

GISELE FERREIRA MÜLLER

Mulher, mãe atípica, empreendedora, aliada e ativista em DE&I. Apoia pessoas a compreenderem sua singularidade e caminhar para a pluralidade.

Especialista em Direitos Humanos e Diversidades pela Universidade de São Paulo (USP), pós-graduada em Modelos de Gestão Estratégica de Pessoas pela FIA e psicóloga pela Universidade São Judas Tadeu (USJT). Consultora especialista em cultura inclusiva e liderança. Fundadora da Éssi Consultoria. Atuou como executiva em gestão estratégica de pessoas, com mais de vinte anos de experiência na área.

CAPÍTULO 15

O PAPEL DA PESSOA ALIADA

GISELE FERREIRA MÜLLER

Ao entrar naquela sala de luz gélida, mesa redonda, cadeiras de couro acinzentado ocupadas, na sua maioria, por homens de terno, diferenciados pela cor das gravatas e na discussão dos times que estavam indo bem ou não no campeonato de futebol, é muito fácil se sentir desconfortável, não sendo parte do grupo. Entenda aqui qualquer ser humano que seja diferente desse grupo e que não esteja na mesma relação de poder, os chamados grupos minorizados — mulheres, negros, LGBTQIAPN+, pessoas com deficiência, indígenas, com idade demais ou idade de menos, entre tantos outros marcadores de ser diferente.

Quando iniciei minha jornada em Diversidade e Inclusão eu era essa pessoa única; mesmo sendo uma mulher cisgênero branca heterossexual e mãe atípica, com uma série de privilégios que reconheço, ainda assim me sentia deslocada.

Meu primeiro ímpeto foi discutir com aquela liderança e tentar convencê-los da nossa perspectiva; apesar de estar falando geograficamente deste meu lugar de privilégio, meu papel era advogar em nome de todos que não estavam ali. Sentia a necessidade de trazer essas figuras de autoridade comigo.

Não demorou para eu entender que o embate e a discussão fervorosa distanciam e que era necessário criar um espaço de diálogo com eles para aproximá-los da pauta de Diversidade e Inclusão.

OS ESTÁGIOS NA JORNADA DE DIVERSIDADE E INCLUSÃO

Parece óbvio, mas para mim foi uma grande descoberta: nem todo mundo está no mesmo nível de compreensão sobre o tema.

Mergulhando no assunto de inclusão, deparei-me com os pensamentos de Jennifer Brown, uma mulher LGBT, líder em Diversidade e Inclusão, empreendedora premiada e autora de best-sellers. De acordo com ela, qualquer um pode começar a mudar seu pensamento, obter novas perspectivas, usar sua voz e tomar medidas significativas para criar culturas de pertencimento, a partir de quatro estágios: não consciente, consciente, ativista ou advogado. Vejamos:

1. Não consciente: não há compreensão, nesta etapa, sobre diferentes vivências e como os marcadores identitários atravessam indivíduos de realidades distintas. Pode não se envolver ou não se interessar pela diversidade e inclusão e agir em conformidade com o grupo majoritário. É possível que apresente resistência silenciosa ou pública.
2. Consciente: esta fase é quando se começa a entender as perspectivas e histórias de outros seres humanos e reconhece na sua própria identidade privilégios e preconceitos.
3. Ativista: quando se atinge este ponto, trabalha-se proativamente em benefício da equidade e da igualdade de oportunidades, pactuando com as diferentes causas. Aqui se utiliza da voz privilegiada como aliada.
4. Advogado: é a pessoa corajosa que desafia crenças e práticas profundamente enraizadas e assume algum risco pessoal ou profissional calculado para mudar comportamentos. Pode ser conhecido também como militante.

O interessante dessas perspectivas é que elas não são fixas. Pode-se vivenciar o estágio de ativista em relação à pauta de gênero e localizar-se no não consciente sobre refugiados e refugiadas.

Uma vez que entendemos onde estamos nesses estágios, é possível nos encontrarmos com o outro em sua própria perspectiva, criar a ponte de conexão e diálogo, convidá-lo a ampliar a consciência, compreensão de outras vivências e dar um passo na jornada de Diversidade e Inclusão.

Dessa forma, não há intenção de convencimento ou imposição, e sim de acolhimento e encorajamento.

Essa mudança na abordagem pode trazer os não conscientes para a conversa, ampliar o repertório dos conscientes e apoiá-los a ter mais gente ao nosso lado.

Mas não se engane: sempre haverá aqueles que recusarão o convite e não caminharão conosco.

PERTENCIMENTO E SINGULARIDADE

Quantas vezes entramos em uma conversa com a intenção de ganhar a discussão ao invés de ouvir e compreender? Temos a tendência de amplificar todas nossas diferenças antes de entender onde nos conectamos. Mas, se queremos apoiar as pessoas a se tornarem aliadas de diversidade e inclusão, é preciso criar um espaço comum, de convergência, conexão e confiança.

Por mais diversos que sejamos, independentemente dos nossos marcadores identitários, todos queremos nos sentir incluídos nos espaços que habitamos. Para ter inclusão são necessários dois elementos: pertencimento e singularidade.

Entre oito bilhões de pessoas, não existe um ser humano igual ao outro. Mesmo gêmeos univitelinos não são idênticos. É nesse espaço que existe a dimensão mais profunda da diversidade: a singularidade.

Como diria a antropóloga Margaret Mead, "lembre-se sempre que você é absolutamente único, assim como todos os demais". O que nos leva ao segundo ponto: o pertencimento. É aquela sensação de fazer parte de uma comunidade ou de um grupo. Somos seres sociais com necessidade de ter e manter relacionamentos; nos sentimos seguros quando fazemos parte de algo.

A Dra. Stefanie K. Johnson, membro da Society of Industrial Organizational Psychologists (SIOP) e da American Psychological Society (APS), professora titular para novos líderes na Rice University e autora do livro *Inclusifique*, criou uma matriz para compreendermos como essas duas perspectivas conversam entre si:

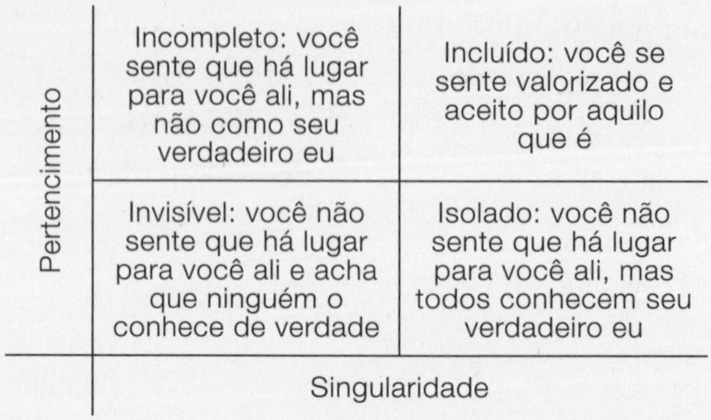

Figura 15.1: Matriz de Pertencimento x Singularidade.

Fonte: adaptada de JOHNSON (2020).

Durante a vivência nas organizações, pude perceber na prática o significado desses quadrantes:

Invisível: baixo pertencimento e baixa singularidade. As pessoas que estão neste quadrante percebem que não há lugar para elas ali e sentem a necessidade de cobrir parte importante de quem são. Quando alguém está investindo energia em tentar adequar-se ao grupo e mudar quem é, provavelmente não entregará o seu melhor, podendo ter baixa produtividade e estar infeliz no trabalho. É um relacionamento perde-perde. Será que esses indivíduos ficam na empresa quando estão no "invisível"? Se estiver em situação de vulnerabilidade e inferir que é a única alternativa, é muito provável que permaneça, do contrário há grandes chances de um desligamento.

Isolado: baixo pertencimento e alta singularidade. Este quadrante é quando a pessoa mantém sua originalidade, mas não é bem-vinda pelo grupo. Uma cena comum no mundo corporativo, a nova entrante inicia sua jornada na empresa com a intenção de provar que foi a melhor escolha. Procura demonstrar suas competências, observa os problemas que não estão sendo tratados e leva para as reuniões. Isso gera desconforto. Os demais profissionais encontram-se em uma rodinha comentando sobre trivialidades e fazendo piadas microagressivas, a recém-chegada posiciona-se dizendo que não é agradável aquele tipo de abordagem. Isso também gera desconforto. Em pouco tempo, o time começa a não mais convidá-la para almoçar, "esquecem" de chamá-la para reuniões. A pessoa manteve sua autenticidade, porém não conseguiu se inserir no grupo. Normalmente, três movimentos podem acontecer nessa situação: a empresa a observa e conclui que não teve *fit* com a organização e a desliga; ela desiste de se encaixar e pede demissão; ou, o mais comum de todos, ela se abstém de sua identidade e passa para o próximo quadrante: incompleta.

Incompleto: alto pertencimento e baixa singularidade. Quando circulo pelas empresas, percebo uma quantidade enorme de indivíduos neste quadrante. A pessoa renuncia a parte de quem é para se encaixar naquele grupo. Ao contrário da "isolada", aqui se observa o que está sendo dito para que não se fale naquele assunto, atenta-se às piadas e apelidos e os inclui no seu vocabulário, mesmo que gere desconforto ou ressentimento, tudo com a intenção de pertencer. Depois de um tempo, todos naquela empresa ou área parecem ser iguais. O efeito do grupo é tão forte e a necessidade de fazer parte ou de ter o emprego é tão grande que as pessoas se deformam para caber. É muito possível que não estejam entregando o seu melhor, não gerem inovação, e mantenham o mais do mesmo.

O único quadrante que todos os seres humanos merecem e deveriam estar é no *incluído*, em que se é bem-vindo por ser quem é. Nesse lugar, entregamos toda a nossa autenticidade, singularidade, nos sentimos seguros para divergir e ampliar a discussão em prol de algo maior. Somente nesse ponto a relação é ganha-ganha.

Depois de refletir e compreender essa matriz, acredito ser importante se questionar:

- Onde você está nessa matriz?
- Onde as pessoas que trabalham com você estão?
- O que você faz para que elas estejam posicionadas nesses quadrantes?
- O que você pode começar a fazer para apoiá-las a migrarem para o quadrante "incluído"?

A mudança acontece de dentro para fora. Não há como ser uma boa liderança ou profissional sem antes ser uma boa pessoa. Quando se localiza, instaura-se a capacidade de ter mais empatia pelo outro em sua complexidade e visão de mundo; mesmo que não alcance total compreensão, ainda se pode apoiar e oferecer suporte. Muita gente, nesse momento, se sente convidada a ser aliada.

COMO SE TORNAR UMA PESSOA ALIADA?

Vimos até aqui que, para despertar as pessoas a se tornarem aliadas, é importante compreender em que estágio da jornada de diversidade e inclusão elas estão: não consciente, consciente, ativista ou advogado, e encontrar o terreno comum de aproximação por meio da matriz de pertencimento e singularidade.

À medida que recebemos informações, conhecemos gente diversa e nos colocamos em situações novas e muitas vezes desconfortáveis, estamos cada vez mais aptos a dar os próximos passos. A jornada de aliança é individual, intransferível e cada um terá experiências distintas ao longo do percurso. No entanto, quando embarcamos coletivamente, temos o poder de tornar o mundo um lugar melhor.

Melinda Briana Epler, palestrante do TED *Três maneiras de ser um aliado melhor no local de trabalho* e autora do livro *How to be an ally,* traz sete passos para se tornar uma pessoa aliada:

1. *Aprender, desaprender e reaprender.* Aprenda a reconhecer as histórias não contadas, letrar-se sobre os danos históricos nos grupos minorizados e seu impacto intergeracional, compreender que as palavras têm poder e aquilo que antes era aceito hoje pode ter um novo significado. Conecte-se com pessoas de diferentes marcadores identitários em suas redes, consuma conteúdo fora da bolha para desaprender preconceitos da história e da marginalização cultural e reaprender com novas perspectivas.
2. *Entender e corrigir nossos vieses inconscientes.* Fomos moldados por tudo que percebemos no mundo de forma repetitiva e automática sem questionamento. Quando estiver de frente para uma pessoa, questione-se se a primeira informação que seu cérebro te enviou faz sentido ou é meramente um viés. Assim, trabalhamos para mudar os comportamentos e ações para evitar danos não intencionais.
3. *Reconhecer e superar as microagressões.* Os pequenos atos, as piadas e as sutilezas do nosso dia a dia podem prejudicar a saúde mental dos grupos minorizados. Esteja atento a como os outros reagem

em suas interações. Caso receba feedback de uma atitude sua que não foi adequada, corrija, aprenda, peça desculpas e siga em frente.

4. *Advogar em nome das pessoas.* Posicione-se quando os grupos minorizados não estiverem presentes em nome deles. Quando estiverem na audiência, utilize seu privilégio na criação de espaço para que possam usar suas vozes.
5. *Defender o que é certo.* Tenha coragem para intervir e interromper as microagressões e apoiar quem está sendo prejudicado. Posicione-se.
6. *Liderar a mudança.* Traga o assunto de diversidade e inclusão para a pauta dos times. Questione a falta de representatividade nos locais. Indique profissionais diversos para ocupar espaços.
7. *Transformar sua organização, indústria e sociedade.* Aproveite todas as oportunidades de abordar preconceitos e desigualdades em sua empresa e no mundo em geral.

Ser aliado é reconhecer o desequilíbrio de oportunidades e trabalhar para corrigi-lo. É agir de acordo com os valores de equidade e justiça.

Pouco tempo antes de entrar naquela sala gelada repleta de homens, eu havia tido uma longa conversa com dois deles sobre como percebiam o tema de diversidade e inclusão. Perguntei quais eram suas preocupações e por que tinham receio de tratar o assunto. Compreendi os desconfortos, conversamos sobre outras perspectivas e acordamos os passos possíveis que poderíamos dar naquele primeiro momento. Apesar do desconforto inicial de ser a única, sabia que não estava sozinha.

A transformação acontece: uma pessoa, um ato, uma palavra por vez. Façamos a mudança acontecer.

REFERÊNCIAS BIBLIOGRÁFICAS

BROWN, Jennifer. *How to Be an Inclusive Leader*. Oakland: Berrett-Koehler Publishers, 2019.

EPLER, Melinda Briana. *How to Be an Ally: Actions You Can Take for a Stronger, Happier Workplace*. New York: McGraw Hill, 2022.

JOHNSON, Stefanie K. *Inclusifique: como a inclusão e a diversidade podem trazer mais inovação à sua empresa*. São Paulo: Benvirá, 2020.

IRINA TALBOT

Sou semeadora. Tenho como dever pessoal plantar sementes de bondade e amor. E amo a natureza, vejo nela a autêntica expressão da Divindade que transcende a própria humanidade. Questionadora nata, impulsionada pela busca de compreender os fenômenos diversos que me cercam. Também sou semente, me enterrem e germinarei. Gestora pública pela Faculdade de Tecnologia de São Paulo (Fatec). Mentora e coach pela Crescimentum e graduanda em Psicologia pela Universidade Cruzeiro do Sul. Colaboradora da Éssi Consultoria.

CAPÍTULO 16

O IMPACTO DOS VIESES INCONSCIENTES

IRINA TALBOT

Quando lemos: "No princípio era a Palavra, e a Palavra estava com Deus, e a Palavra era Deus" (João 1:1), compreendemos o quão divina a palavra é, capaz de transformar o mundo.

HEURÍSTICA OU VIÉS INCONSCIENTE?

Heurística e vieses inconscientes são conceitos distintos, embora ambos estejam relacionados à forma como nosso cérebro processa informações e toma decisões.

A heurística refere-se a estratégias mentais e rápidas que utilizamos para resolver problemas ou tomar decisões. É um processo mental que nos permite lidar com a complexidade do mundo ao nosso redor. Envolve atalhos mentais, regras simplificadas e intuições baseadas em experiências passadas para chegar a conclusões ou tomar decisões de forma eficiente. Pode ser útil em situações em que não temos tempo ou recursos suficientes para analisar todas as informações disponíveis. Permite simplificar o processo de tomada de decisão, mas também pode levar a erros sistemáticos, chamados de vieses cognitivos.

Por outro lado, vieses inconscientes são tendências ou distorções que ocorrem em nosso pensamento e comportamento, muitas vezes de forma automática e sem nossa consciência. São influenciados por fatores culturais, sociais e pessoais, e podem levar a julgamentos distorcidos, estereótipos e discriminação. Estão enraizados em nossas percepções, emoções e memórias, e podem afetar a forma como interpretamos informações, interagimos uns com os outros e tomamos decisões.

Para ilustrar a diferença entre os conceitos, imagine uma pessoa que está procurando por uma casa para alugar. Ela pode recorrer a uma heurística chamada "disponibilidade heurística", na qual se baseia em exemplos ou informações mais prontamente disponíveis em sua mente. Se ela teve uma experiência negativa em um determinado bairro, pode generalizar esse evento para todo o bairro, influenciando-a a descartar todas as opções ali. Nesse caso, a heurística é a estratégia mental utilizada para chegar a uma conclusão rápida. Porém, essa decisão pode ser influenciada por um viés inconsciente, como o *viés da disponibilidade*, que leva a generalizações imprecisas e injustas.

VIESES INCONSCIENTES E SEUS IMPACTOS

Vieses inconscientes são estudados na psicologia há décadas, e as pesquisas mostram que eles afetam a maneira como interpretamos e respondemos às informações. Por exemplo, o estudo de Greenwald, McGhee e Schwartz (1998) demonstrou que mesmo indivíduos que se identificam como não preconceituosos têm preconceitos inconscientes. Eles realizaram um teste chamado *implicit association test* (IAT), que mostrou que as pessoas têm mais facilidade de associar palavras relacionadas a grupos minoritários e/ou minorizados com conceitos negativos. Ou seja, mesmo sem perceber, vieses podem afetar nossa tomada de decisão.

É inegável que algo que tem o poder de influenciar decisões gera algum impacto. Quando pensamos nos ambientes de trabalho, os vieses podem levar à discriminação e exclusão de pessoas de grupos minoritários e/ou minorizados, afetando diretamente a Diversidade, Equidade e Inclusão (DE&I) nas organizações.

Seus impactos podem ser vistos, por exemplo, no processo de recrutamento e seleção. Um estudo realizado por Bertrand e Mullainathan (2004) demonstrou que pessoas candidatas com nomes considerados "brancos" têm mais chances de serem chamadas para entrevistas do que pessoas com nomes considerados "negros". Isso evidencia que os vieses podem afetar não somente a diversidade nas empresas, mas também manter a continuidade do racismo estrutural.

MICROAGRESSÕES

As microagressões são outro exemplo de como os vieses inconscientes afetam as relações interpessoais. São aqueles comentários, "brincadeiras" ou comportamentos que, mesmo sem intenção, podem ser ofensivos para pessoas de grupos minoritários e/ou minorizados e "que carregam o peso do viés implícito da parte ofensora" (Cruz et al., 2019, p. 2). De acordo com a *Harvard Business Review*, elas causam um impacto negativo na saúde mental e psicológica das pessoas, fazendo com que elas tenham menor desempenho, engajamento e autoconfiança no ambiente de trabalho. Um exemplo é quando uma pessoa que trabalha como atendente presta atendimento para pessoas brancas e/ou pessoas cisgênero, mas ignora pessoas negras e/ou transgênero presentes no local. Outros tipos de microagressões, além das comportamentais, como a do exemplo citado, são as verbais e as ambientais.

A verbal é aquela na qual uma pessoa, por meio de sua fala, oprime outra, por exemplo: quando uma pessoa cis diz a uma pessoa trans: "Você nem parece trans", reforçando um padrão cisnormativo no qual a figura da pessoa cis é colocada como superior.

Já a ambiental pode ser vista nos prédios de universidades e nomes de ruas que fazem referências a homens e/ou pessoas brancas, mas ignoram pessoas diversas.

De acordo com Sue (2010), microagressões podem ser categorizadas em três subtipos:

- Microassaltos — Segundo Sue (2010), são "descritos como atos físicos, verbais ou não verbais, explícitos de racismo ou discriminação". Como quando alguém se comporta intencionalmente de modo discriminatório, mas diz não ter a intenção de ofender, conta uma piada racista ou xenófoba e depois diz: "Eu estava apenas brincando".
- Microinsultos — Comentários ou ações que são involuntários ou inconscientemente discriminatórios. Sue (2010) define como "mensagens insensíveis e depreciativas à identidade ou origem racial

de uma pessoa". Por exemplo, dizer a uma pessoa indígena que vive em contexto urbano que ela não é "indígena raiz", como se o fato de não viver em uma aldeia lhe removesse a identidade indígena.

- Microinvalidações — Quando o comentário de uma pessoa invalida, nega ou mina as experiências de um grupo minorizado. Sue (2010) caracteriza a microinvalidação como "comportamentos que neutralizam ou negam as experiências de pessoas de cor". Por exemplo, quando uma pessoa branca diz que "o racismo não existe mais no Brasil", ou quando alguém diz "somos todos iguais, não importa a cor".

O PAPEL DA LIDERANÇA E O COMBATE AOS VIESES INCONSCIENTES

Uma vez que tais microagressões muitas vezes são alimentadas pelos vieses, combatê-las exige que o combate a eles também ocorra. É importante que a liderança — em todos os seus níveis — esteja engajada no processo, criando políticas e práticas que promovam um ambiente de trabalho realmente inclusivo. Uma pesquisa conduzida por Derks, Van Laar Ellemers (2016) demonstrou que "líderes inclusivos são capazes de reduzir os efeitos dos vieses inconscientes em suas equipes". Segundo Santos e César (2015), eles estabelecem "normas claras de tratamento" equânime, "oferecem suporte e feedback construtivo para todas as pessoas da equipe" e "promovem uma cultura de respeito e inclusão", criando um ambiente no qual as pessoas se sintam valorizadas e acolhidas, independentemente de sua etnia, gênero, orientação afetivo-sexual e/ou qualquer outro marcador social.

Organizações com lideranças comprometidas com a DE&I tendem a "ter equipes mais diversas e inclusivas", o que gera diversos benefícios, como o aumento na criatividade e produtividade (KALEV; DOBBIN; KELLY, 2006). Isso ocorre porque as ações e decisões da liderança têm impacto significativo nas práticas e valores adotados pela organização como um todo.

Outro modo eficaz de combatê-los é por meio do desenvolvimento de programas contínuos de letramento, treinamentos e capacitações para todas as pessoas da organização: conscientizações, sensibilizações, além da adoção da comunicação inclusiva.

A avaliação sistemática dos processos de tomada de decisão, como avaliações de desempenho e promoções, pode ajudar a identificar e corrigir possíveis vieses. Práticas como a revisão irrestrita de currículos, em que informações pessoais são ocultadas durante a análise inicial, pode ajudar a reduzir sua influência nos processos de seleção. Além disso, a criação de descrições de cargos de modo neutro e a adoção de critérios objetivos de seleção também se mostram eficazes (BARBUTO; FRITZ, 2000).

Para romper barreiras, é fundamental que a liderança diminua seus próprios vieses e desenvolva um olhar empático para a diversidade. Quando falamos em "diversidade", precisamos relembrar que são pessoas como você e eu. Trago aqui uma experiência pessoal, como mulher transgênero, que ajudará a compreender a importância desse olhar. Quando entrei na Prefeitura de São Paulo, foi por meio de uma vaga afirmativa — conceito que eu nem conhecia até então — que vi sendo anunciada pelo TransEmpregos. O secretário responsável pela Secretaria Municipal de Inovação e Tecnologia na época, *Daniel Annenberg*, foi quem decidiu que precisaria abrir essa vaga e trazer a diversidade para dentro. Nesse período, eu estava com dificuldades em conseguir um emprego (algo que antes da transição não ocorria). Fazia muitas entrevistas, as quais tendiam ao desconforto e à necessidade de explicações demasiadas sobre ser uma pessoa trans, e recebia devolutivas como "seu perfil é ótimo, mas..." e o que vinha após esse "mas", em outras palavras, era "não queremos uma pessoa trans aqui". Por exemplo, numa devolutiva específica, lembro da pessoa recrutadora me dizer: "Não temos banheiros adequados para seu uso e, para evitar o desconforto de todos, optamos por outra pessoa". Quando encontrei essa vaga afirmativa, você pode imaginar o quão feliz e aliviada me senti. *Estavam procurando alguém como eu!* Lembro de ter ido sem medo, pois sabia que não precisaria falar sobre nada além de minhas competências. Essa experiência foi uma das mais transformadoras da minha carreira; eu pude pertencer àquele espaço, por mais de quatro anos, antes de vir para a Éssi Consultoria. E isso começou com uma liderança preparada, diversa e inclusiva, tomando ação por meio de uma vaga afirmativa. Não é justamente isso que deveríamos focar?

É fato que vieses inconscientes — como barreiras invisíveis — terão impacto significativo na Diversidade, Equidade, Inclusão e Pertencimento (DEI&P) das organizações. Contudo, são barreiras que podem ser ultrapassadas, com base em ações proativas e essenciais para criar um ambiente de trabalho onde todas as pessoas se sintam valorizadas, respeitadas, acolhidas, incluídas e pertencentes.

REFERÊNCIAS BIBLIOGRÁFICAS

BARBUTO Jr., John E.; FRITZ, Susan M. Effects of Gender, Ethnicity, and Occupational Position on Managers' Decision to Interview Job Candidates. *Journal of Applied Social Psychology*, v. 30, n. 12, 2000, p. 2597-2610.

BERTRAND, Marianne; MULLAINATHAN, Sendhil. Are Emily and Greg More Employable than Lakisha and Jamal? A Field Experiment on Labor Market Discrimination. *American Economic Review*, v. 94, n. 4, 2004, pp. 991-1013.

CRUZ, Daniel; RODRIGUEZ, Yubelky; MASTROPAOLO, Christina. Microagressões percebidas nos cuidados de saúde: um estudo de medição. *PLoS ONE*, v. 14, n.2, e0211620, 2019. Disponível em: https://doi.org/10.1371/journal.pone.0211620. Acesso em: 24 jul. 2023.

DERKS, Belle; VAN LAAR, Colette; ELLEMERS, Naomi. The Queen Bee Phenomenon: Why Women Leaders Distance Themselves from Junior Women. *Leadership Quarterly*, v. 27, n. 3, 2016, pp. 456-69.

GIGERENZER, Gerd; GAISSMAIER, Wolfgang. Heuristic Decision Making. *Annual Review of Psychology*, v. 62, 2011, pp. 451-82. Disponível em: https://www.annualreviews.org/doi/10.1146/annurev-psych-120709-145346. Acesso em: 6 maio 2023.

GREENWALD, Anthony G.; MCGHEE, Deirdre E.; SCHWARTZ, Jason L. Measuring Individual Differences in Implicit Cognition: the Implicit Association Test. *Journal of Personality and Social Psychology*, v. 74, n. 6, 1998, pp. 1464-80.

KAHNEMAN, Daniel. *Thinking, Fast and Slow*. New York: Farrar, Straus and Giroux, 2011.

KALEV, Alexandra; DOBBIN, Frank; KELLY, Erin. Best Practices or Best Guesses? Assessing the Efficacy of Corporate Affirmative Action and Diversity Policies. *American Sociological Review*, v. 71, n. 4, 2006, pp. 589-617.

LAI, Calvin K. et al. Reducing Implicit Racial Preferences: I. A Comparative Investigation of 17 Interventions. *Journal of Experimental Psychology: General*, v. 143, n. 4, 2014, pp. 1765-85. Disponível em: https://doi.org/10.1037/a0036260. Acesso em: 7 maio 2023.

SANTOS, Joel; CÉSAR, Margarida. Perspectivas face à educação inclusiva: um estudo em escolas do meio rural algarvio. *Revista Interacções*, [S. l.], v. 10, n. 33, 2015. Disponível em: https://revistas.rcaap.pt/interaccoes/article/view/6740. Acesso em: 7 maio 2023.

SUE, Derald Wing. *Microaggressions in everyday life: race, gender, and sexual orientation*. Hoboken, N.J.: Wiley, 2010.

SUE, Derald Wing; SPANIERMAN, Lisa Beth. *Microagressions in Everyday Life*. John Wiley & Sons, 2020.

WASHINGTON, Ella F. Recognizing and Responding to Microaggressions at Work. *Harvard Business Review*, 10 maio 2022. Disponível em: https://hbr.org/2022/05/recognizing-and-responding-to-microaggressions-at-work. Acesso em: 7 maio 2023.

NEIVIA JUSTA

Líder ativista corporativa de comunicação e inclusão das diversidades humanas, em empresas como Natura, GE, Goodyear, J&J e UHG. Diretora de Comunicação e Marketing da FSB Holding.

Criadora do #lídercomneivia, #ondeestãoasmulheres e #aquiestãoasmulheres, vencedora do Troféu Mulher Imprensa e do Prêmio Aberje, Top Voice do LinkedIn e uma das cinquenta líderes globais da primeira turma do Vital Voices Visionaries.

Coautora dos livros *Diversidade e inclusão e suas dimensões* (2022) e *Uma sobe e puxa a outra*, volume 2 (2023).

CAPÍTULO 17

INCLUSÃO COMEÇA PELA COMUNICAÇÃO

NEIVIA JUSTA

Comunicação é a base de qualquer relação humana. Comunicamos o tempo todo. Tudo em nós comunica e impacta, positiva ou negativamente, as pessoas. Nossa comunicação tem o poder de atrair ou repelir, incluir ou excluir, inspirar ou entediar, conectar ou desconectar, engajar ou desengajar, mobilizar ou desmobilizar.

Uma comunicação consciente, intencional, efetiva e assertiva requer presença, interesse, respeito, escuta, linguagem e acessibilidade.

Pode parecer óbvio, mas não é possível atrair, incluir, inspirar, conectar, engajar ou mobilizar ninguém sem que se esteja presente no aqui e agora, com real interesse e respeito pela pessoa com quem se está comunicando. Só assim se consegue ir além do ouvir, escutar ativamente e fazer uso de todos os sentidos para compreender a história que a outra pessoa está contando. É nesse contexto que nasce a *empatia*.

Esse processo requer *linguagem*, a forma por meio da qual se transmite a mensagem, e *acessibilidade*, o meio de garantir que a mensagem chegará a todas as pessoas, independentemente de qualquer barreira ou deficiência que elas tenham.

É fundamental lembrar que linguagem não se resume à fala: ela se divide em *visual, corporal, oral e escrita*. E nós aprendemos a decodificar e a utilizar cada uma delas, em maior ou menor escala, com maior ou menor grau de consciência e eficiência.

Nossas manifestações visuais, corporais, orais e escritas comunicam quem somos, como estamos e pensamos, implícita ou explicitamente, em cada momento.

Num dia ordinário na sua vida, no mundo de contato presencial, muito antes de você abrir a boca, sua roupa, sua pontualidade ou atraso, a forma e a velocidade como você se movimenta, sua postura corporal, seu sorriso ou sua cara amarrada, seu jeito de olhar ou desviar o olhar, a firmeza do seu aperto de mão, suas expressões faciais, a intensidade ou a ausência do seu abraço, beijo no rosto ou tapinha nas costas, tudo isso comunica sobre você.

Alguém que nunca tenha te visto formará imediatamente uma imagem com o impacto da sua indumentária, expressão corporal e, eventualmente, seu tom de voz. Diz o dito popular que você tem uma única chance de causar uma primeira boa impressão. Por outro lado, quem já te conhece saberá decodificar seu estado emocional por todos os elementos da sua linguagem visual e corporal.

No mundo virtual, que se instalou na nossa vida desde a pandemia, apenas a linguagem facial, quando muito, nos impacta, uma vez que muitas pessoas sequer abrem suas câmeras nas reuniões, aulas e eventos síncronos.

A *linguagem visual e corporal* costuma preceder a *linguagem oral*: tom de voz, velocidade e ritmo da fala, vocabulário utilizado, forma de articulação das palavras, pausas, respiração, entre tantas outras coisas. É importante salientar que a linguagem corporal potencializa a linguagem oral: mãos, olhos, sorrisos, expressões faciais, trejeitos e postura sempre complementam as nossas falas.

A *linguagem escrita* costuma vir depois, como reforço ou complementação, mas ela pode ter vida própria e prescindir das outras linguagens. Isso faz com que o entendimento dessa linguagem dependa da interpretação da pessoa interlocutora, o que traz em si muitas possibilidades de percepção e significado, além de reforçar o conceito de que a comunicação não é o que você diz, e sim o que a outra pessoa entende. E a responsabilidade de se fazer compreender é da pessoa que está comunicando.

O elemento final, mas não menos importante, da comunicação assertiva é a *acessibilidade*: garantir que a pessoa com quem você está se comunicando tenha plena condição de receber e entender sua mensagem. E, para que isso aconteça, é fundamental que você tenha conhecimento da forma e eventuais barreiras que a pessoa enfrenta para decodificar sua comunicação. Só assim você poderá agir para remover essas barreiras.

Segundo o professor Romeu Sassaki,[1] existem seis tipos de acessibilidade: *atitudinal, arquitetônica, comunicacional, instrumental, metodológica e programática*. Além dessas, a pandemia escancarou a urgência da *acessibilidade digital*, até então pouco considerada.

Não existe comunicação inclusiva sem acessibilidade atitudinal, comunicacional e digital. As duas primeiras dependem de consciência, intenção e ação individual. A terceira requer o envolvimento de outras pessoas, decisões e investimentos corporativos, consciência, intenção e ação coletiva.

Como se promove acessibilidade atitudinal? Combatendo vieses e preconceitos. Desconstruindo e evitando termos, expressões, falas, piadas, ironias e brincadeiras violentas, humilhantes, ofensivas, machistas, racistas, homofóbicas, capacitistas, etaristas, gordofóbicas, xenofóbicas, religiosas, culturais, geracionais, entre outras.

A *acessibilidade comunicacional* se assegura disponibilizando todos os recursos existentes para que pessoas com deficiência auditiva, visual e intelectual possam receber e entender, de maneira plena, as mensagens que lhes são comunicadas e possam, por sua vez, se comunicar de volta de forma efetiva. Também é preciso evitar ao máximo o uso de siglas, termos, estrangeirismos e qualquer tipo de "dialeto corporativo" que seja excludente, trunque a comunicação, dificulte a compreensão ou gere ruídos e equívocos. Além disso, é fundamental chamar e se referir a cada pessoa pelo nome e pronome que a definem e representam, bem como neutralizar ao máximo o viés de gênero masculino inerente à língua portuguesa como a conhecemos e falamos hoje em dia.

A marcação de gênero está estável no português há muito tempo, não apenas porque quase todas as palavras estão no masculino ou no feminino. A escolha do masculino como genérico e a maneira como são construídas frases ocultando o gênero feminino reforçam e perpetuam estereótipos do que um dia foram considerados "papéis adequados" para mulheres e homens na sociedade. Muitos dos nossos valores, em especial a comuni-

1 Romeu Sassaki (1938-2022), chamado de "pai da inclusão", foi professor, palestrante, escritor, consultor e uma das principais referências sobre acessibilidade no Brasil.

cação, foram estabelecidos tendo como referência um sistema patriarcal, inegavelmente construído a partir dos interesses dos homens.

Sabemos que toda língua é a representação da cultura, dos costumes e da época de um povo. E, como tal, é viva, evolui e se transforma com o tempo. Todavia, estamos vivendo numa época em que a única constante é a acelerada transformação da sociedade e da realidade à nossa volta, potencializada pelo avanço tecnológico em todas as áreas do conhecimento humano. Nem sempre temos tido sucesso em garantir que nossa língua e nossa comunicação reflitam e representem essas mudanças.

A busca por uma linguagem neutra, por exemplo, demonstra a intenção de incluir pessoas não binárias, que não se identificam com o masculino nem com o feminino. Porém, criar um gênero neutro não implica a diminuição do machismo da nossa cultura. É preciso transformar a maneira como pensamos. Uma linguagem inclusiva de todas as pessoas também é uma questão de cidadania. A busca por substituir marcadores de gênero no discurso é um processo que explicita respeito e empatia. Estamos avançando, mas a adoção do gênero neutro no português brasileiro ainda é uma questão que gera muita polêmica, estranhamento e resistência.

Além disso, é fundamental lembrar que o uso de "x" e "@" não é um recurso inclusivo. Isso porque ambos criam problemas de leitura para pessoas com deficiência visual, que utilizam programas leitores de tela, pessoas com dislexia, pessoas com alfabetismo elementar, pessoas em processo de aprendizagem da leitura e pessoas que não tenham sido informadas sobre o significado desses códigos específicos.

Usar o "e", o "i" e o "u" como forma de atenuar "o" masculino e "a" feminino expressa apoio à causa da comunicação inclusiva, é pronunciável, mas não se sustenta para além de algumas situações, não acaba com o binarismo e ainda cria confusões, especialmente na linguagem formal escrita. Adicionalmente, não existem regras previstas nos dicionários, corretores ortográficos ou manuais de redação, e não há unanimidade entre quem apresenta soluções para aplicar o gênero neutro.

É possível promover uma linguagem mais inclusiva fazendo o uso consciente da língua portuguesa. Deixo aqui algumas dicas práticas:

1. Substitua "homem" por "ser humano" ou "humanidade" quando se referir a homens e mulheres.
2. Evite usar "eles", "aqueles" e substantivos no masculino para se referir às pessoas não identificadas ou desconhecidas. Substitua por "quem", "alguém" ou outras palavras que mantenham o mesmo sentido. Faça o mesmo com "seus", "muitos", "poucos". Evite usar pronomes no masculino como genérico.
3. Deixe de usar o masculino genérico quando se referir a instituições ou grupos: troque "diretores" por "diretoria", "conselheiros" por "conselho".
4. Use o masculino e o feminino para se referir às pessoas de todos os gêneros: "bom dia a todas e todos"; "caras senhoras e senhores".
5. Use sem moderação a palavra "pessoa(s)".
6. Use o "se" para indeterminar o sujeito: "acredita-se", "utiliza-se"
7. Use "você", para evitar o masculino genérico e aproximar, incluir a pessoa com quem se está comunicando.
8. Troque os tempos verbais: use o gerúndio ou infinitivo para evitar termos masculinos.
9. Suprima o sujeito da frase sempre que possível.
10. Suprima o artigo dos nomes próprios: o uso de nomes próprios sem "o" ou "a" evita marcadores de gênero e eventuais constrangimentos com pessoas não binárias.
11. Elimine os artigos das palavras sem gênero definido, como as que têm sufixo "ista" e vários gentílicos como "cariocas", "cearenses", "paulistas".
12. Evite palavras e expressões racistas, homofóbicas, etaristas, capacitistas, gordofóbicas, pejorativas, xenofóbicas, estrangeirismos e siglas.
13. Evite usar comparações com animais.
14. Não se refira às características físicas das pessoas.
15. Use os termos corretos quando se referir às pessoas com deficiência e às pessoas da comunidade LGBTQIAPN+.

A *acessibilidade digital* é o conjunto de soluções que possibilitam às pessoas com deficiência navegar pela web realizando de forma independente atividades como comprar na internet, consumir notícias, participar de redes sociais, estudar e trabalhar. Soluções em acessibilidade digital beneficiam e melhoram o dia a dia de todas as pessoas.

O *WCAG 2.2* (*Web Content Accessibility Guidelines*)[2] é um guia com diretrizes para garantir um padrão mundial de acessibilidade na internet. Ele estabelece quatro princípios para a construção de ambientes digitais:

- *Perceptível* – Todos os elementos, incluindo as informações gráficas e textuais, devem estar perceptíveis aos sentidos. Nada pode estar invisível ou escondido.
- *Operável* – Os botões, controles e outros elementos interativos devem ser operados com cliques e outras adaptações que permitam o acesso de múltiplas formas: rolar, deslizar, comando de voz e outros dispositivos assistivos.
- *Compreensível* – Todas as informações disponíveis, incluindo botões e seus direcionamentos, devem estar apresentadas de forma lógica e inteligível para todas as pessoas.
- *Robusto* – O conteúdo deve ser compatível com todos os dispositivos, incluindo as tecnologias assistivas.

Leitores de tela para as pessoas cegas ou com baixa visão, legendas em vídeos e filmes para todas as pessoas, mas principalmente para as surdas ou com deficiência auditiva; tradutores virtuais de Libras para pessoas surdas ou com deficiência auditiva e *plugins* de acessibilidade são alguns exemplos de tecnologias assistivas digitais.

Além disso, é importante garantir uma comunicação digital *multissensorial*, que pode ser compreendida mesmo sem utilizar algum dos sentidos, vídeos com *legenda* e imagens com *descrição textual*.

A comunicação inclusiva começa em você.

2 Disponível em: https://www.w3.org/TR/WCAG22/. Acesso em: 25 jul. 2023.

Vale lembrar que reproduzimos preconceitos e reforçamos hostilidades, sem perceber, pela maneira como aprendemos a nos comunicar. Sem nos darmos conta, reiteramos, pelo uso da linguagem, o modo pelo qual nossa sociedade perpetua a opressão de todos os grupos minorizados.

É preciso ter consciência da necessidade de aprender, desaprender e reaprender a se comunicar. Assim como coragem e prática para evoluir.

Por meio da mudança da linguagem, é possível modificar padrões de pensamento: ao mudar a forma de falar e escrever, pode-se mudar a mentalidade individual e influenciar a cultura.

É preciso sair da zona de conforto cognitivo, ampliar a percepção sobre o que e como se comunica, considerando alternativas para dizer de maneira diferente sem alterar o significado.

Esse é um exercício diário para uma comunicação mais consciente, inclusiva, efetiva e assertiva.

Inclusão começa pela comunicação.

KATYA HEMELRIJK

Mãe, esposa, filha, transformadora de perspectivas e promotora da conscientização sobre diferenças. Especialista em comportamento humano e neurociência, destaca a importância da vulnerabilidade e do autoconhecimento a favor da inclusão. CEO da Talento Incluir, consultora de DE&I, TEDx Speaker, atriz e coautora do livro *Maria de rodas*. Sua trajetória de 47 anos como pessoa com deficiência enriquece sua expertise. Formada em Administração e PNL, especialista em neurociência do consumo e coach.

CAPÍTULO 18

DA VISIBILIDADE À PARTICIPAÇÃO: A IMPORTÂNCIA DA REPRESENTATIVIDADE

KATYA HEMELRIJK

A verdadeira representatividade vai além de imagens superficiais. É sobre criar oportunidades para que pessoas de diferentes origens e experiências tenham um lugar de poder e influência, para que suas vozes sejam amplificadas e suas perspectivas sejam valorizadas.

Ava DuVernay

"Representatividade importa" virou uma das frases mais reproduzidas hoje nas discussões de DE&I. O mais interessante é que usamos o termo da forma equivocada e nem percebemos.

No dicionário, o termo "representatividade" significa representar politicamente os interesses de determinado grupo, classe social ou de um povo. A representação simboliza a presença, mas a representatividade é ter poder para criar mudanças e influenciar as estruturas que nos cercam.

A representatividade é um tema fundamental na sociedade de hoje. A busca por maior representação de grupos minorizados tem ganhado destaque, impulsionada pela necessidade de reconhecimento, inclusão e justiça social. No entanto, é importante distinguir entre a representação, que se limita à presença numérica, e a verdadeira representatividade, que engloba a participação efetiva e o posicionamento desses grupos.

MAS QUAL É MESMO A DIFERENÇA ENTRE REPRESENTAÇÃO E REPRESENTATIVIDADE?

A representação, muitas vezes, é entendida como a presença de indivíduos de grupos minorizados em espaços institucionais como governos, empresas e mídia. No entanto, apenas a presença não é suficiente para garantir uma representatividade genuína. A representatividade envolve uma participação ativa desses grupos nas decisões e nos processos que afetam suas vidas. É uma questão de visibilidade, poder e influência, além de contemplar a diversidade de experiências e perspectivas.

Quando somos os únicos em determinados ambientes sociais, como empresas, escolas, propagandas, filmes, entre outros, a representatividade é crucial. Ela vai além de simplesmente aparecer em anúncios ou programas de TV. É sobre marcar presença nos espaços de decisão, influenciar mudanças, ser um exemplo e referência, e assegurar que outras pessoas como nós também tenham participação ativa e capacidade de influência.

COMPREENDENDO A IMPORTÂNCIA DA REPRESENTATIVIDADE

Quando uma pessoa negra cria um filme, série ou novela, ela traz uma perspectiva diferente na escolha do elenco e roteiro. Quando uma mulher assume a posição de alta liderança em uma empresa, ela tem uma atitude diferenciada na contratação dos colaboradores, especialmente para cargos de liderança. Se uma pessoa com deficiência é eleita a um cargo público, é provável que ela trabalhe em políticas públicas para beneficiar esse grupo de pessoas. Aparecer é importante, mas não causa mudanças estruturais e não promove mudanças.

É através da representatividade que podemos construir um mundo mais justo, onde as experiências, perspectivas e necessidades de todos os grupos sejam consideradas.

Em uma sociedade diversa e plural, esse tema se torna cada vez mais relevante. É importante compreender a diferença entre representação e representatividade. Neste capítulo, a proposta é explorar essa diferença e fortalecer a importância de buscar a representatividade em todas as esferas da sociedade.

BENEFÍCIOS DA REPRESENTATIVIDADE NO MUNDO CORPORATIVO

No ambiente de trabalho, a representatividade é fundamental para construir equipes diversificadas e inclusivas. Dados de mercado e pesquisas comprovam que organizações que valorizam a diversidade colhem benefícios tangíveis, como:

PROMOVE A INOVAÇÃO E A CRIATIVIDADE

A inclusão de diferentes perspectivas e vivências no processo de criação promove a diversidade de pensamento, estimulando a inovação e a criatividade. Ao envolver pessoas com diferentes origens, culturas e vivências, as empresas podem obter ideias e soluções inovadoras, que atendam às demandas de um mercado cada vez mais diversificado e exigente.

A diversidade de pensamento, impulsionada pela representatividade, promove a criatividade e a inovação nas organizações. A inclusão de diferentes perspectivas no processo de tomada de decisão evita o pensamento de grupo e estimula a análise crítica, além de contribuir para a geração de novas ideias e soluções, permitindo que as empresas se adaptem melhor às mudanças do mercado e identifiquem oportunidades únicas.

Uma pesquisa da consultoria Deloitte de 2022 revelou que 85% dos profissionais acreditam que a diversidade é importante para impulsionar a inovação nas empresas; e, de acordo com um estudo da Boston Consulting Group (BCG), as empresas que possuem equipes de liderança diversificadas apresentam um aumento de 19% na receita gerada por inovações.

MELHORA O DESEMPENHO FINANCEIRO

Estudos demonstraram que empresas com maior diversidade de gênero e étnico-racial tendem a ter melhor desempenho financeiro. A inclusão de talentos diversos não traz apenas uma ampla gama de habilidades, mas também reflete melhor a base de clientes, o que pode impulsionar o crescimento dos negócios.

Segundo o relatório *Diversity Wins: How Inclusion Matters*, publicado pela consultoria McKinsey & Company em 2020, empresas com maior diversidade étnica e cultural em suas equipes têm 36% mais chances de ter um desempenho financeiro acima da média, e empresas que trabalham a equidade de gênero têm probabilidade 93% maior de apresentar performance financeira superior à de seus pares na indústria.

De acordo com o relatório *The Business Case for Racial Equity*, do W.K. Kellogg Foundation e do Altarum, empresas dos Estados Unidos que adotam práticas voltadas para a equidade racial podem ter um aumento de até 35% em sua lucratividade.

CONTRIBUI PARA ATRAÇÃO E RETENÇÃO DE TALENTOS

Uma cultura corporativa que valoriza a representatividade se torna um atrativo para talentos diversos. Os profissionais em busca de oportunidades de carreira consideram fatores como inclusão e diversidade ao escolherem suas empresas. Além disso, promover um ambiente inclusivo contribui para a retenção de funcionários, reduzindo a rotatividade e os custos associados à substituição de talentos.

O estudo *Pessoas com deficiência e empregabilidade*, liderado pela Noz Inteligência em parceria com a Talento Incluir, mostrou que 60% das pessoas com deficiência nunca foram promovidas, mesmo as que têm nível superior completo (53%) e com mais de dez anos na mesma empresa (45%). Isso mostra que ainda estamos em busca da representação e dando pouca atenção à representatividade.

Esse estudo evidencia a necessidade de avançarmos nesse sentido. Ele revela que a falta de representatividade ainda é um desafio quando uma parcela significativa de pessoas com deficiência continua sem acesso a promoções, mesmo quando possuem qualificações e experiência.

GERA MAIOR IDENTIFICAÇÃO COM O PÚBLICO-ALVO

Ao considerar a diversidade e a representatividade na criação de produtos e serviços, as empresas podem garantir que eles sejam desenvolvidos levando em conta as necessidades, desejos e experiências de diferentes grupos. Isso permite que o público-alvo se identifique e se sinta representado, fortalecendo a conexão emocional com a marca.

PROPORCIONA MAIOR ADAPTAÇÃO ÀS NECESSIDADES DAS PESSOAS QUE CONSOMEM

A representatividade permite que as empresas estejam mais atentas às necessidades específicas de diferentes grupos de consumidores. Ao considerar a diversidade de identidades, características físicas, habilidades e preferências culturais, as empresas podem desenvolver produtos e serviços mais inclusivos, que atendam às demandas de forma mais eficaz e adequada.

ABRE PORTAS PARA NOVOS MERCADOS

Quando as empresas desenvolvem produtos e serviços que abrangem as diversas identidades e experiências das pessoas que consomem seus produtos ou serviços, elas se tornam irresistíveis para grupos que historicamente se sentiam excluídos ou sub-representados. Como resultado, essas empresas conquistam uma base de clientes mais ampla e fiel, impulsionando o crescimento e a lealdade à marca. Um exemplo disso é a pesquisa *Mercado LGBTQ+ no Brasil*, realizada pela Hornet em parceria com a Opinion Box, que revela que a comunidade LGBTQIAP+ brasileira movimenta aproximadamente R$ 418 bilhões anualmente. Esse número destaca o potencial de mercado e o impacto econômico que a representatividade pode proporcionar.

FORTALECE A RESPONSABILIDADE SOCIAL

A representatividade também está relacionada à responsabilidade social das empresas. Ao garantir a inclusão e a representação autêntica, as empresas contribuem para a construção de uma sociedade mais justa e igualitária, evitando estereótipos, preconceitos e exclusões. Isso não apenas fortalece a imagem da marca, mas também demonstra um compromisso genuíno com a diversidade e a inclusão.

Apesar desses benefícios comprovados, ainda existe muita desigualdade no mercado de trabalho. De acordo com o Instituto Ethos, apenas 6,3% dos cargos de liderança no Brasil são ocupados por pessoas negras, mesmo representando mais de 50% da população. Essa disparidade mostra a necessidade urgente de promover a representatividade em todos os níveis hierárquicos.

Diante de tudo isso, fica claro que a promoção da representatividade não é apenas uma questão de justiça social, e sim uma estratégia inteligente para impulsionar o desempenho e a inovação das organizações. É fundamental implementar ações concretas, que garantam a inclusão e a diversidade em todos os aspectos do ambiente de trabalho.

CONCLUSÃO

Representatividade vai além das aparências.
É sobre dar voz e poder aos que foram silenciados e marginalizados.
Angela Davis

A busca pela representatividade é uma jornada contínua e desafiadora, mas é fundamental para a construção de uma sociedade mais inclusiva e igualitária. Romper com as estruturas opressivas, dar relevância aos grupos sub-representados e garantir a equidade são passos essenciais nesse processo.

A representatividade importa. A representação apenas não é suficiente para alcançar uma sociedade justa e inclusiva. Precisamos buscar a inclusão, considerando as experiências e perspectivas dos grupos sub-representados.

Conseguiremos trabalhar para promover mudanças reais a partir do momento que reconhecermos a diferença entre representação e representatividade. Devemos desafiar os estereótipos, ampliar a visibilidade e valorizar a pluralidade de experiências. Somente assim poderemos construir um mundo em que todas as pessoas sejam consideradas, todas as histórias sejam valorizadas e todos tenham igualdade de oportunidades. A valorização da representatividade é o caminho para alcançarmos uma sociedade mais justa, inclusiva e verdadeiramente representativa.

É importante ressaltar que a representatividade deve ser abordada por convicção e não como uma estratégia de marketing. A inclusão deve estar enraizada nos valores e na cultura organizacional, permeando todas as etapas do processo. Para que isso aconteça, precisamos da formação de equipes diversas, do engajamento de profissionais especializados, da realização de pesquisas, do envolvimento das comunidades impactadas e das pessoas aliadas.

Quando as empresas promovem a diversidade de existências, posicionamentos e perspectivas, elas colhem os benefícios de uma força de trabalho diversa e fortalecem sua posição competitiva. Adotar estratégias para promover a representatividade é um investimento essencial no futuro das organizações e no desenvolvimento sustentável das sociedades.

Agora vamos fazer uma reflexão: estampar a diversidade é suficiente? Uma capa de revista ou uma oportunidade além das suas habilidades seriam o bastante? Reconhecer nossos privilégios e questionar nossa realidade é um bom começo para sermos agentes de transformação, impactando e transformando muitas vidas. Você se considera uma pessoa pronta para sair da sua zona de conforto e moldar um futuro inclusivo e inspirador? A decisão está dentro de cada um de nós!

REFERÊNCIAS BIBLIOGRÁFICAS

BOSTON CONSULTING GROUP. *BCG Diversity & Inclusion Report.* Disponível em: https://www.bcg.com/about/commitments/diversity/us-diversity-equity-inclusion-report Acesso em: 14 ago. 2023.

DELOITTE. *Diversidade, equidade e inclusão nas organizações 2022*. Disponível em: https://www2.deloitte.com/br/pt/pages/about-deloitte/articles/pesquisa-diversidade-inclusao-organizacoes.html. Acesso em: 25 jul. 2023.

GLASSDOOR. *Glassdoor Diversity and Inclusion Study*. Disponível em: https://www.glassdoor.com/employers/blog/diversity-inclusion-workplace-survey. Acesso em: 14 ago. 2023

HUNT, Dame Vivian; LAYTON, Dennis; PRINCE, Sara. *Why Diversity Matters.* McKinsey & Company, 1 jan. 2015. Disponível em: https://www.mckinsey.com/business-functions/organization/our-insights/why-diversity-matters. Acesso em: 25 jul. 2023.

HUNT, Dame Vivian et al. *Delivering Through Diversity.* McKinsey & Company, 18 jan. 2018. Disponível em: https://www.mckinsey.com/business-functions/organization/our-insights/delivering-through-diversity. Acesso em: 25 jul. 2023.

LEANIN.ORG. *Women in the Workplace.* [S.l.], LeanIn.Org e McKinsey & Company, 2022. Disponível em: https://womenintheworkplace.com. Acesso em: 25 jul. 2023.

NOZ INTELIGÊNCIA. *Pessoas com deficiência e empregabilidade*. Disponível em: https://www.nozinteligencia.com.br/pcd. Acesso em: 25 jul. 2023.

KEILA ALMEIDA

Empreendedora: Logos Edtech e Key All Consultoria e Edutretenimento em DEIA&P. Analista na Accenture do Brasil.

Escritora, mentora, palestrante, facilitadora em cursos e treinamentos, estudante de Marketing. Atua com letramento, conscientização e empoderamento no tema de diversidade, equidade, inclusão e acessibilidade e pertencimento (DEIA&P), mais de dez anos de carreira em TI, administrativo, marketing pessoal e de conteúdo.

CAPÍTULO 19

INTERSECCIONALIDADE: UM OLHAR AMPLO PARA A PESSOA

KEILA ALMEIDA

IDENTIDADE SOCIAL: A PESSOA NA SOCIEDADE

Interações sociais são de extrema importância na vida de uma pessoa, incluindo o ponto de vista psicológico e não somente o social (HOUSE; LANDIS; UMBERSON, 1988), pois a construção de identidade (AUSTIN, 1986) ocorre por meio de interação com os outros. Assim, nossas características, habilidades e papéis sociais são validados. Recebemos feedbacks que nos empoderam ou nos desencorajam diante da sociedade devido a nossa posição social e às características e comportamentos que esperam de nós. Nosso aprendizado e crescimento (VYGOTSKY, 1978) também se dá por meio das interações sociais; do ponto de vista psicológico é através da troca de informações, perspectivas e experiências com os outros que ampliamos nosso conhecimento, desenvolvemos habilidades sociais e adquirimos novas competências, além de apoio (COHEN, 2004) e integração (BAUMEISTER; LEARY, 1995), que estão relacionados com estabelecimento de laços, relacionamentos interpessoais significativos, senso de pertencimento e bem-estar social.

INTERSECCIONALIDADE: O PAPEL SOCIAL IMPOSTO À PESSOA E SEUS IMPACTOS

Sobre a origem do tema interseccionalidade,

foi cunhado em 1989 pela jurista estadunidense Kimberlé Crenshaw, como crítica do feminismo negro à tendência a se abordar "raça e gênero como categorias mutuamente exclusivas de experiência e análise" [...] Ela afirma que gênero, raça e classe, bem como outros eixos de opressão (etnia, nacionalidade, religião, sexualidade, geração, habilidade/deficiência ou outros, a depender do contexto), configuram "sistemas de subordinação/discriminação" que não são totalmente distintos ou mutuamente excludentes. Ao contrário, eles sobrepõem-se e entrecruzam-se, e, de maneira dinâmica, criam intersecções complexas e geram desigualdades básicas e posições relativas entre mulheres, grupos étnicos ou raciais, classes sociais etc. (CRENSHAW, 1989)

O tema interseccionalidade tem sido bastante considerado nas conversas quando a pauta é diversidade e inclusão; porém, a origem desse termo, conforme citei no início, e a profundidade que ele tem são pouco debatidas. O motivo principal é que a pessoa que a interseccionalidade atravessa tem poucas ou quase nenhuma oportunidade de ocupar espaços de diálogos nessas conversas, e isso ocorre exatamente pelo fato de ser uma pessoa interseccional, ou seja, com uma (ou mais) identidade social. Como a identidade de gênero, raça, classe social, orientação sexual, origem étnica, deficiência e outros aspectos de suas identidades, cada uma dessas dimensões interfere diretamente na identidade cultural de uma pessoa e também na identidade social, sendo, então, um ciclo. E, como identificou a jurista estadunidense Kimberlé Crenshaw, em outras palavras, podemos dizer que é preciso um olhar amplo para a pessoa, antes do grupo, pois a interseccionalidade reconhece a existência de múltiplas formas de opressão e discriminação; por isso, é preciso evitar uma abordagem simplista e limitada das questões sociais, para uma compreensão mais completa das experiências individuais até chegar ao coletivo. Ao identificar práticas discriminatórias que afetam de maneira desproporcional certos grupos, as empresas serão capazes de promover equilíbrio entre vida pessoal e profissional.

Ir além da superfície significa entender que a interseccionalidade restringe o acesso e ascensão social da pessoa colaboradora.

Posso citar como exemplo quando crenças e culturas familiares, ou papéis de gêneros impostos, responsabilizam e direcionam desde cedo a pessoa e condicionam sua existência a cumprir tal papel social, até que ela adquira conhecimento, autonomia, segurança e condições financeiras para tentar mudar sua realidade.

GRUPOS DE AFINIDADES EM DE&I: A PESSOA COLABORADORA EM SUA INTERSECCIONALIDADE E CONTEXTO SOCIAL

Antes de se tornar uma pessoa colaboradora da empresa, diversas outras interações sociais moldam a mentalidade e o comportamento da pessoa. A seguir dou alguns exemplos das interações mais relevantes no contexto atual.

As interações familiares são as relações dentro do núcleo familiar. Essas interações são fundamentais para a formação da identidade, apoio emocional, aprendizado social e transmissão de valores culturais. A qualidade das interações familiares pode ter um impacto significativo no desenvolvimento psicossocial da pessoa.

Os grupos mais afetados nesse contexto são pessoas LGBTQIAPN+, que são discriminadas já dentro de seus lares quando se entendem parte dessa identidade social, e pessoas negras, que em sua maioria crescem educadas pela tutora mulher (mãe, avó, tia, irmã mais velha); muitas vezes essa configuração familiar vivencia a escassez, seja da presença, de tempo, de educação, de saúde, de alimentos.

Há ainda outro olhar no contexto de configuração familiar que vai além do grupo de identificação: pessoas trans que gestaram também podem se tornar tutores solos. E não são parte de um mesmo grupo de afinidades de mães solo, tampouco são parte do grupo de pais solo, pois mesmo os grupos que falam em parentalidade ainda são construídos com base em papéis de gênero e na descontrução desses papéis. Como exemplo, podemos citar o aumento do tempo de licença paternidade para os tutores homens cis. Esse "não lugar" poderia ser resolvido se, antes de definir grupos de afinidade com o conceito enviesado (o ato falho de reconhecer apenas a maternidade solo), olharmos para a pessoa tutora e entendermos quais os desafios de educar uma criança sem a possibilidade de dividir as responsabilidades com outra pessoa tutora; após isso mapear e encontrar/criar políticas de benefícios e cultura organizacional capazes de atender pessoas tutoras solo;

ampliando, em seguida, para todas as pessoas tutoras. Dessa forma, serão atendidas as necessidades de quem tem sob seus cuidados uma criança, independentemente do parentesco ou de haver outra pessoa tutora. Pois ambas as pessoas terão os desafios de equilibrar a rotina e necessidades da criança com o trabalho, vida pessoal e suas próprias necessidades. Essa é a questão essencial a ser resolvida aqui.

Outro contexto importante que exemplifica quando devemos olhar para a pessoa antes do grupo são as questões de saúde mental. Conforme consta neste texto, logo no início, a qualidade das interações familiares impacta no desenvolvimento psicossocial; isto é, a capacidade de interagir com seu meio. E as doenças sociais (depressão, reação aguda ao estresse, ansiedade generalizada, transtorno do pânico, transtorno misto ansioso e depressivo, transtorno obsessivo-compulsivo, fobias sociais, fobias específicas, transtorno bipolar do humor e agorafobia), que são bem conhecidas por serem desencadeadas no meio laboral, podem também ter sua origem no ambiente familiar, e apenas afastar o colaborador é uma ação que pode estar olhando apenas a superfície.

Vimos isso acontecer quando o desempenho de muitas pessoas caiu durante a pandemia, além de muitos diagnósticos de ansiedade e depressão, entre outras questões de saúde mental, terem surgido. Pois essas pessoas precisavam equilibrar o trabalho com a presença das crianças e, muitas vezes, a presença de outros membros (familiares ou não) em casa.

Observação importante: para as novas gerações, quando nos referimos a saúde mental, o grupo vem antes do indivíduo. Explico: segundo li neste trecho do *post* da Karina Tronkos[1]:

> Cerca de 42% da geração Z têm uma condição de saúde mental diagnosticada, sendo as mais recorrentes ansiedade e depressão, de acordo com um estudo feito pela Harmony Healthcare IT [HARMONY HEALTHCARE IT, [s. d.]. Essa geração engloba os nascidos entre 1997 e 2012, representa atualmente 30% da população mundial e estima-se que componha 27% da força de trabalho até 2025. Essa é uma geração que deseja um local de trabalho que se alinhe com seus

1 Mentora de UI/UX Design na Apple Developer Academy | TEDx Speaker | 5x Apple Scholarship Winner | Criadora de Conteúdo no NinaTalks

valores e ética em um nível mais profundo, de acordo com uma pesquisa do The Hustle [FRIEDMAN, 2023]. (TRONKOS, maio 2023)

Com isso podemos perceber que a questão geracional se torna um "tipo de interseccionalidade" nos tempos atuais. Dependendo da geração a que esse indivíduo pertence, estará em um papel social e cultural diferente e sofrerá opressão e discriminação.

Outro ponto é que, nos próximos anos, as questões que envolvem saúde mental serão mais frequentes e importantes de serem acompanhadas de perto. Pois a geração que está para entrar no mercado de trabalho já está diagnosticada com alguma condição de saúde mental; então a questão não terá origem laboral, logo as conversas sobre saúde mental de hoje não atenderão as próximas gerações, mas poderá agravar a situação se a gestão de pessoas não tomar medidas necessárias para resolver os problemas já existentes; o que irá preparar o ambiente para a nova geração. É necessário perceber que as diferentes gerações coexistirão e conviverão no mesmo ambiente laboral; sendo assim, não podemos tratar o tema só como uma questão desencadeada pelo ambiente de trabalho e isentar todo o contexto externo, principalmente se a empresa objetiva uma gestão e cultura organizacional humanizadas.

INTERSECCIONALIDADE: UM OLHAR AMPLO PARA OS DESAFIOS DA GESTÃO DE PESSOAS

1. Abandone os conceitos que supõe saber sobre a pessoa colaboradora devido aos marcadores que você identificou que ela tenha. Seja pela sua percepção pessoal ou por um questionário em que coletou informações sobre identidades sociais dela. Baseados em tudo que aprendemos durante toda nossa vida e pelos exemplos que citei até aqui, vimos que podemos cair em armadilhas por conta de vieses e preconceitos ou por não sermos capazes de adivinhar o que as pessoas precisam.

Fomos ensinados desde a infância a pensar de maneira equivocada e, por isso, se fazem necessários a desconstrução e os espaços de discussão e letramento. E esses espaços de diálogos são recentes comparados ao tempo que ficamos alheios às injustiças e desigualdades sociais que nos cercam. Por isso, é uma armadilha achar que sabemos tudo sobre uma pessoa pelo marcador social com o qual ela se identifica ou que supomos que ela faça parte.

2. Entenda e mapeie as necessidades das pessoas. Lembra do exemplo dado no início do texto sobre parentalidade solo?
3. Identifique os grupos de afinidades (pessoas com deficiências, LGBTQIAPN+, indígenas) e, com essa identificação, valide com os grupos se faz sentido a percepção sobre as necessidades mapeadas.

Após ouvir as pessoas, agrupe as necessidades que mais se repetem (agrupar por marcador social), apresente as soluções que a área de RH tem para atender as pessoas dentro daquela identidade.

4. Contextualize (lésbica, indígena e mãe solo, mora em região periférica, leva duas horas de locomoção até a empresa, criança estuda meio período?). Ao contextualizar, combinamos as soluções individuais já validadas pela pessoa e pelo grupo de afinidade para atender as interseccionalidades.
5. Refaça o ciclo com certa periodicidade para identificar outras necessidades apontadas pelas pessoas que venham a fazer parte do grupo, além de acompanhar se as pessoas permanecem pertencentes aos mesmos grupos de afinidade e com as mesmas necessidades.

Políticas de DE&I também são uma reparação histórica, e não esmola ou favor. São ações que, se bem alinhadas com as estratégias de ESG, cumprirão com sua função social e impulsionarão avanços da Agenda 2030, que buscam concretizar os direitos humanos de todos e alcançar a igualdade de gênero e o empoderamento das mulheres e meninas. Eles são integrados e indivisíveis e equilibram as três dimensões do desenvolvimento sustentável: a econômica, a social e a ambiental (GTSC, [s. d.]).

REFERÊNCIAS BIBLIOGRÁFICAS

AUSTIN, William G.; WORCHEL, S. *Psychology of Intergroup Relations.* 2. ed. Chicago: University of Chicago Press, 1986, pp. 7-24.

BAUMEISTER, R. F.; LEARY, M. R. The Need to Belong: Desire for Interpersonal Attachments as a Fundamental Human Motivation. *Psychological Bulletin*, v. 117, n. 3, 1995, pp. 497-529.

COHEN, S. Social Relationships and Health. *American Psychologist*, v. 59, n. 8, 2004, pp. 676-84.

CRENSHAW, K. *Demarginalizing the Intersection of Race and Sex*: A Black Feminist Critique of Antidiscrimination Doctrine, Feminist Theory, and Antiracist Politics. University of Chicago Legal Forum, 1989, pp. 139-67.

FRIEDMAN, Sara. It's Gen Z's Workplace Now, and It Looks Different. *The Hustle*, 28 fev. 2023. Disponível em: https://blog.hubspot.com/the-hustle/generation-z-workplace. Acesso em: 25 jul. 2023.

GTSC. O que é a Agenda 2030. Disponível em: https://gtagenda2030.org.br/agenda-pos-2015/. Acesso em: 25 jul. 2023.

HARMONY HEALTHCARE IT. *State of Gen Z Mental Health*. Disponível em: https://www.harmonyhit.com/state-of-gen-z-mental-health/. Acesso em: 25 jul. 2023.

HOUSE, J. S.; LANDIS, K. R.; UMBERSON, D. Social Relationships and Health. *Science*, v. 241, n. 4865, 1988, pp. 540-5.

TRONKOS, Karina. Publicação de Karina Tronkos. LinkedIn, maio 2023. Disponível em: https://www.linkedin.com/feed/update/urn:li:activity:7062813658610884609?updateEntityUrn=urn%3Ali%3Afs_feedUpdate%3A%28V2%2Curn%3Ali%3Aactivity%3A7062813658610884609%29. Acesso em: 25 jul. 2023.

VYGOTSKY, L. S. *Mind in Society*: The Development of Higher Psychological Processes. Cambridge: Harvard University Press, 1978.

LETÍCIA RODRIGUES

Sócia da TREE Diversidade, graduou-se em Relações Internacionais pela Universidade de São Paulo (USP) e em Ciências Contábeis pela Pontifícia Universidade Católica de Minas Gerais (PUC-MG) e possui pós-graduação pelo Insper e mestrado pela EAESP da Fundação Getulio Vargas (FGV). Também já realizou diversos cursos e formações em diversidade e inclusão, inclusive o Gender Diversity Program do INSEAD.

Acumula sete anos de experiência em projetos de DE&I em diferentes setores e escopos.

LUANNY FAUSTINO

Especialista nos temas DE&I e viés inconsciente. Formada em Relações Internacionais, especializou-se em *Applied Meetings and Convention* na Harold Washington College; em Chicago; Negociações Internacionais na Universidade de São Paulo (USP); e Marketing na Fundação Getulio Vargas (FGV). Tem também formação em Racismo e Política, Neurociência e Comunicação Não Violenta.

Há seis anos apoia corporações a construírem ambientes mais diversos e inclusivos.

CAPÍTULO 20

A RELAÇÃO ENTRE SAÚDE MENTAL E DIVERSIDADE, EQUIDADE E INCLUSÃO (DE&I)

LETÍCIA RODRIGUES | LUANNY FAUSTINO

INTRODUÇÃO

Saúde mental é um dos grandes desafios que a humanidade enfrenta na atualidade. Segundo a OMS, 9,3% da população mundial luta diariamente contra algum tipo de transtorno ligado à ansiedade (OPAS, 2022). Ainda, nove em cada dez brasileiros que estão no mercado de trabalho apresentam algum sintoma de ansiedade, com 47% destes apresentando algum nível de depressão, de acordo com a mesma pesquisa da OMS.

Entre os aspectos que causam problemas relacionados à saúde mental, há vários que estão diretamente ligados a questões que são trabalhadas e tratadas no âmbito de Diversidade, Equidade e Inclusão (DE&I), como racismo, capacitismos, machismo, LGBTIfobia, etarismo e outros tipos de opressão social, violências, assédios e desigualdades.

É sabido que o estresse e outras questões atingem de forma diferenciada as pessoas e que, quanto mais marcadores sociais historicamente minorizados fizerem parte da existência daquele indivíduo, mais exposto ao enfrentamento de dificuldades que podem afetar a saúde mental ele está. O estudo *Desigualdades sociais por cor ou raça no Brasil*, divulgado pelo IBGE (CABRAL, 2022), por exemplo, mostra que as desigualdades sociais por cor ou raça refletem diretamente no mercado de trabalho e a desocupação, a subutilização e a informalidade continuam atingindo mais pessoas pretas e pardas do que as brancas.

A proposta deste artigo é, então, avaliar a relação entre saúde mental e DE&I, áreas que estão diretamente ligadas às minorias ou grupos historicamente minorizados.

SAÚDE MENTAL

Saúde mental é "um estado de bem-estar no qual um indivíduo percebe suas próprias habilidades, pode lidar com os estresses cotidianos, pode trabalhar produtivamente e é capaz de contribuir para sua comunidade", segundo a Organização Mundial da Saúde (OMS).

Ainda segundo a OMS, em 2019, quase um bilhão de pessoas viviam com um transtorno mental (WHO, 2022). Desigualdades sociais e econômicas, emergências de saúde pública, guerra e crise climática estão entre as ameaças estruturais globais à saúde mental.

Destacamos que o primeiro item, desigualdades sociais e econômicas, está diretamente ligado a preconceitos e discriminações presentes na estrutura social, assim como o racismo e o machismo estrutural, entre outros.

Exemplificamos isso ao analisarmos os recentes dados do Ministério da Saúde que indicam que o índice de suicídio entre adolescentes e jovens negros é 45% maior do que entre brancos, e a faixa etária de 10 a 29 anos é a que mais sofre, principalmente os homens, que têm chance 50% maior de tirar a vida do que entre brancos da mesma idade.

A saúde mental é um tema a ser tratado com urgência na nossa sociedade, já que, segundo a OMS, 23 milhões de brasileiros apresentam algum tipo de transtorno mental, sendo 5 milhões em nível de moderado a grave (OPAS, 2022).

O tema não poderia ficar fora do ambiente corporativo, pois quase metade dos brasileiros trabalha até onze horas por dia (MAGALHÃES, 2011), e somos considerados pela OMS como o país mais ansioso do mundo (OPAS, 2022), porque 18,6 milhões de pessoas convivem com o transtorno, de acordo com a pesquisa *Saúde mental e bem-estar do trabalhador brasileiro*, realizada pelo Zenklub.

O Brasil tem o terceiro pior índice de saúde mental dentro de um ranking com 64 países. É o que mostra o relatório Estado Mental do Mundo, encomendado pela Sapien Labs (YONESHIGUE, 2023).

TEORIA DO ESTRESSE DE MINORIA

O adoecimento mental vivenciado por pessoas que sofrem constante opressão é analisado pela "teoria do estresse de minoria" (*minority stress theory*), que ao longo das últimas décadas vem ajudando a sociedade a pensar a saúde mental de grupos geralmente estigmatizados, de acordo com a UFMG (SAÚDE MENTAL UFMG, [s. d.]).

Voltada originalmente para as situações vividas por pessoas homossexuais americanas, ela rapidamente foi absorvida como referência para outros grupos minorizados: integrantes da comunidade LGBTI+, pessoas com deficiência(s), indígenas, pessoas negras e diversos outros grupos minorizados, que recorrentemente vivenciam situações de racismo e/ou discriminação.

A teoria foi desenvolvida por Ilan H. Meyer, com o objetivo de sistematizar as condições específicas vividas por pessoas LGBTI+ e explicar de que modo tais condições impactariam desfechos positivos e negativos de saúde mental nesse grupo.

Trata-se ainda hoje de um dos modelos mais utilizados para esclarecer de que forma os processos de estigmatização podem estar relacionados aos abalos negativos na saúde mental de pessoas (MEYER, 2015).

A teoria também defende que, quanto mais status de minoria se acumularem, ou seja, raça/etnia, classe social e orientação sexual, mais prejuízos mentais o cidadão terá (MEYER; SCHWARTZ; FROST, 2008). Minorias sociais estão expostas a alguns estressores específicos adicionais aos estressores cotidianos que independem de uma posição de vulnerabilidade social. Entende-se por estressores cotidianos todo evento que tire o organismo do equilíbrio e que independa de sua condição de minoria.

Em suma, pode ser entendido como um estresse decorrente da condição de minoria social de alguns grupos. E os chamados discursos estigmatizadores sob o prisma da teoria impactam diretamente a saúde mental das pessoas integrantes dos grupos minorizados.

SAÚDE MENTAL DAS PESSOAS QUE TRABALHAM COM DE&I

Algumas empresas no Brasil estão atentas às questões de equidade para mulheres, LGBTI+, pessoas com deficiência, pessoas negras e indígenas e pessoas com 50+. Esses olhares crescem na medida em que percebem o impacto da diversidade na rentabilidade das operações.

Porém, com o crescimento do mercado de DE&I, surgem também as responsabilidades e os desafios que acompanham o dia a dia de quem atua na área.

Como forma de se aprofundar no tema, em 2021 a TREE Consultoria e Educação em Diversidade e Inclusão realizou a pesquisa inédita e anônima *Como anda a saúde mental de profissionais de DE&I?*, com o objetivo de promover um importante debate sobre a necessidade premente de se construir um ambiente seguro, acolhedor e respeitoso para as pessoas que atuam nessa área.

Na questão "Quais são os principais desafios de saúde mental que você relaciona à sua atuação em DE&I?", entre os principais desafios mais recorrentes, estão: desgaste emocional, falta de apoio por parte da equipe e liderança, carga de trabalho extenuante, preconceito, falta de respeito, frustração em tentar implementar as estratégias de DE&I, orçamento reduzido, times reduzidos e sensibilização insuficiente.

A pesquisa pergunta sobre a piora da saúde mental em decorrência da atuação em DE&I: 34,4% dos respondentes sinalizaram que concordam com a afirmação. O percentual comprova a premissa: as pessoas veem sua saúde mental se debilitar em decorrência da atuação em DE&I.

Também mostra a percepção de outras áreas do negócio sobre a atuação de DE&I da organização, o que contribui para um emocional saudável. Os dados do levantamento revelam que esses profissionais se sentem respeitados, tendo a sua opinião levada em consideração e valorizados enquanto parte do time. Mas os resultados sobre essas percepções podem sempre ser melhorados.

PRÁTICAS

Trabalhar a saúde mental no ambiente corporativo é importante, ao mesmo tempo que as empresas assumem um compromisso público sobre a saúde mental das pessoas colaboradoras, trabalhando para criar um ambiente de trabalho saudável, responsável, equilibrado e, principalmente, seguro e inclusivo.

Para isso, além de programas específicos que tragam um olhar atento para a saúde mental das pessoas colaboradoras — com oportunidades diagnósticas e de acompanhamento —, é imprescindível que exista um trabalho estruturado de transformação e manutenção de uma cultura inclusiva.

Um passo importante nesse sentido é estruturar efetivamente programas de DE&I com destinação orçamentária relevante, metas e objetivos estratégicos. Para chegar nesse ponto é necessário formar e contar com uma liderança empática e inclusiva, que será a chave mestra não só para a implementação das ações de DE&I, mas também da promoção de um ambiente seguro e saudável.

Nesse sentido, a sugestão é priorizar programas de formação de lideranças verdadeiramente inclusivas, fazer uma transformação cultural em prol da equidade e da inclusão, manter uma comunicação fluida, clara, constante e que chegue a todos os públicos internos, bem como criar e divulgar canais oficiais e seguros de denúncias.

Indicamos também ações estruturadas para oferecer apoio psicológico às pessoas colaboradoras, tais como:

- Fornecimento de atendimento psicológico (psicólogos da empresa ou contratados).
- Palestras sobre saúde mental, segurança psicológica, comunicação não violenta, diversidade e inclusão para toda a corporação para sensibilizar, letrar e engajar todas as pessoas colaboradoras.
- Estruturar canais de denúncia ou/e de relacionamento para que pessoas colaboradoras possam pedir ajuda ou denunciar casos de assédio dentro ou fora da empresa.

CONCLUSÃO

Não existe saúde sem a saúde mental e, como vimos aqui, quanto mais status de minorias uma pessoa possuir, maiores serão as chances de que ela tenha sua saúde mental comprometida.

Por viverem uma pressão maior em seu cotidiano pessoal e corporativo, as pessoas profissionais de DE&I possuem uma maior capacidade de apresentar questões sobre a própria saúde mental.

Para obter resultados positivos em relação à saúde mental no ambiente corporativo, é importante que haja uma ação em conjunto, que conte com iniciativas das empresas, seus parceiros, dos órgãos governamentais e de saúde e especialmente das próprias pessoas trabalhadoras.

REFERÊNCIAS BIBLIOGRÁFICAS

CABRAL, U. Pessoas pretas e pardas continuam com menor acesso a emprego, educação, segurança e saneamento. *Agência IBGE Notícias*, 11 nov. 2022. Disponível em: https://agenciadenoticias.ibge.gov.br/agencia-noticias/2012-agencia-de-noticias/noticias/35467-pessoas-pretas-e-pardas-continuam-com-menor-acesso-a-emprego-educacao-seguranca-e-saneamento. Acesso em: 26 jul. 2023.

MAGALHÃES, G. F. Mais da metade dos brasileiros trabalha além de 8 horas ao dia. *InfoMoney*, 16 nov. 2011. Disponível em: https://www.infomoney.com.br/carreira/mais-da-metade-dos-brasileiros-trabalha-alem-de-8-horas-ao-dia/. Acesso em: 26 jul. 2023.

MEYER, Ilan H. Prejudice, Social Stress, and Mental Health in Lesbian, Gay, and Bisexual Populations: Conceptual Issues and Research Evidence. *Psychological Bulletin*, v. 129, n. 5, 2003, p. 674. Disponível em: https://doi.org/10.1037/0033-2909.129.5.674. Acesso em: 26 jul. 2023.

MEYER, Ilan H. Resilience in the Study of Minority Stress and Health of Sexual and Gender Minorities. *Psychology of Sexual Orientation and Gender Diversity*, v. 2, n. 3, 2015, p. 209-213. Disponível em: https://doi.org/10.1037/sgd0000132. Acesso em: 26 jul. 2023.

MEYER, Ilan H.; SCHWARTZ, Sharon; FROST, David M. Social Patterning of Stress and Coping: Does Disadvantaged Social Statuses Confer More Stress and Fewer Coping Resources?. *Social Science & Medicine*, v. 67, n. 3, 2008, pp. 368-79. Disponível em: https://doi.org/10.1016/j.socscimed.2008.03.012. Acesso em: 26 jul. 2023.

[OPAS] ORGANIZAÇÃO PAN-AMERICANA DA SAÚDE. OMS destaca necessidade urgente de transformar saúde mental e atenção. [S. l.], 17 jun. 2022. Disponível em: https://www.paho.org/pt/noticias/17-6-2022-oms--destaca-necessidade-urgente-transformar-saude-mental-e-atencao. Acesso em: 26 jul. 2023.

SAÚDE MENTAL UFMG. *Promovendo a diversidade*. Disponível em: https://www.ufmg.br/saudemental/para-estudantes/promovendo-a-diversidade/. Acesso em: 26 jul. 2023.

[WHO] World Health Organization. *Guidelines on Mental Health at Work*. [S.l.], 28 set. 2022. Disponível em: https://www.who.int/publications/i/item/9789240053052. Acesso em: 26 jul. 2023.

YONESHIGUE, B. Brasil tem terceiro pior índice de saúde mental em ranking com 64 países. *O Globo*, 1 mar. 2023. Disponível em: https://oglobo.globo.com/saude/bem-estar/noticia/2023/03/brasil-tem-terceiro-pior-indice-de--saude-mental-em-ranking-com-64-paises.ghtml. Acesso em: 26 jul. 2023.

LUANA GIMENEZ

Recrutadora sênior em diversidade para a Latam, tem mais de dezesseis anos de experiência nas indústrias financeira e de tecnologia. Cocriou o projeto de liderança interseccional, em 2017, dos grupos de diversidade da Salesforce Brasil. Estudou na Polônia, Espanha e Inglaterra. Graduada em Direito, certificada por Stanford em Diversidade e Inclusão para Excelência Organizacional e pela Universidade de Cambridge em People Analytics. Atualmente foca temas de DEI ligados à responsabilidade corporativa.

CAPÍTULO 21

GÊNERO FEMININO E INCLUSÃO

LUANA GIMENEZ

Neste capítulo, o objetivo é compartilhar o olhar desenvolvido após quatro anos de liderança global e sete anos regionalmente em um grupo para equidade de gênero corporativo, e como, dentro da agenda de equidade de gênero, é possível também discutirmos iniciativas de inclusão amplificada, reconhecendo a não homogeneidade da comunidade de mulheres e como existem desigualdades que precisam ser reconhecidas e direcionadas.

GÊNERO

> Conjunto de representações, papéis sociais, comportamentos e atributos socialmente construídos a partir da diferença entre os corpos. O gênero está para além de homem/mulher e masculino/feminino, e serve como indicador cultural da identidade pessoal e social de alguém. (DIVERSITY BBOX, [s. d.])

Sabemos que o gênero não está ligado ao corpo genital e que identificar-se com o gênero feminino é possível para além do corpo biológico, já que a construção do gênero se dá socialmente à medida que uma pessoa se identifica e se expressa no mundo, portanto o gênero feminino inclui diferentes identidades e experiências. Entre alguns exemplos de expressões de gênero femininas, estão:

- Mulher cisgênero: uma mulher cisgênero é aquela cuja identidade de gênero corresponde ao corpo genital atribuído no nascimento.

- Mulher transgênero: uma mulher transgênero é aquela cuja identidade de gênero difere do corpo genital atribuído no nascimento.
- Mulher bigênero: uma mulher bigênero é aquela que se identifica com mais de um gênero.
- Mulher gênero fluido: uma mulher gênero fluido é aquela cuja identidade de gênero flui.
- Mulher *queer*: o termo *queer* é usado por algumas mulheres para desafiar as normas de gênero e sexualidade, destacando sua identidade feminina não conformista.

Nessa linha é importante destacar que as conversas sobre gênero feminino precisam ser inclusivas para além da experiência de mulheres cis-heterossexuais-brancas. O gênero feminino não contempla experiências homogêneas, e, conforme adicionamos camadas interseccionais, as experiências das mulheres se tornam complexas e diferem em privilégios e acessos.

A interseccionalidade é importante para entender e direcionar as desigualdades sociais, incluindo a equidade de gênero. Introduzida pela professora e ativista Kimberlé Crenshaw, a interseccionalidade reconhece que as identidades e experiências de uma pessoa são moldadas pela interação de diferentes sistemas de opressão, como gênero, raça, classe, orientação sexual, habilidades físicas, entre outros.

Quando pensamos em gênero, é preciso reconhecer que as mulheres não são um grupo homogêneo, e sim que são diversas em termos de raça, etnia, classe social, orientação sexual, deficiência e outras características e que cada uma dessas identidades molda a experiência de ser mulher de maneiras únicas e interconectadas. Isso significa que a opressão não é vivenciada de forma isolada, mas em intersecção com outros sistemas de opressão.

Se considerarmos o sexismo, mulheres negras enfrentam o racismo para além dele, e, da mesma maneira, as mulheres transgênero enfrentam a transfobia além do sexismo. Quando reconhecemos as diferentes opressões dentro da comunidade de mulheres, evitamos uma abordagem simplista e unidimensional sobre gênero feminino e incluímos as experiências e vozes de todas as mulheres.

A interseccionalidade também nos incentiva a reconhecer os privilégios que existem dentro das lutas por equidade de gênero. Mulheres brancas, cisgênero, heterossexuais e de classe média, por exemplo, podem ter acesso a certos privilégios que outras mulheres podem não ter. É importante que essas mulheres usem seus privilégios para apoiar e ampliar as vozes das mulheres marginalizadas, desafiando e desmantelando as estruturas opressivas que afetam todas as mulheres.

A equidade de gênero só pode ser alcançada se abordarmos as intersecções de opressões e lutarmos contra todas as formas de desigualdade. É necessário um compromisso coletivo para avançar em direção a uma sociedade mais justa e inclusiva para todas as mulheres, independentemente de sua raça, etnia, classe social, orientação sexual, deficiência ou outros marcadores identitários.

FEMINISMO NO BRASIL

No Brasil, os movimentos feministas são conhecidos historicamente em ondas, que são divididas por momentos na história e pelo que foi reivindicado pelas mulheres em cada tempo.

A chamada primeira onda do feminismo tinha foco na igualdade de direitos no exercício da vida pública, marcada pela reivindicação ao direito do voto. A segunda onda trouxe questões mais ligadas à sexualidade e autonomia da mulher no contexto familiar. Já a terceira onda traz maior diversidade ao movimento por meio do conceito de interseccionalidade entre gênero, raça e classe. Ele reconhece que as mulheres sofrem diferentes tipos de opressão, que devem ser reconhecidas para serem combatidas de forma efetiva.

A primeira onda ocorreu no final do século XIX e início do século XX, e nesse período, Nísia Floresta, escritora e educadora, publicou em 1832 *Direitos das mulheres e injustiça dos homens*, considerado o primeiro livro no país a defender a educação e a participação política das mulheres. Durante essa primeira movimentação do feminismo, as reivindicações estavam centradas nas demandas das mulheres brancas de classe média alta e deixou de lado reivindicações e opressões de mulheres indígenas, negras e de classes sociais diferentes.

No período da segunda onda do feminismo no Brasil, as mulheres abordaram questões de direitos reprodutivos, violência doméstica, salários igualitários e mais participação política. Além disso, esse período caracterizou-se por uma maior diversidade de perspectivas femininas, quando mulheres negras, indígenas e lésbicas reivindicaram seus espaços e trouxeram questões de gênero, raça, classe e sexualidade de maneira interseccional para as discussões.

A ditadura militar fez com que as mulheres também se posicionassem pela anistia e contra o regime e a censura, e é quando nasce o Movimento Feminino pela Anistia, reunindo mulheres que tiveram filhos ou maridos impactados pelo exílio ou execução. No mesmo período, Lélia Gonzalez, umas das mulheres mais importantes dos movimentos negros e feminista, se torna uma das fundadoras do Movimento Negro Unificado.

Na década de 1980 inicia a terceira onda do movimento e recortes identitários de classe social e raça ganham o centro das discussões. A verdade é que o feminismo negro sempre existiu, porém não havia registro nem visibilidade, e é nessa onda que ganha destaque a discriminação racial e solidão da mulher negra. Kimberlé Crenshaw, professora de estudos raciais dos Estados Unidos, desenvolve o conceito de interseccionalidade, que nos ajuda a entender os diferentes tipos de opressão sofridos pelas mulheres e rechaça o conceito de mulher universal.

Atualmente fala-se em uma quarta onda ligada ao ativismo digital e como as redes sociais têm combatido o feminicídio, o assédio e padrões estéticos corporais.

ESTEREÓTIPOS DE GÊNERO

A perpetuação de estereótipos de gênero é um fenômeno complexo e multifacetado. Mesmo sendo vítimas das expectativas impostas pela sociedade patriarcal, algumas mulheres acabam reproduzindo esses estereótipos, seja por internalização, pressão social ou falta de consciência crítica.

Em uma sociedade patriarcal como a do Brasil, desde a primeira infância são incutidas expectativas de expressões de gênero e padrões de feminilidade que, por sua vez, reforçadas pela mídia, pela escola, roupas e brinquedos, levam as pessoas a pensarem que existe um padrão tido como natural e desejável e criam expectativas sociais. Outro fator relevante é a própria reprodução dos papéis de gênero nas relações afetivas e familiares.

A desconstrução de estereótipos de gênero exige um trabalho constante de reflexão e resistência, e, nesse contexto, garantir que as conversas sobre equidade de gênero sejam inclusivas de todas as experiências femininas com diferentes perspectivas e vivências, principalmente de vozes marginalizadas, é fundamental para a equidade de gênero. Nesse sentido, os espaços para discussões das opressões sofridas pela comunidade feminina, como grupos de afinidade no ambiente corporativo ou movimentos sociais, precisam garantir que haja representatividade e abrangência.

No mundo corporativo, muitos são os estereótipos de gênero que as mulheres enfrentam, e a professora Joan C. Williams, da Universidade da Califórnia, em sua série de vídeos "O que funciona para as mulheres no trabalho", elenca quatro padrões de estereótipos de gênero:

> Uma delas é que as mulheres muitas vezes têm que se provar repetidamente. Em segundo lugar está a corda bamba. As mulheres têm que andar na corda bamba entre serem vistas como muito femininas e, portanto, não levadas a sério, ou muito masculinas e, portanto, não agradáveis. O terceiro padrão, a parede da maternidade, é o viés de gênero desencadeado pela maternidade. Depois que você se torna mãe, há fortes pressupostos negativos de competência e comprometimento e, curiosamente, esse é um padrão que costuma afetar até mulheres sem filhos e mulheres que não querem filhos. O padrão final, cabo de guerra, é quando o viés de gênero que reflete todos esses três outros padrões se manifesta e cria conflito entre as mulheres.

Como também menciona a Blend-Edu em seu artigo "O que são estereótipos de gênero e como eles afetam a vida das mulheres?", há a discriminação dupla ou interseccionalidade, pela qual, comparadas com mulheres brancas, mulheres racializadas, com deficiência, LBTI+ têm menos acesso a cargos de liderança e a promoções.

PRÁTICAS INCLUSIVAS

Resumidamente, é preciso reconhecer os privilégios e é preciso reconhecer que não existe universalidade entre as mulheres. As conversas sobre gênero precisam garantir integrar todas as diferentes perspectivas e representar as múltiplas formas de existência do gênero feminino.

Práticas inclusivas para a equidade de gênero entre as mulheres são essenciais para promover uma sociedade mais justa e igualitária. É necessária principalmente uma maior inclusão entre os próprios movimentos feministas e grupos de mulheres. Algumas sugestões para que cada vez mais vozes e experiências sejam ouvidas:

- Ampliar a representatividade: garantir a representação de mulheres diversas em todos os espaços de poder e tomada de decisão. Isso implica incentivar a participação de mulheres negras, indígenas, trans, lésbicas, bissexuais, entre outras, em cargos de liderança e em todas as esferas da sociedade, incluindo política, negócios, educação e cultura.
- Escutar e valorizar as experiências diversas: é fundamental dar voz às diferentes experiências das mulheres e reconhecer que cada uma tem suas particularidades e desafios. Isso implica criar espaços seguros e inclusivos para que todas as mulheres possam compartilhar suas vivências, necessidades e demandas, sem serem silenciadas ou invalidadas.
- Abordar as intersecções de opressões: reconhecer que as mulheres vivenciam múltiplas formas de opressão é essencial para uma abordagem inclusiva.
- Garantir acesso igualitário a oportunidades: para promover a equidade de gênero, é necessário garantir que todas as mulheres tenham acesso igualitário a oportunidades educacionais, econômicas, políticas e sociais. Isso implica eliminar as barreiras e discriminações que impedem mulheres de desfrutarem plenamente de seus direitos e de alcançarem seu pleno potencial.

- Desconstruir estereótipos de gênero: isso envolve questionar e desafiar as expectativas sociais impostas às mulheres, que muitas vezes reforçam papéis limitantes e discriminatórios.
- Promover a solidariedade entre as mulheres: é necessário fortalecer a solidariedade entre as mulheres, entendendo que a luta pela equidade de gênero é coletiva e que as opressões são interligadas. Isso implica reconhecer os privilégios e as responsabilidades de cada uma, apoiando e unindo forças para enfrentar as desigualdades.

A discussão de gênero é ampla e se torna cada vez mais relevante nos espaços sociais e corporativos. Podemos reconhecer que ainda falta a inclusão de diferentes vivências, principalmente de mulheres LBTQI+, indígenas, negras e com deficiência, e temos o papel de amplificar as demandas para desenvolver uma maior interlocução das necessidades das muitas mulheres marginalizadas e desproporcionalmente afetadas pelas opressões da nossa sociedade.

REFERÊNCIA BIBLIOGRÁFICA

DIVERSITY BBOX. *Tudo que você precisa saber sobre LGBTQIAP+*. Disponível em: https://diversitybbox-cursos.eadbox.com/courses/tudo-que-voce-precisa-saber-sobre-lgbtqiap-mais. Acesso em: 26 jul. 2023.

ANA ULYSSÉA

Mestre em Administração pelo IAG da Pontifícia Universidade Católica do Rio de Janeiro (PUC-Rio), graduada em Psicologia, com especialização em Desenvolvimento de RH pela Universidade Federal do Rio de Janeiro (UFRJ) e extensão em Diversidade e Inclusão Social em DDHH/Gênero pela Universidade de São Paulo (USP). Sócia da FourAll, dedica-se à construção de culturas, ambientes diversos, seguros e inclusivos para todas as pessoas nas organizações, por meio de estratégias de (re)educação e ampliação de consciência de pessoas adultas, quebrando vieses, estereótipos, preconceitos e gerando reflexão, empatia e muita ação.

CAPÍTULO 22

EQUIDADE DE GÊNERO, E EU COM ISSO?

ANA ULYSSÉA

Eu não nasci mulher... eu fui me tornando mulher ao longo da jornada, como nos ensinou Simone de Beauvoir (1980), já que, para que a gente entenda o que é ser mulher, nossa vivência somente não basta. Nós precisamos vivenciar o impacto disso — em nós mesmas, em nossos ambientes e sociedade. Entender-se mulher não tem relação com o nosso sexo biológico, como muitos querem nos fazer crer; não tem relação com a capacidade ou não de gerar e manter a vida, e sim com comportamentos aprendidos e esperados de nós e, muitas vezes, por nós do que é ser mulher em nosso tempo e cultura. Então para uma mulher ser mulher, se dizer mulher, não basta nascer biologicamente mulher, mas sim se identificar como mulher, por meio de suas vivências e de seu posterior entendimento do que isso significa no tempo, espaço e cultura.

E o que se espera como performance de uma pessoa para ser entendida hoje como mulher? E quais seus impactos em sua vida pessoal e profissional? Espero que essa pergunta leve todas as pessoas leitoras à reflexão de que mulher, ou melhor, de que mulheres estamos falando. Percebam que me proponho a dividir com vocês a minha perspectiva, o meu caminho de entendimento do tema, a partir das minhas vivências como mulher, branca, cis, hétero, não mãe, sabendo que a vivência do que é ser mulher não se resume à minha, muito menos àquelas com as mesmas características que enumerei, mas também ao meu letramento, aos meus estudos, e é a partir desse entendimento e desse lugar, de uma mulher que precisou se letrar para nomear suas dores, que trarei minhas reflexões sobre equidade de gênero nas organizações e sociedade.

Assim, quando você, cara pessoa leitora, se deparar com a pergunta "o que precisamos fazer para fomentar a equidade de gênero em nossas organizações e sociedades?", lembre-se de que nós, mulheres, não somos todas iguais e que nossas interseccionalidades, correlacionando nosso gênero principalmente à raça, classe social, identidade de gênero, orientação afetivo-sexual, idade, religião, condição de deficiência e origem, fazem nossas necessidades para performar em diversos ambientes muitas vezes serem significativamente diferentes.

PATRIARCADO — ORIGENS E IMPACTOS

Mas há muitas coisas que nos unem e uma delas é muito relevante para entendermos como a nossa sociedade foi estruturada e vem se estruturando, inclusive estruturando nossas relações de trabalho — chama-se *patriarcado*. Podemos defini-lo como relações de poder em que os interesses das mulheres estão sempre subordinados aos dos homens, isto é, a visão de mundo que prevalece em nossa sociedade acaba por privilegiar como universal, superior, melhor e mais importante o que é masculino e de interesse dos homens em geral, desvalorizando aquilo que é visto como feminino e ligado às mulheres, como nosso trabalho e competência profissional, o tempo e a competência dedicados à procriação e ao cuidado das crianças e família em geral, bem como a tudo que é performado como feminino e/ou feminilidade.

Gerda Lerner (2019) nos propõe algumas reflexões da origem dessa visão de mundo. Desde a Grécia antiga, filósofos como Aristóteles atribuíam às mulheres a "falta de qualidades masculinas", sendo assim "defeituosas e incompletas". Darwin também descrevia as fêmeas como "fracas", atribuindo assim à biologia e suas características essa superioridade masculina. A maioria das monarquias também trazia entre suas crenças um "poder divino atribuído aos pais", que deveriam ser os reis e os detentores naturais e divinos do poder. E como terceira, mas não menos importante, possível origem, estaria a religião judaico-cristã, que nega outras religiões, muitas das quais possuem divindades femininas, com seu deus único, masculino e onipotente, atribuindo à primeira mulher — Eva — a condição de pecadora e "descendente de Adão", como se fosse ela e, por que não, todas as mulheres cidadãs de segunda classe, que teriam como função básica, e de "remissão de pecados", a maternidade.

Essa visão patriarcal se presta a legitimar como "natural" a supremacia dos homens, diante de uma "essencial" inferioridade feminina, outorgando a estes autoridade sobre todas as mulheres — sobre seus corpos, seus desejos, seu tempo e sua capacidade criativa e produtiva, enfim, sobre todas as esferas de sua vida. Podemos aqui pensar no impacto que toda essa autoridade causa, até nossos dias, às mulheres: preconceito, discriminação, assédio e violência.

Essa autoridade seria "natural", já que existiria uma "essência feminina", caracterizada por padrões de pensamento, sentimento e comportamento característicos a todas as mulheres, em que a gentileza, a intuição e a sensibilidade prevaleceriam, entendendo-as como emocionais, compassivas e acolhedoras; características que nos tornariam "naturalmente" vocacionadas à maternidade, à maternagem e ao cuidado somente.

Neste momento, vocês podem estar pensando: "mas o que isso tem a ver com equidade de gênero?", e eu lhes digo: "tudo!". A partir dessa imagem da mulher e do feminino, onde estão as mulheres no imaginário social? Qual o seu lugar? Sua posição? Quais as suas competências? São essas as competências mais valorizadas e mais bem remuneradas?

GÊNERO — BINARISMO E PERFORMANCE

Seguindo nessa linha, percebemos que a questão de gênero é entendida pela lente, ou o viés, do binarismo estrutural, em que o mundo é percebido como dual, descrito via dois polos: o certo, bonito, bom, sagrado; e o outro que é o seu oposto — o homem sendo percebido como o polo positivo e a mulher, como o negativo. Aqui faz-se necessário o esclarecimento de que não existem somente dois polos quando falamos de sexo biológico, nem tampouco quando falamos de gênero — não somente porque existem pessoas que performam e expressam masculino e feminino de formas diversas, bem como aquelas pessoas que não se identificam com nenhuma dessas performances.

Para ilustrar essa discussão, trago Margaret Mead (1979), que, em seu livro *Sexo e temperamento em três sociedades primitivas*, já demonstrava que o que era ser homem e mulher em diferentes sociedades, que dividiam o mesmo tempo e espaço, poderia ser muito diferente:

> Entre os Arapesh, tanto homens como mulheres eram de temperamento pacífico e nem os homens nem as mulheres faziam a guerra. Entre os Mundugumor, a realidade era precisamente o contrário: tanto homens como mulheres eram de temperamento bélico. E os Tchambuli eram diferentes dos anteriores. Os homens embonecavam-se e gastavam o tempo a arranjarem-se, enquanto as mulheres trabalhavam e eram práticas — o oposto do que parecia ser a América no início do século XX.

Ela também relata que nessas sociedades existiam pessoas que ela denominou como "inadaptados": aquelas pessoas que não se conformavam aos papéis sociais impostos, não atendendo ao temperamento socialmente determinado.

Em 2003, Judith Butler aprofunda a reflexão de gênero como performance, constituído via discurso e atos, algo que nos é ensinado, aprendido, falado e performado, mas que estaria longe de ser uma essência — o *como ser* não existiria, pois se daria em ato, em construção, sempre de forma relacional, histórica e contextual. Seria expressão, performance e não sujeito. Butler vai muito além em suas reflexões, mas nós ficaremos aqui, entendendo performance de gênero como aquilo que se enquadra no que é socialmente esperado de determinada identidade; papéis masculinos e femininos não são biologicamente fixados, mas socialmente construídos.

Trago aqui mais questionamentos: encontramos respaldo para isso na realidade de nossas organizações? Ou existem papéis e lugares predefinidos, em nosso imaginário social e organizacional, permitidos a homens e mulheres? Esses papéis são permitidos a todos os homens e mulheres? E o que é permitido às pessoas que não se identificam nesse binarismo?

PAPÉIS SOCIAIS, ESTEREÓTIPOS DE GÊNERO E DIVISÃO SEXUAL DO TRABALHO

O que me parece ser uma constante em nossa sociedade é que os papéis sociais, construídos, ensinados e performados, ainda se baseiam na crença biológica e essencial da mulher e em um momento histórico que não se faz mais presente — não estamos mais na Idade da Pedra, quando os homens saíam para caçar e as mulheres precisavam ficar reclusas, procriando, amamentando e cuidando de suas crias, para garantir a perpetuação da espécie.

Papéis e lugares sociais permitidos a mulheres ainda se restringem àqueles análogos à esfera privada e doméstica e à maternidade, como se, a todo momento e independentemente do local e posição social ou hierárquica, fôssemos percebidas, mesmo que de forma inconsciente, como filhas, esposas ou mães, dispostas a permanecer "em casa, cuidando dos homens, família e lar"; que regras de condutas como posturas e comportamentos de submissão e dependências fossem esperadas e reconhecidas; que a heterossexualidade fosse compulsória, bem como o desejo de ser mãe e de cuidar; nunca performando protagonismo, mas sim apoio. Estamos sendo sempre olhadas, selecionadas, treinadas, promovidas e desligadas a partir da lente desses *estereótipos de gênero*.

Essa visão de mundo determina uma clara divisão sexual do trabalho, na qual suas competências e funções são entendidas como menos valiosas, já que são percebidas como decorrência natural do trabalho doméstico e da maternidade — suas vocações. Como se houvesse uma crença da extensão dessa esfera privada à esfera pública, performando algo que sequer necessita de estudo ou especialização — uma confusão entre a mulher mãe-cuidadora e a mulher trabalhadora. Esse imaginário social limita as escolhas das mulheres quanto a áreas, cargos e segmentos de mercado:

Quais são os locais sociais permitidos e/ou designados às mulheres? Para as mulheres, há uma real possibilidade de escolha? No ambiente de trabalho, mulheres em quais posições, áreas são as mais questionadas, interrompidas?

E O QUE PODEMOS FAZER PARA MUDAR ISSO?

A partir de leituras, escutas e reflexões, trago algumas dicas do que pode ser feito para promover *equidade de gênero* e inclusão de mulheres no mercado de trabalho, como empresas e pessoas:

Desenvolva uma cultura em que valores, comportamentos e atitudes respeitosos e inclusivos a todas as pessoas sejam reconhecidos e, preferencialmente, remunerados (ex.: atrelados a metas para remuneração variável).

Construa um ambiente seguro, livre de *assédio e violência*, por meio de infraestrutura robusta, com sensibilização, código de ética, matriz de consequências, canais de denúncias seguros, bem como comportamentos de apoio e contestação a comportamentos misóginos e machistas.

Desenvolva e eduque as lideranças para que sejam exemplos e motores dessa cultura e ambiente.

Busque, de forma intencional e afirmativa, selecionar, desenvolver, promover e remunerar mulheres, buscando representação, proporcionalidade e representatividade.

Desenvolva um pipeline de mulheres, buscando formar base consistente, utilizando programas de entrada afirmativos, como programas de estágio e trainees, e fomente o encarreiramento delas por meio de programas de desenvolvimento (por exemplo, mentorias, aceleração) e sucessão, com escolhas afirmativas, indicadores e metas.

Demonstre intencionalidade em políticas, processos e práticas, contemplando as necessidades das mulheres no ambiente corporativo, como a possibilidade de trabalho híbrido e/ou home office, benefícios voltados a saúde física e mental das mulheres e suas famílias, políticas e práticas referentes a maternidade, contemplando licença parental, indicadores quanto a mães, incentivo a amamentação e cuidados infantis.

Inclua os *homens* e demais pessoas nessa discussão. Inclua temas como *masculinidade saudável e parentalidade*, via políticas, processo e práticas.

Confronte *vieses*: não rotule as mulheres — "mandonas, arrogantes ou difíceis de trabalhar"; avalie o que se diz somente a elas; preste atenção a possíveis desconsiderações; não decida por elas; não julgue ou tenha receios de emoções; preste atenção nas ofertas de reconhecimentos e recompensas; ofereça oportunidades, promovendo mulheres; desenvolva relacionamentos com elas e para elas.

Torne-se uma *pessoa aliada* — informe-se; escute, apoie, dê visibilidade; amplifique e propagandeie suas ideias.

REFERÊNCIAS BIBLIOGRÁFICAS

BEAUVOIR, Simone. *O segundo sexo*: a experiência vivida. Trad. Sérgio Millet. 4. ed. São Paulo: Difusão Europeia do Livro, 1980.

BUTLER, Judith P. *Problemas de gênero*: feminismo e subversão da identidade. Rio de Janeiro: Civilização Brasileira, 2003.

LERNER, Gerda. *A criação do patriarcado*. São Paulo: Cultrix, 2019.

LIPMAN, Joanne. *Escute o que ela diz*: viés inconsciente – o que os homens precisam saber (e as mulheres têm a dizer) sobre trabalhar juntos. São Paulo: Primavera, 2019.

MEAD, Margareth. *Sexo e temperamento em três sociedades primitivas*. São Paulo: Perspectiva, 1979.

KELLY CHRISTINE LOPES

Empreendedora social, administradora no terceiro setor, professora, palestrante, especialista em gestão e desenvolvimento de pessoas, responsabilidade social empresarial e inclusão das juventudes em *tech*.

Atuou por dezesseis anos como profissional de TI, sendo os últimos oito anos na TOTVS.

Compõe o grupo de pessoas fundadoras do Projeto Amigos da Comunidade (PAC), onde atua desde 2004 de forma voluntária.

Atualmente é superintendente do Instituto da Oportunidade Social (IOS).

CAPÍTULO 23

EQUILÍBRIO DE GÊNERO: FAVOR OU VALOR?

KELLY CHRISTINE LOPES

DESIGUALDADE DE GÊNERO

A população brasileira é composta de 203,1 milhões de pessoas, sendo 48,9% de homens e 51,1% de mulheres (IBGE, 2022).

A taxa de participação na força de trabalho, que mede a população em idade de trabalhar e que está trabalhando ou procurando trabalho, aponta a persistente dificuldade da inserção de mulheres no mundo do trabalho (IBGE, 2021a): de 73,7% de participação dos homens para 54,5% de participação das mulheres, uma diferença de 19,2%. Este elevado patamar de desigualdade se manifestou tanto entre mulheres e homens brancos, quanto entre mulheres e homens negros.

Ao analisar a empregabilidade de mulheres com filhos de até três anos de idade, as mulheres negras apresentaram os menores níveis de ocupação: menos de 50% em 2019. Já para as mulheres brancas, a proporção foi de 62,6%. Para aquelas sem a presença de crianças nessa faixa etária, os percentuais foram de 63,0% e 72,8%, respectivamente.

Em 2019, em média, as mulheres receberam 77,7% do rendimento dos homens, realizando o mesmo trabalho (IBGE, 2021a). Essa desigualdade salarial se mostrou ainda maior entre as pessoas inseridas em profissões e funções que alcançam maiores rendimentos, tais como diretores, gerentes e profissionais das ciências, grupos nos quais as mulheres receberam, respectivamente, 61,9% e 63,6% do rendimento dos homens.

Do ponto de vista educacional, avaliando as pessoas a partir dos 25 anos de idade, os estudos mostram que as mulheres brasileiras são mais instruídas do que os homens: 40,4% dos homens não completaram o ensino fundamental, proporção que era de 37,1% entre as mulheres. No comparativo de pessoas com nível superior completo, temos 19,4% de mulheres e 15,1% entre os homens. Analisando os dados relativos à frequência escolar, conclui-se que esse cenário de maior instrução das mulheres em relação aos homens continua a se repetir no sistema de ensino brasileiro (IBGE, 2021a).

A questão dos salários mais baixos e da maior dificuldade de ingresso das mulheres no mundo do trabalho é multifacetada e envolve uma combinação de diversos fatores sociais, culturais e estruturais, tendo como alguns de seus fatores principais: a persistente discriminação de gênero, a maternidade e responsabilidades familiares, os estereótipos de gênero e viés inconsciente, a falta de representatividade de mulheres em áreas predominantemente masculinas e em postos de liderança executiva, e a lacuna entre a educação e as escolhas de carreira. Adicionalmente, as mulheres negras ainda se deparam com a discriminação racial e sistêmica, e uma falta de representatividade ainda maior, em comparação com o grupo de mulheres brancas.

As mulheres ainda enfrentam barreiras para obter acesso à educação de qualidade nas áreas de ciência, tecnologia, engenharia e matemática (STEM) desde cedo. Além disso, há uma tendência para que as mulheres sejam direcionadas ou se sintam mais inclinadas a carreiras tradicionalmente femininas, que são geralmente mais mal remuneradas do que as áreas dominadas por homens. O Censo da Educação Superior 2019 (IBGE) mostra que as mulheres correspondiam a apenas 13,3% das matrículas nas graduações de Computação e Tecnologias da Informação e Comunicação, e 21,6% na área de Engenharia e profissões correlatas.

É importante destacar que a luta pela igualdade de gênero no mercado de trabalho é um desafio contínuo e requer esforços de várias frentes, incluindo políticas governamentais, mudanças culturais e conscientização nas organizações e na sociedade como um todo.

EQUILÍBRIO DE GÊNERO: FAVOR OU VALOR?

O equilíbrio de gênero desempenha um papel fundamental na abordagem ESG,[1] que, além da questão social, também tem implicações significativas para o meio ambiente e a governança corporativa.

A igualdade de gênero está intrinsecamente ligada à sustentabilidade ambiental. As mulheres desempenham papéis cruciais em muitos setores relacionados ao meio ambiente, como agricultura sustentável, conservação da biodiversidade e uso eficiente dos recursos naturais. A inclusão das mulheres nessas áreas promove uma abordagem mais holística e equilibrada para a gestão ambiental.

No que diz respeito à governança corporativa, o equilíbrio de gênero é um indicador de boas práticas de governança. A presença de mulheres em conselhos de administração e em posições de liderança é um sinal de uma cultura empresarial inclusiva e transparente. Além disso, a diversidade de gênero nas tomadas de decisão corporativas ajuda a evitar o pensamento de grupo e a promover a responsabilização, o que, por sua vez, melhora a governança.

A promoção do equilíbrio de gênero no local de trabalho traz uma série de benefícios para as empresas:

- *Diversidade de perspectivas*: ao ter uma representação equilibrada de gênero, as empresas se beneficiam da diversidade de perspectivas e experiências. Isso pode levar a uma maior criatividade, inovação e resolução de problemas mais eficaz, uma vez que diferentes pontos de vista são considerados. Organizações mais diversificadas têm reservas mais amplas de talentos, necessárias para competir neste mundo em constante mudança.
- *Melhor tomada de decisão*: a diversidade de gênero nas equipes de liderança e tomada de decisão tem sido associada a decisões mais informadas e equilibradas. Mulheres trazem diferentes abordagens

1 ESG é a sigla para *environmental, social and governance* (ambiental, social e governança empresarial). Os indicadores ESG são critérios de conduta praticados por empresas que querem ser socialmente conscientes, ambientalmente sustentáveis e corretamente gerenciadas.

e habilidades para a mesa, complementando as perspectivas masculinas e contribuindo para um processo de tomada de decisão mais abrangente.

- *Maior desempenho financeiro*: estudos têm demonstrado que empresas com diversidade de gênero tendem a ter melhor desempenho financeiro. A inclusão de mulheres em todos os níveis hierárquicos e em posições de liderança está associada a um aumento da rentabilidade e do retorno sobre o investimento. Um exemplo de estudo é o relatório *Delivering Through Diversity*, elaborado pela McKinsey & Company em 2018, que analisa dados de mais de mil empresas em doze países e mostra como a diversidade de gênero pode impactar positivamente o desempenho organizacional. O estudo conclui que as empresas com maior diversidade de gênero em cargos executivos têm maior probabilidade de superar seus pares em termos de rentabilidade.
- *Acesso a um mercado mais amplo*: as mulheres são uma parte significativa do mercado consumidor e ter uma força de trabalho diversificada pode ajudar as empresas a entender e atender melhor as necessidades e preferências desse público.
- *Melhor reputação e imagem da empresa*: empresas comprometidas com a igualdade de gênero e diversidade em seu local de trabalho tendem a ser vistas como socialmente responsáveis e progressistas. Isso pode ajudar a atrair e reter talentos, bem como melhorar a imagem e reputação da empresa perante clientes, parceiros e investidores.

COMO ENGAJAR, ATRAIR E DESENVOLVER PROFISSIONALMENTE AS MULHERES

Apesar de as mulheres serem mais escolarizadas do que os homens, ainda temos menos de 20% da população de mulheres brasileiras com ensino superior completo. Adicionalmente a esse cenário, um levantamento realizado pela British Council aponta que apenas 5% dos brasileiros falam inglês e, dentro desse índice, apenas 1% possui fluência total no idioma.

Ao entendermos a presente falta de profissionais mulheres para as áreas de STEM, cargos de liderança e cargos de conselheiras empresariais, entre outras áreas e funções ainda predominantemente masculinas, fica nítida a oportunidade e a urgência que as empresas possuem em mãos de transformar esse cenário, tornando-se um agente formador de futuras profissionais com potência em diversas áreas de conhecimento.

Para isso, as empresas precisam engajar, atrair e desenvolver profissionalmente as mulheres, de forma contínua e com estratégias específicas. Aqui estão algumas ações que podem ajudar nesse processo:

- *Aproximação de coletivos juvenis*: aproximação com escolas de ensino médio, escolas técnicas, organizações sociais e demais oportunidades de ensino profissionalizante para jovens a partir de dezesseis anos de idade, para levar conteúdos sobre mundo do trabalho, empregabilidade, projeto de vida e carreira. Por exemplo, se faltam profissionais na indústria de STEM, é urgente o engajamento das juventudes nessa área de conhecimento.
- *Trabalho em rede*: fazer parcerias com organizações que atuem na promoção da igualdade de gênero, trazendo novas referências profissionais. Avaliar quais organizações podem apoiar a empresa na aproximação com os coletivos juvenis.
- *Oferecer a graduação*: ao invés de exigir a graduação para o primeiro emprego ou realocação profissional por mudança de profissão, oferecer uma bolsa de estudos para as jovens mulheres. Muitas vezes, essas mulheres vêm de comunidades desfavorecidas e não têm acesso aos mesmos recursos e oportunidades de aprendizado que outras pessoas têm. Dessa forma, é possível já deixar combinado no momento da contratação que a candidata deverá ingressar em uma graduação.
- *Aprendizado constante*: disponibilizar um ambiente de aprendizado seguro, com infraestrutura adequada. E, para possíveis atividades online, entender se a mulher tem condições de infraestrutura de hardware, softwares e espaço em casa para se dedicar aos estudos, com foco e atenção.

E, de forma geral, para todas as mulheres em diversas faixas etárias:

- *Cultura inclusiva*: promova uma cultura organizacional que valorize a diversidade e a inclusão. Isso envolve a adoção de políticas e práticas que combatam a discriminação de gênero, promovam igualdade de oportunidades e criem um ambiente de trabalho seguro e respeitoso.
- *Liderança inclusiva*: promova o desenvolvimento de uma liderança inclusiva, que valorize e reconheça as contribuições das mulheres. Invista em treinamentos e vivências de diversidade e inclusão para as lideranças, pois são elas que influenciam diretamente a cultura na empresa. Incentive a participação das mulheres em cargos de liderança e crie oportunidades para que elas demonstrem suas habilidades e capacidades.
- *Ambiente inclusivo*: criar um ambiente inclusivo, diverso e acolhedor, onde as vozes femininas sejam valorizadas.
- *Indicadores de acompanhamento*: defina metas claras de representação e progresso das mulheres em todos os níveis da organização. Estabeleça medidas para acompanhar o progresso, como métricas de diversidade, avaliações de desempenho equitativas e análise de lacunas de gênero.
- *Mentoria*: implemente programas de mentoria para conectar mulheres com profissionais mais experientes, de dentro e de fora da empresa, que possam orientá-las e apoiá-las no desenvolvimento de suas carreiras.
- *Oportunidades de desenvolvimento e capacitação*: ofereça programas de treinamento e capacitação que abordem habilidades técnicas e comportamentais. Certifique-se de que essas oportunidades estejam acessíveis a todas as funcionárias e sejam adaptadas às suas necessidades específicas.
- *Flexibilidade no trabalho*: ofereça políticas flexíveis de trabalho, como horários flexíveis, trabalho remoto e licença-maternidade e paternidade adequada. Isso permite que as mulheres equilibrem

suas responsabilidades profissionais e pessoais de maneira mais eficaz, promovendo a retenção e o avanço das carreiras.

- *Igualdade salarial e transparência*: garanta a igualdade salarial entre homens e mulheres em cargos equivalentes. Realize análises regulares de remuneração para identificar e corrigir disparidades salariais.

Essas são apenas algumas das muitas estratégias que podem ser adotadas para engajar, atrair e desenvolver profissionalmente as mulheres. É importante adaptar as ações de acordo com a cultura e as necessidades específicas da organização, buscando sempre a igualdade de oportunidades e o respeito à diversidade de gênero.

Alcançar o equilíbrio de gênero não é apenas uma questão de justiça social, mas também uma estratégia de negócio inteligente. Ao criar um ambiente inclusivo e equitativo, as empresas estão se posicionando para ter um desempenho melhor, aproveitar a diversidade de talentos e se adaptar às demandas em constante mudança do mercado.

REFERÊNCIAS BIBLIOGRÁFICAS

[IBGE] INSTITUTO BRASILEIRO DE GEOGRAFIA E ESTATÍSTICA. *Estatísticas de Gênero.* [S. l.], 2021.

[IBGE] INSTITUTO BRASILEIRO DE GEOGRAFIA E ESTATÍSTICA. Censo 2022.

MARGARETH GOLDENBERG

Psicóloga, especialista em direitos humanos e mundo corporativo, consultora, palestrante e professora no tema diversidade, equidade e inclusão.

CEO na Goldenberg Diversidade, Equidade & Inclusão, atua em grandes empresas do país. Gestora-executiva do Movimento Mulher 360, membra do comitê do Elas Lideram 2030 (Pacto Global e ONU Mulheres) e do conselho do Fórum LGBTI+.

CAPÍTULO 24

O PAPEL DOS HOMENS NA PROMOÇÃO DA EQUIDADE DE GÊNERO

MARGARETH GOLDENBERG

Homens temem que, se fizerem perguntas ou questionarem alguém sobre equidade de gênero, serão vistos como contra a diversidade, machistas ou sexistas. Portanto, eles simplesmente calam a boca e não se envolvem com o tema. O problema com isso é que o aprendizado não acontece. (Depoimento de liderança corporativa masculina)

Depoimentos como este não são raros quando realizo rodas de conversa sobre o papel de aliados na promoção da equidade e diversidade nas empresas. Acredito que muitos homens não gostam do tema e enxergam o debate sobre a equidade de gênero (e diversidade em geral!) como algo chato, achando que é um problema, não uma oportunidade. Será que nós, "justiceiros sociais", somos responsáveis por parte dessa percepção? Modificar a abordagem sobre culpas individuais e expandir para a responsabilidade coletiva é fundamental.

Pesquisa da Boston Consulting Group indica que as ações sobre equidade de gênero nas organizações têm 96% de sucesso quando homens estão ativamente envolvidos versus 30% nas empresas em que o envolvimento não acontece.

Sabemos o quão difícil e necessário é engajá-los como aliados dessa pauta. Afinal, eles ainda são maioria na liderança, responsáveis pela tomada de decisões. Envolver os homens é crucial para ter um progresso significativo que leve ao fim das disparidades de gênero.

Esse é um dos desafios mais citados nas minhas consultorias e que travam o avanço dessa agenda nas organizações. Então, como avançar?

Compartilho alguns aprendizados da minha jornada pela equidade, diversidade e inclusão em mais de cem empresas, associadas ao Movimento Mulher 360, e clientes de minha consultoria. Precisamos compreender quais barreiras impedem que mais homens se engajem no tema.

Um estudo da McKinsey indicou que mais da metade dos homens entrevistados achavam que implementar iniciativas de equidade de gênero voltadas às mulheres era injusto para eles. O primeiro passo é avançar na construção de uma consciência de que essa diversidade é um "ganha-ganha" para todas as pessoas e instituições.

De acordo com uma pesquisa da Catalyst, existem três barreiras principais que afastam os homens da conversa sobre diversidade de gênero: 1) falta de empatia ou apatia; 2) medo; 3) ignorância.

1. FALTA DE EMPATIA OU APATIA

Total despreocupação com questões sobre desigualdade de gênero. Uma postura do tipo: "essa dor não é minha".

Mas de onde vem essa percepção? Os homens não se enxergam como pessoas com gênero. "Não é que não nos importemos. É que a gente não vê." A invisibilidade de gênero leva ao entendimento de que essa questão não lhes diz respeito. Então, precisamos tornar o gênero visível e não o negligenciar como um aspecto da identidade social dos homens, fomentando a tendência de considerar características e atributos masculinos como norma social e características e atributos femininos como uma variação da norma.

Mas a vida dos homens é tão fortemente influenciada pelo gênero quanto a das mulheres. Normas sociais e concepções de masculinidade (que são tóxicas!), expectativas de serem líderes, maridos ou filhos criam demandas e moldam seus comportamentos.

Como consequência de nossa cultura patriarcal, os papéis sociais são predefinidos. Espera-se que os homens se concentrem nas necessidades materiais e de sustento de suas famílias, sendo o papel do cuidado 100% atribuído às mulheres. Também são ensinados, desde criança, que ser másculo é ter atitudes como força, virilidade, coragem e brutalidade, não podendo expor emoções, sensibilidade e cuidado, porque são sentimentos que podem ser confundidos com vulnerabilidade e fraqueza. Esse silenciamento emocional tende a causar sofrimento mental e físico, dificuldade de agir em situação de conflito, violências contra eles mesmos, contra outros homens, mulheres, familiares, filhos e equipes de trabalho.

Portanto, é fundamental promover maior consciência dos custos e das pressões associados ao preconceito de gênero, revelando que existem muitas desvantagens para os homens diante dos padrões de diferença de gênero impostos pela cultura patriarcal. A igualdade de gênero diz respeito não apenas aos papéis, responsabilidades e necessidades de mulheres e homens, mas também às inter-relações entre eles.

Como romper a barreira da apatia? Com rodas de conversas e trocas para estimular os homens a pensarem mais criticamente sobre as normas masculinas e seus impactos negativos nas suas vidas pessoais e profissionais. Também para ampliar a conscientização sobre o que eles podem ganhar com a equidade e inclusão. Nesse sentido, é fundamental reconhecer e promover estilos de liderança, comunicação e trabalho que transcendam os padrões tradicionais do feminino e masculino e que rompam com os estereótipos de gênero. Os homens permanecerão indiferentes e resistentes a apoiar e ser aliados da pauta, a menos que percebam como vão obter ganhos pessoais se viabilizarmos a mudança do status quo coletivamente.

2. MEDO

Diante do tema equidade de gênero, eles tendem a se sentir ameaçados em perder espaços, bem como sofrer a desaprovação de outros homens por se engajarem no tema. O medo está relacionado às seguintes preocupações:

- Perder status e privilégio – Relacionado à percepção de que, embora benéfica para mulheres, a igualdade só poderia acontecer se não contratar, não promover e não dar oportunidades para homens avançarem na carreira profissional.
- Cometer erros – Receio de se envolverem em iniciativas para promoção da equidade de gênero e se exporem a críticas das mulheres

por cometer atos ou falas ofensivas ou sexistas, mesmo que não intencionalmente. Eles temem que suas boas intenções não sejam vistas como parte da solução pelas colegas, que continuariam a considerá-los como parte do problema, apontando cada atitude e erros de linguagem.

- Ser desaprovado por outros homens – Muitos temem que, ao se juntarem às mulheres para apoiar a equidade de gênero, serão desaprovados pelos seus colegas. A aceitação entre pares é muitas vezes valorizada como um componente da masculinidade.

Como romper a barreira do medo nas empresas? Mudar a perspectiva de "soma zero" é fundamental para ganhar o apoio dos homens. A disseminação de métricas de representatividade pode reforçar o pensamento de "soma zero" se não comunicarmos adequadamente as informações. Nas apresentações de dados demográficos, por exemplo, não fazer comparações do tipo homens versus mulheres, porque reforçam a percepção de que o aumento no status das mulheres leva ao declínio de seu próprio status.

As empresas devem considerar a implementação de *dashboards* e relatórios de progresso de diversidade e inclusão (D&I) para ressaltar talentos, declarar claramente as políticas de equidade de gênero e criar outros métodos de transmitir a importância desse trabalho. Quando as métricas forem compartilhadas, devem-se contar as histórias de sucesso sobre as pessoas que estão por trás delas, destacando modelos de liderança e crescimento de carreira para mulheres e homens. Iniciativas como essas podem ampliar a visão das pessoas sobre como o aumento da diversidade é vantajoso para toda a equipe, no lugar de parecer um jogo de números absolutos.

É importante compartilhar esses medos com o time, para viabilizar conversas sobre a responsabilidade coletiva pela transformação, no lugar de reforçar o duelo entre mulheres e homens, vítimas e culpados. Vale também convidar homens para rodas de conversa e dar visibilidade a aliados masculinos, como *role models* patrocinadores da pauta de equidade.

Fortalecer a visibilidade de homens que estão desafiando o status quo tende a fornecer a garantia de que eles não serão vistos como menos masculinos por defenderem a equidade de gênero. Ao contrário, vai mostrar que ser um líder inclusivo fortalece a carreira e a posição dos homens também. Os modelos vão inspirar e encorajar a participação de outros representantes de grupos sub-reconhecidos e, dessa forma, promover o engajamento, porque essas pessoas estarão dispostas a desafiar comportamentos sexistas, racistas e homofóbicos.

É fundamental explicitar nas comunicações internas que homens e outros profissionais não pertencentes aos grupos sociais sub-reconhecidos desempenham um papel essencial para a garantia da inclusão no local de trabalho, incentivando sua participação em iniciativas de D&I. Além disso, proporcionar aos homens oportunidades de discutir questões de gênero em grupos de maioria masculina pode reduzir as preocupações sobre cometer erros ou ser julgado como machista.

3. IGNORÂNCIA

Existem pessoas que não compreendem o benefício real da diversidade, de que não se trata de uma competição, e sim da beleza e potência de times mais diversos. Por não conhecerem nem entenderem essa realidade, muitos homens acreditam que a equidade não é meritocrática. Há uma crença de que, por serem homens, são desinformados sobre questões de gênero e, portanto, não têm a competência necessária para defender a igualdade de gênero.

Participantes da entrevista da Catalyst também argumentaram que a falta de consciência do preconceito de gênero era uma barreira crítica para obter o apoio dos homens. Essa afirmação é consistente com a conclusão de que, quanto menos cientes do preconceito de gênero, menos eles estão comprometidos com questões de igualdade de gênero. As pessoas entrevistadas concordaram que os indivíduos devem primeiro reconhecer que existe um problema, antes de se comprometer a resolvê-lo.

Como romper a barreira da ignorância? Proporcionar oportunidades de diálogo e qualificação de repertório no tema em diversos níveis e formatos. Incentivar a participação dos homens nas rodas de conversa pode ajudar a aumentar a confiança em relação às questões de gênero no ambiente de trabalho. Tais oportunidades de aprendizagem tendem a aumentar a inclinação dos homens a assumir um papel ativo em iniciativas que enfrentem as disparidades de gênero.

NA PRÁTICA, QUAIS DEVEM SER AS ATITUDES DE HOMENS QUE ATUAM PELA EQUIDADE DE GÊNERO?

- Ter visão de liderança inclusiva, ou seja, empoderar e dar espaço às mulheres para que encontrem a melhor forma de atuarem em suas funções.
- Envolver-se com os grupos de afinidade e de homens dedicados a eliminar o sexismo no trabalho.
- Conversar com outros homens sobre os custos da desigualdade de gênero e o compromisso pessoal com um local de trabalho inclusivo.
- Estar aberto, ser empático, ouvir, compreender e não minimizar quando uma mulher comenta sobre situações de desigualdade ou discriminação de gênero.
- Posicionar-se quando uma decisão sobre contratação ou promoção for baseada em preconceito de gênero e não em competências.
- Reconhecer as conquistas das mulheres e avaliar desempenho de maneira justa, sem focar o gênero.
- Apoiar práticas de trabalho flexíveis e permitir que cada mulher encontre seu equilíbrio entre vida pessoal e profissional.
- Não fazer piadas machistas, nem ignorar ou rir de piadas contadas por outros, porque isso implica aprovação.
- Permitir que as mulheres se posicionem. Evitar interrompê-las, mesmo quando acreditar que pode "contribuir mais" para a discussão.
- Incluir colegas mulheres em conversas ou momentos de tomada de decisão. Não hegemonizar a palavra, deixando que outras pessoas conduzam a conversa e opinem. Estimular que outros homens também ajam dessa forma.

- Não fazer suposições sobre os interesses profissionais, as necessidades e habilidades de colegas, com base no gênero, nem ficar calado quando outras pessoas agirem dessa forma.
- Oferecer-se para assumir tarefas administrativas ou operacionais e não permitir sistematicamente que mulheres da equipe as assumam (por exemplo, redigir uma ata ou servir café em reunião de pessoas do mesmo nível hierárquico).
- Utilizar os benefícios da integração trabalho-família (licença parental, flexibilidade de horário etc.) e comunicar o apoio a quem os usufrua.
- Assumir o papel de mentor ou patrocinador de uma líder em potencial e contribuir para o avanço da carreira de uma mulher.
- Construir um ambiente de respeito e empatia, onde mulheres possam expressar suas opiniões sem medo de serem julgadas ou assediadas.

Vale ressaltar que, para acelerar a jornada de equidade de gênero, precisamos parar de tratar o tema como se fosse apenas um fardo da mulher. Para minimizar as disparidades, as empresas precisam engajar todas, todos e todes para trabalharem coletivamente pela mudança cultural, de processos e estruturas que perpetuam a lacuna de gênero.

REFERÊNCIAS BIBLIOGRÁFICAS

BCG. *Five Ways Men Improve Gender Diversity Work.* [S. l.], 2017.

CATALYST. *Engaging Men in Gender Initiatives.* [S. l.], 2009-2022.

MCKINSEY. *Diversity Wins:* How Inclusion Matters. [S. l.], 2020.

SAENZ, Shirley. *Cómo involucrar a los hombres para alcanzar la paridad de género en tu organización.* [S. l.]: Iceberg Cultures of Inclusion, 2018.

LUCIANO AMATO

Pós-graduado em Tecnologia Assistiva pela Faculdade de Medicina do ABC (FMABC). Pós-graduado em Gestão de Pessoas pela Universidade Metodista de São Paulo (Umesp). Graduado em Psicologia pela Universidade São Marcos (Unimarco). Extensão em Gestão de Diversidade pela Pontifícia Universidade Católica de São Paulo (PUC-SP). Formação em *Coaching* Profissional pela Crescimentum.

Vivência de trinta anos em RH. CEO da Training People, consultoria especializada em diversidade, equidade e inclusão. É presidente e fundador do Instituto Bússola Jovem, OSC com foco em inclusão de jovens em situação de vulnerabilidade social. É coordenador e coautor do livro *Diversidade e inclusão e suas dimensões* — Volume I.

CAPÍTULO 25

O CENÁRIO DO JOVEM EM SITUAÇÃO DE VULNERABILIDADE SOCIAL NO MERCADO DE TRABALHO

LUCIANO AMATO

Para falarmos sobre a empregabilidade de jovens no mercado de trabalho é fundamental considerarmos o cenário de desigualdades que se perpetua no Brasil durante anos e, independentemente de vieses ideológicos e políticos, afeta toda a sociedade.

A desigualdade no Brasil é uma herança histórica que data desde a chegada dos portugueses e o domínio e imposição de sua cultura sobre o povo indígena que vivia no Brasil.

Numa rota de dominação, em 1535 chegou a Salvador (BA) o primeiro navio com negros escravizados. Após 353 anos, em 13 de maio de 1888, a princesa Isabel assinava a Lei Áurea. Apesar de ser um marco histórico, é fato que não se resolve uma situação tão profunda e lamentável com uma assinatura e até hoje temos as diferenças de classe e o racismo impregnados em nossa sociedade.

Essa reflexão é necessária para percebermos que as diferenças sociais são fruto de uma relação de poder, de opressor e oprimido. Não é nada contemporânea, vem sendo construída e alimentada dentro de uma cultura de privilégios para uma minoria se manter no poder e gera graves consequências sociais.

Prova disso é que, segundo o estudo lançado pelo World Inequality Lab (Country Sheets, [s. d.]), que integra a Escola de Economia de Paris e teve a colaboração de cerca de uma centena de pesquisadores internacionais, o Brasil permanece como um dos países com maior desigualdade social e de renda do mundo. Os 10% mais ricos ganham mais da metade do total da renda distribuída no país e ganham quase trinta vezes mais do que 50% da população com menor renda.

As diferenças não se resumem somente à distribuição de renda; há outros fatores que aumentam o abismo e prestam um desserviço à construção de uma sociedade mais justa. Por exemplo:

Pessoas negras ocupam menos de 30% dos cargos de lideranças (IBGE, 2020) apesar de representarem 56% da população, segundo o IBGE ([s. d.]). A proporção de pretos e pardos com rendimento inferior às linhas de pobreza propostas pelo Banco Mundial foi quase o dobro da proporção de brancos. Na linha de US$ 5,50 diários, a taxa de pobreza era, respectivamente, 34,5% e 38,4%, contra 18,6%. Já na linha de extrema pobreza, enquanto 5,0% das pessoas brancas tinham rendimentos inferiores a US$ 1,90 diário, 9,0% da população preta e 11,4% da parda estavam abaixo dessa linha (IBGE, 2022a).

As mulheres recebem 20% menos, apesar de terem nível de escolaridade maior na média (IBGE, 2022b; 2021).

Pessoas com deficiência ainda sofrem resistências de contratação mesmo após 32 anos de vigência da Lei de Cotas. Apesar da Lei de Acessibilidade estar vigente desde 2008, são poucos os prédios públicos e privados que são acessíveis ou têm pessoas treinadas para atender esse público.

Entre as pessoas LGBTI+, 47% têm renda inferior a quatro salários mínimos, enquanto essa renda corresponde a apenas 36% das pessoas não LGBTI+ (SANTOCAOS, [s. d.]).

Nas empresas e no dia a dia, as microagressões são frequentes, como ouvir comentários depreciativos sobre si mesmos ou sobre pessoas como eles. Mais de 60% dos entrevistados LGBTQIAPN+ relataram a necessidade de corrigir as suposições dos colegas sobre suas vidas pessoais (BAILINSON, 2020).

Se estamos falando sobre jovens, por que fazer esta reflexão sobre os outros grupos minorizados? Vale lembrar que somos diversos em nossa essência e que um indivíduo pode pertencer a vários grupos minorizados — é o que denominamos de interseccionalidade —, e os vieses produzidos pela sociedade são cumulativos, assim, um homem branco terá privilégio em relação a um homem negro, que terá vantagem em relação a uma mulher negra, ou a uma mulher negra que seja LGBTQIAPN+, com deficiência, refugiada, em situação de vulnerabilidade social, e assim por diante.

O Brasil ainda é um país com uma faixa etária jovem, apesar de a pirâmide etária mostrar uma modificação para os próximos anos. De acordo com o IBGE, o número de jovens de 15 a 29 anos que não estudam e não estão ocupados chegou a 12,7 milhões em 2021, o equivalente a 25,8% desse grupo etário (BRITTO, 2022). Necessidade de trabalhar, desinteresse e gravidez são os principais motivos que levam jovens brasileiros a abandonarem os estudos.

O Brasil é um país imenso, com diversas realidades e classes sociais, então, é importante compreender que, dentro desses 49 milhões de jovens, há diversos contextos e uma minoria com acesso facilitado a tecnologia, ensino de qualidade, escolas com laboratórios, limitação de alunos por sala, boa alimentação, recursos financeiros.

Como mencionado anteriormente, há que se considerar diversos fatores que intensificam as diferenças: questões raciais, socioeconômicas, de gênero, deficiência, orientação afetivo-sexual, além da região geográfica, também estão presentes no contexto do público jovem, e são fatores interseccionais que influenciam muito nessa análise, pois os preconceitos estão bastante enraizados na nossa sociedade. Então fica a pergunta: como mudar essa realidade?

A ILUSÃO DA MERITOCRACIA

O conceito de meritocracia prega um modelo de hierarquização e premiação baseado nos méritos de cada indivíduo, ou seja, dos seus esforços e dedicações. Numa análise superficial faz todo sentido, mas, quando refletimos sobre os diversos contextos de vulnerabilidade social e marcadores sociais, percebemos que a situação deve ser compreendida de uma maneira mais ampla, e que não é tão justa assim, pois os resultados não dependem unicamente do indivíduo, mas também do contexto em que ele vive.

Posso analisar como justo três carros largando do mesmo ponto de partida e percorrendo os mesmos quinhentos metros, porém deixa de ser justo se os carros forem um Fórmula 1, um esportivo e um popular.

É garantida a saída na mesma linha de partida, o que pressupõe a igualdade, mas há fatores que os colocam em condições bastante diferentes e em situação de vantagem e desvantagem entre eles.

Em pistas circulares de atletismo, os corredores são dispostos em posições diferentes e, quanto mais perto do centro do círculo, mais para trás são posicionados.

Quem olha de fora tem um senso de injustiça, afinal, não estão alinhados, mas a distância permite a equidade mesmo que uns sejam mais preparados, experientes ou favoritos em relação aos outros, pois foi garantida a equidade e ao mesmo tempo respeitada a meritocracia, já que cada indivíduo dependerá do seu preparo e experiência para atingir os resultados.

Em uma sociedade em que a distribuição de renda tem tamanha disparidade, ou determinados grupos são preteridos em relação a outros por questões de raça, gênero, orientação sexual, deficiência, fica difícil falar na meritocracia como um sistema justo.

TALENTOS DESPERDIÇADOS

Toda diferença social gera perdas inimagináveis para o país, que desperdiça talentos por incentivar essa cultura dos privilégios e deixar grande parte da população à parte.

Escrevo com conhecimento de causa, pois sou fundador e CEO de uma organização da sociedade civil (OSC) chamada Instituto Bússola Jovem, com foco na inclusão de jovens em situação de vulnerabilidade social que desde 2016 apoiou mais de 250 jovens a desenvolverem suas competências socioemocionais e cognitivas, desconstruírem suas crenças limitantes, se permitirem sonhar, criarem caminhos e realizarem seus sonhos, além de tornarem-se agentes de mudança da sua realidade e impactarem outras pessoas do seu meio.

Ao longo desses sete anos pude perceber quantos talentos são desperdiçados pela falta de oportunidade, por preconceitos arraigados na sociedade que formam crenças limitantes nos próprios jovens, que deixam de acreditar do que são capazes.

Ao reprogramarmos suas crenças e apoiá-los em como buscar seus objetivos, os resultados são incríveis: jovens formados em universidades em suas áreas de interesse, trabalhando e sendo promovidos em grandes empresas, proporcionando geração de renda e dignidade para suas famílias e, principalmente, a consciência de que são capazes de mudar a realidade em que vivem.

Esses exemplos mostram que é possível mudar essa realidade e que há ganhos para a sociedade como um todo.

RESPONSABILIDADE DE QUEM?

Para equalizar esse cenário é preciso reconhecer que a sociedade foi construída baseada numa cultura de privilégios e que as diferenças existem, e, sendo um problema social, é fundamental que haja uma união de forças entre Estado, iniciativa privada, terceiro setor e sociedade.

O primeiro setor, representado pelo Estado, necessita fazer investimentos em educação de qualidade em todos os seus ciclos: infantil, fundamental e ensino médio para ampliar o ingresso de jovens em situação de vulnerabilidade no ensino superior.

A política de cotas é um grande exemplo de ação positiva e, nos últimos dez anos, tem sido uma das principais ferramentas para inserir jovens pretos, pardos e indígenas dentro dos espaços acadêmicos.

A Lei n. 12.711/2012 garantiu que 50% do total de vagas nas universidades e institutos federais fossem reservadas para alunos que vieram de escolas públicas, negros, indígenas, pessoas com deficiência, estudantes de família com renda igual ou inferior a um salário mínimo e meio per capita (BRASIL, 2012). Entre 2010 e 2019, o número de negros no ensino superior cresceu 400%, provando que a política foi bem-sucedida (AGÊNCIA SENADO, 2022).

Outras ações urgentes e necessárias são a qualificação e remuneração justa dos professores, criação de políticas consistentes de geração de emprego e renda e fomento ao empreendedorismo.

O setor privado, por sua vez, tem responsabilidade e pode contribuir bastante para a diminuição dessas diferenças ao implementar ações mais consistentes de responsabilidade social voltadas para os jovens, por exemplo:

- Acolher a comunidade local onde a empresa está situada, contratando pessoas e fornecedores da região.
- Promover a diversidade e inclusão, através de vagas afirmativas.
- Flexibilizar os perfis exigidos para a contratação de jovens, com a finalidade de facilitar o ingresso de jovens em situação de vulnerabilidade social.

- Apoiar financeiramente ou com recursos materiais OSCs que atuam com a inclusão de jovens em situação de vulnerabilidade social, independentemente do tamanho. Impactos são quantitativos e qualitativos.
- Fazer doações via Lei de Incentivo Fiscal.
- Envolver os colaboradores em ações sociais para que apoiem OSCs e ações comunitárias por meio do voluntariado.
- Implementar programas de desenvolvimento profissional voltados para jovens.
- Criar programas de visitas guiadas de jovens na organização.

O terceiro setor é formado por associações e entidades que desenvolvem atividades sem fins lucrativos e tem um papel fundamental, pois atua em áreas onde o Estado nem sempre consegue chegar.

Quando sua atuação é voltada aos jovens, ajuda a tirar o jovem de um cenário de ócio, violência e ignorância, para colocá-lo em um caminho de educação, socialização, instrução e preparação.

Ajuda assim o jovem a se colocar como um candidato melhor a uma vaga de emprego, aumentando suas chances de ser selecionado por um recrutador de alguma empresa.

A sociedade também tem um papel importante, de cobrar ações do governo, participar de ações sociais e tomar consciência da sua responsabilidade, afinal ela é composta pelos indivíduos, e cada um tem seu papel para a construção de uma cultura mais justa e inclusiva.

Uma sociedade com mais equidade beneficia, além dos grupos minorizados, a sociedade como um todo. É preciso sair do seu quadrado, ir até a fonte e ouvir quem realmente é atingido pelo preconceito e diferenças sociais, pensar e construir uma sociedade de maneira mais ampla onde a equidade prevaleça, onde os muros deem lugar a pontes.

REFERÊNCIAS BIBLIOGRÁFICAS

COUNTRY Sheets. In: *World Inequality Report 2022*. Disponível em: https://wir2022.wid.world/www-site/uploads/2023/03/D_FINAL_WIL_COUNTRY_SHEETS_2303.pdf. Acesso em: 27 jul. 2023.

AGÊNCIA SENADO. Participantes de sessão celebram resultados e pedem aprimoramento da Lei de Cotas. *Senado Notícias*, 29 ago. 2022. Disponível em: https://www12.senado.leg.br/noticias/materias/2022/08/29/participantes-de-sessao-celebram-resultados-e-pedem-aprimoramento-da-lei-de-cotas#:~:text=Entre%202010%20e%202019%2C%20o,n%C3%BAmero%20de%20pretos%20e%20ind%C3%ADgenas. Acesso em: 27 jul. 2023.

BAILINSON, Peter. LGBTQ+ Voices: Learning from Lived Experiences. McKinsey Quarterly, 25 jun. 2020. Disponível em: https://www.mckinsey.com/capabilities/people-and-organizational-performance/our-insights/lgbtq-plus-voices-learning-from-lived-experiences. Acesso em: 27 jul. 2023.

BRASIL. Lei n. 12.711, de 29 de agosto de 2012. Dispõe sobre o ingresso nas universidades federais e nas instituições federais de ensino técnico de nível médio e dá outras providências. Brasília, 29 de agosto de 2012. Disponível em: https://www.planalto.gov.br/ccivil_03/_ato2011-2014/2012/lei/l12711.htm. Acesso em: 27 jul. 2023.

BRITTO, Vinícius. Em 2021, país tinha 12,7 milhões de jovens que não estudavam nem estavam ocupados. *Agência IBGE Notícias*, 2 dez. 2022. Disponível em: https://agenciadenoticias.ibge.gov.br/agencia-noticias/2012-agencia-de-noticias/noticias/35686-em-2021-pais-tinha-12-7-milhoes-de-jovens-que-nao-estudavam-nem-estavam-ocupados. Acesso em: 27 jul. 2023.

IBGE Educa. Conheça o Brasil — População. Cor ou raça. Disponível em: https://educa.ibge.gov.br/jovens/conheca-o-brasil/populacao/18319-cor-ou-raca.html. Acesso em: 27 jul. 2023.

IBGE. Desigualdades Sociais por Cor ou Raça no Brasil. [S. l.], 2020. Disponível em: https://www.ibge.gov.br/estatisticas/sociais/populacao/25844-desigualdades-sociais-por-cor-ou-raca.html. Acesso em: 27 jul. 2023.

______. Estatística de gênero. *Estudos e Pesquisas*, n. 38, 2021. Disponível em: https://biblioteca.ibge.gov.br/visualizacao/livros/liv101784_informativo.pdf. Acesso em: 27 jul. 2023.

______. *Desigualdades sociais por cor ou raça no Brasil*. Rio de Janeiro, 11 nov. 2022a. Disponível em: https://static.poder360.com.br/2022/11/IBGE-DESIGUALDADES-11.NV_.pdf. Acesso em: 27 jul. 2023.

______. *Pesquisa Nacional por Amostra de Domicílios Contínua Anual*. [S. l.], 2022b. Disponível em: https://sidra.ibge.gov.br/Tabela/9374#resultado. Acesso em: 27 jul. 2023.

SANTOCAOS. Demitindo Preconceitos 2022. Disponível em: https://conteudos.santocaos.com.br/demitindo-preconceitos-2-0/. Acesso em: 27 jul. 2023.

JOSÉ MARCOS DA SILVA

Administrador de empresas pela Universidade Guarulhos (UnG) e MBA em Gestão de Pessoas pela Fundação Getulio Vargas (FGV). Em 2020, depois de 24 anos atuando em consultorias Big Four, fundou a JMS Consultoria em Gente, com o propósito de inspirar pessoas em suas jornadas de vida e carreira. Também em 2020, foi finalista do Prêmio RHs Mais Admirados do Brasil. Trabalhou na Consultoria Deloitte por mais de quinze anos, onde foi diretor-líder dos serviços de consultoria em DE&I de 2020 a agosto de 2023. É escritor, mentor, palestrante, conselheiro e coach em liderança inclusiva.

CAPÍTULO 26

O FUTURO É AGORA: A FORÇA MULTIGERACIONAL NO MUNDO DO TRABALHO

JOSÉ MARCOS DA SILVA

A primeira imagem que me vem à mente quando ouço ou falo sobre gerações está ligada a uma lembrança afetiva de infância e do lugar onde nasci e cresci, na periferia leste de São Paulo. Naqueles tempos, as ruas do bairro ficavam cheias de gente nas noites de verão, com as pessoas adultas conversando nas calçadas e as crianças brincando nas ruas, sob as vistas dos pais e mães. Aos finais de semana, geralmente aos domingos, me lembro de quando "compadres e comadres" de meus pais vinham nos visitar, e eu adorava ouvir as conversas dos mais velhos na hora da macarronada. Após o almoço, crianças iam para o quintal brincar e adultos ficavam na sala, tomando café e "proseando", como dizia meu pai.

Sempre fui muito curioso sobre o mundo adulto, e essa curiosidade me levou a desenvolver um comportamento de apreciar as pessoas mais velhas com as quais eu convivia. Dessa forma, tive a infância, a juventude e a vida adulta marcadas pela não limitação de relacionamentos interpessoais, aprendizados e escolhas com base no tempo cronológico de vida. Pelo contrário, desenvolvi um apreço enorme pelas lições das pessoas mais velhas, seja na vida pessoal ou na carreira. Essa introdução pode parecer desconectada do tema deste capítulo, mas lhes asseguro que a conexão é total...

É bem provável que você já tenha ouvido falar, eventualmente até estudado com profundidade, que as gerações são invariavelmente citadas com especial ênfase em suas características e preferências. Dessa forma, aprendemos que os *baby boomers* (pessoas nascidas entre 1945 e 1960) procuram por estabilidade econômica, são leais a seus empregadores, adquiriram bens, como casa e carro etc. Aprendemos também que a geração X (pessoas nascidas entre 1961 e 1980) são adeptas do conhecimento, são autoconfiantes, empreendedoras, e assim por diante — cada geração com suas características. Mas o meu grande incômodo, apesar de reconhecer que essas características nos ajudam a entender as gerações e a maneira como lidar com elas, está na generalização radical do conceito, e é aí "onde mora o perigo", pois o mundo atual carece de uma nova visão de sociedade, uma profunda reflexão sobre o que é o trabalho, o local de trabalho e a própria força de trabalho, o que demanda um desenho inovador que rompa com os paradigmas com os quais vivemos há séculos. E nem mesmo os argumentos de colegas que são excelentes profissionais de psicologia, de RH, ou mesmo de negócios me convenceram de que devemos ficar presos a esses conceitos e, ainda mais grave, moldar as novas relações de trabalho com base nessa antiga visão.

Por falar em paradigmas, aprendi como consultor e executivo de gestão de mudanças organizacionais, ofício que exerço há quase trinta anos, que ninguém consegue mudar o que não conhece. Portanto, seja qual for a mudança, é importante entender que ela só acontece quando o indivíduo toma a decisão de mudar, de forma deliberada. Na sequência, ou em paralelo, é necessário que as estruturas e os sistemas sociais corporativos também sejam alterados ou adaptados à nova realidade, e que os impactos advindos com a mudança, que certamente virão, sejam mitigados com vistas a um novo estado de coisas, idealmente melhor do que o anterior.

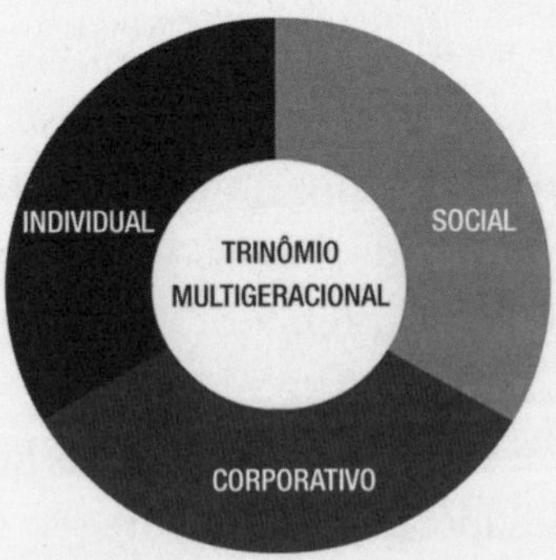

Figura 26.1: Contexto do desafio multigeracional.
Fonte: JMS Consultoria em Gente.

Trazendo esse conceito de mudança organizacional para o tema deste capítulo, entendo o atual desafio geracional das organizações como demonstra a Figura 26.1, que denominei de "Contexto do desafio multigeracional", composto pelo individual, social e corporativo.

O CONTEXTO INDIVIDUAL

Mudanças em nossas vidas só acontecem quando existe uma motivação intrínseca, ou seja, quando existe uma força interna que nos move rumo ao alcance de um objetivo, a mudar nossa forma de pensar ou agir, ao desejo de realizar um sonho, mudar de emprego etc. Por exemplo, uma pessoa 50+ que trabalhou por 25 anos na mesma empresa, desempenhando o mesmo papel nos últimos 15 anos, e que deseje fazer uma transição de carreira, precisará entender que, provavelmente, terá que atualizar sua visão de mundo, conhecer novos assuntos, técnicas, tecnologias, analisar em quais atividades ela poderá oferecer o seu melhor para um novo empregador, ou mesmo para criar e gerir o seu próprio negócio, saber em qual nicho de mercado atuar, entre outros fatores. Nos programas de mentoria que conduzo com esse público, não é incomum desenharmos uma jornada com ao menos três sessões dedicadas ao tema do autoconhecimento. Engana-se quem imagina que uma pessoa como a do exemplo acima se conheça profundamente, saiba conduzir de forma inequívoca e autônoma sua vida profissional, tomar as melhores decisões ou até mesmo saber quais são as habilidades exigidas no mundo do trabalho atual. Ao contrário, é comum encontrar pessoas dessa geração que construíram suas jornadas profissionais de forma não linear, instável, e que não tiveram chances de escolher a profissão, que agarraram as oportunidades que surgiram pelo caminho, não tiveram uma vida acadêmica regular, ou seja, alinhada à sua faixa etária etc.

Do outro lado da moeda, é surpreendente o que ocorre nas sessões de mentoria com jovens profissionais que, talvez movidos e movidas pela energia típica dessa fase da vida, investem tempo e — aqueles que podem — dinheiro em cursos, treinamentos, pós-graduações, mestrados, doutorados, e que mesmo assim se veem perdidos e perdidas em suas tenras jornadas profissionais, gerando frustrações, tristeza e — não raro — estresse e depressão. A maioria dessas pessoas é da geração Z (nascidas entre 1995 e 2010), que têm naturalidade digital, são competitivas e gostam de trabalhar de maneira independente. Então, o desafio aqui é maior em temas como a empatia, a resiliência, a inteligência emocional, a flexibilidade e a importância do viver o tempo presente, alinhando expectativas à realidade.

Para ambos os públicos, há necessidade de entender que o mundo do trabalho atual e do futuro exigirá das empresas a composição de equipes multigeracionais, pautadas pelo desejo convergente de atingir objetivos de negócio, e que a forma de fazer negócios será de tal modo que fará com que essas organizações se transformem em empresas sociais. Exploraremos essa questão no contexto corporativo em seguida.

O CONTEXTO SOCIAL

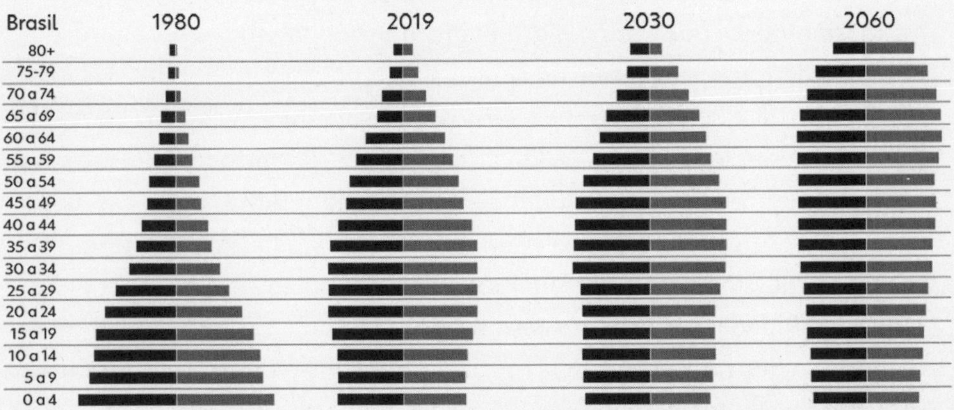

Pop.	119 MM	212 MM	225 MM	228 MM
15-29	**34 MM** (29%)	**50 MM** (24%)	**45 MM** (20%)	**37 MM** (16%)
60+	**7 MM** (6%)	**29 MM** (14%)	**42 MM** (19%)	**73 MM** (32%)

Figura 26.2: Evolução da pirâmide etária brasileira segundo dados do PNAD/ Projeção Populacional 2010-2060. Fotografia Brasil 2020..

Fonte: https://gente.globo.com/infografico-pesquisa-diversa-idade-um-olhar-aprofundado-sobre-a-maturidade/

O Brasil está deixando de ser o país jovem do qual nos orgulhávamos nos anos 1960 e 1970. Se observarmos a evolução da pirâmide etária brasileira projetada em 2020 pelo IBGE, notaremos que em 2030 a população 60+ se igualará à população de pessoas de 15 a 29 anos. Em 2060, o grupo 60+ será um contingente de 73 milhões de pessoas, representando 32% da população do país. O Instituto de Pesquisa Econômica Aplicada (Ipea) (https://ipea.gov.br) afirmou, em 2016, que metade da força de trabalho será 50+ até 2040. Ainda segundo o Ipea, dados recentes apontam que a expectativa de vida para quem nasceu em 2013 era de 70 anos para os homens e de 79 anos para as mulheres. Aos 60 anos, os homens podiam viver mais 18,5 anos e as mulheres, 24,5 anos, havendo margem ainda para o crescimento desse indicador. Já ouviram falar de "bônus demográfico"? Pois é, muito em breve ele deixará de existir no Brasil...

Para falar de dados recentes, em junho de 2023 o IBGE divulgou os resultados do Censo 2022, que teve sua realização interrompida em 2020 devido à pandemia da covid-19. E o censo indicou que entre 2010 (ano do último censo realizado até então) e 2021 a taxa de crescimento anual da população brasileira ficou em 0,52%, o menor valor desde o início dos registros, em 1872, e ficando abaixo de 1% ao ano pela primeira vez. Com as reformas ocorridas na idade da aposentadoria, que aumentou para 62 anos para mulheres e 65 para homens, e uma expectativa de vida cada vez maior, as pessoas tenderão a ficar mais tempo no mercado de trabalho. E, nesse cenário, a reflexão que se faz é: qual será a fórmula para fecharmos a conta da previdência social, cujos dados de 2021 apontam que o rombo do INSS aumentou de R$ 227,3 bilhões em 2019 para R$ 269,8 bilhões em 2020 (RODRIGUES; TOMAZELLI, 2021)?

Com tudo isso à mesa, me parece que é inevitável que Estado, sociedade civil e empresas pensem em uma evolução do mercado de trabalho para que haja, além de maior diversidade etária, justiça social, equidade de oportunidades, uma revisão na forma como trabalhamos hoje (*ways of working*), num movimento de mudança cultural que implemente o modelo de equipes multigeracionais.

O CONTEXTO CORPORATIVO

O mundo mudou! E não resta dúvida de que sempre foi assim... A diferença agora é que essa mudança está acontecendo em um ritmo cada vez mais acelerado, como nunca na história. Estamos falando do mundo BANI — sigla do inglês para "frágil, ansioso, não linear e incompreensível", cunhada pelo antropólogo Jamais Cascio —, que tomou maior importância a partir do ano de 2020. Segundo Cascio, o momento de caos político, desastres climáticos e pandemia global demonstra a necessidade de uma forma de dar mais sentido ao mundo e entender essa era como a era do caos.

Quanto tempo cada produto levou para alcançar 50 milhões de usuários?

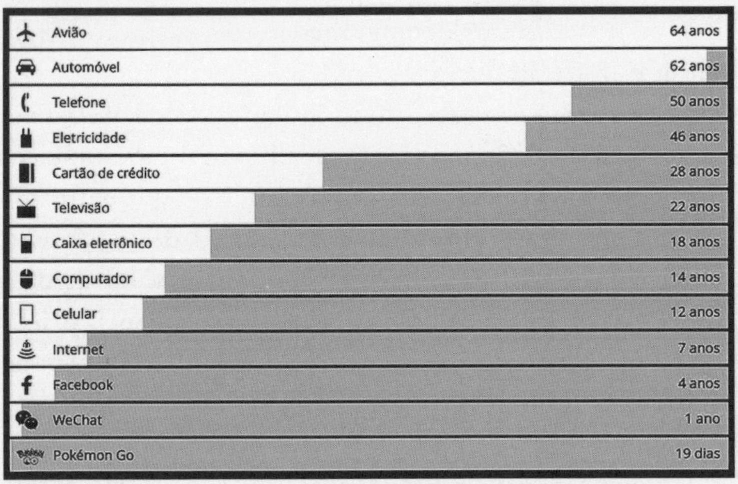

Figura 26.3: Tempo que cada tecnologia levou para atingir 50 milhões de usuários.
Fonte: https://www.tracto.com.br/50-milhoes-de-usuarios/.

Se observarmos a Figura 26.3, veremos a grande diferença de tempo que tecnologias levaram para atingir 50 milhões de pessoas: notem que o avião levou 64 anos, e o jogo *Pokémon Go*, somente 19 dias.

Durante o século passado, entendia-se o trabalho de maneira mecanicista, com tarefas repetitivas e agrupadas em atividades bem definidas. As mudanças eram focadas, basicamente, em redução de custos e aumento da produtividade, e as atividades eram executadas dentro das paredes das empresas. Hoje, as regras antigas estão sendo desafiadas, à medida que as empresas estão perdendo os limites tradicionais que as mantinham vivas, fazendo negócios e retornando o investimento às pessoas acionistas. Essas e outras conclusões estão no relatório anual de tendências de capital humano, pesquisa global realizada pela Consultoria Deloitte (DELOITTE, 2023a). Em 2023, a pesquisa teve a participação de dez mil pessoas e, entre várias conclusões, trouxe que "a maior barreira para o alcance dos resultados organizacionais é o sentimento das pessoas de estarem sobrecarregadas em decorrência de muitas mudanças ao mesmo tempo", o que demanda que empresas e forças de trabalho tracem um caminho diferente em busca de um novo propósito. O relatório também cita que "as organizações devem criar impacto não apenas para seus negócios, suas pessoas e acionistas, mas também para a sociedade em geral". Além disso, a conversa sobre Diversidade, Equidade e Inclusão (DE&I) precisa mudar o foco de atividades para resultados, ou seja, as empresas precisam pensar em um conjunto de ações que se reforçam mutuamente e no qual DE&I são pré-requisitos para alcançar resultados equitativos.

A mesma Deloitte, em sua *Pesquisa sobre Diversidade, Equidade e Inclusão 2022* (DELOITTE, [s. d.]), realizada pelo Comitê Interno de DE&I, mostra que as práticas ligadas ao tema geracional 50+ ficaram em segundo lugar em avanço, perdendo somente para as ações ligadas às mulheres, como demonstra a Figura 26.4.

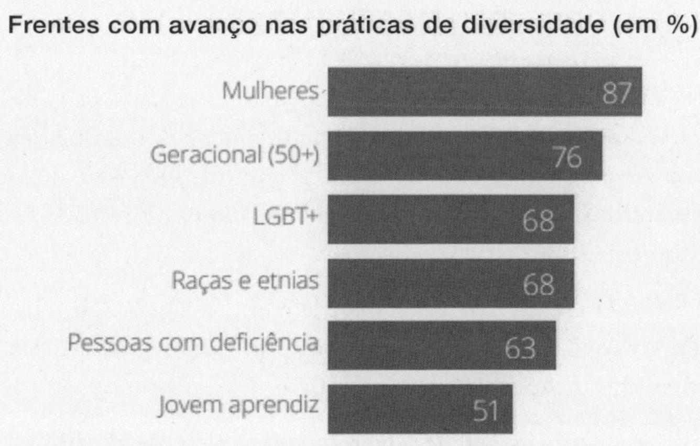

Figura 26.4: Pesquisa sobre DE&I 2002 da Deloitte.

Fonte: Comitê ALL IN Deloitte Brasil.

Mas existe uma evolução necessária que está ligada à visão das áreas de RH em relação às pessoas 50+, pois 75% ainda dão preferência a profissionais mais jovens, mesmo em igualdade de condições (FGV EAESP, [s. d.]). O ano de 2023 está apontando também que, no Brasil, 46% da geração Y/milênios está muito satisfeita com o atual equilíbrio entre trabalho e vida pessoal, contra 47% da geração Z. No entanto, quando perguntadas sobre o desempenho de suas empresas com os esforços de DE&I, somente 38% da geração Y/milênios está muito satisfeita, contra 40% da geração Z (DELOITTE, 2023b).

CHAMADO À AÇÃO

Fechando este capítulo, quero destacar que se faz necessário as empresas entenderem que existe uma urgente chamada à ação (*call to action*) para que rumem em direção a uma nova forma de fazer negócios e liderar pessoas, o que exigirá novas mentalidades para atuarem em ambientes disruptivos constantes, para conquistar mercados diversos, com talentos diversos e em um ambiente inclusivo de verdade. E, entre tantos elementos para que esse novo mundo do trabalho tenha sucesso, sem dúvida as equipes multigeracionais representam um dos fatores-chave mais relevantes.

REFERÊNCIAS BIBLIOGRÁFICAS

DELOITTE. *Empresas avançam em estrutura e representatividade, mas ainda enfrentam entraves de um ambiente de negócios conservador e da cultura das organizações, revela pesquisa da Deloitte*. Disponível em: https://www2.deloitte.com/br/pt/footerlinks/pressreleasespage/Release-Pesquisa-Diversidade-2022.html. Acesso em: 28 jul. 2023.

DELOITTE. *2023 Gen Z and Millennial Survey*. [S. l.], 2023b. Disponível em: https://www2.deloitte.com/br/pt/pages/human-capital/articles/millennials-survey.html. Acesso em: 28 jul. 2023.

DELOITTE. *Tendências globais de capital humano 2023*. [S. l.], 2023a. Disponível em: https://www2.deloitte.com/br/pt/pages/human-capital/articles/tendencias-capital-humano.html. Acesso em: 28 jul. 2023.

FGV EAESP. *Envelhecimento nas organizações e a gestão da idade*. Disponível em: https://eaesp.fgv.br/sites/eaesp.fgv.br/files/u68/pesquisa_fgvbrasilprev.pdf. Acesso em: 28 jul. 2023.

RODRIGUES, Eduardo; TOMAZELLI, Idiana. Déficit da Previdência é R$ 368,2 bi em 2020. *UOL*, 28 jan. 2021. Disponível em: https://economia.uol.com.br/noticias/estadao-conteudo/2021/01/28/deficit-da-previdencia-e-r-3682-bi--em-2020.htm. Acesso em: 28 jul. 2023.

TANIA MACHADO

Empresária no setor de saúde, consultoria e estratégia de marketing, comunicação, curadoria dos principais eventos do setor. Atuando no Brasil e América Latina, CEO da TM JOBS, fundadora do Business Club Healthcare e do Canal Valor em Saúde no YouTube. Presidente do HUBRH+AAPSA, apaixonada por projetos inspiradores, que possam deixar um legado de transformação. Atua com o tema gestão de saúde populacional, diversidade e inclusão em gestão geracional e é sócia do Movimento Somos60+.

CAPÍTULO 27

GERAÇÃO PRATEADA E O DESPERTAR DA CONSCIÊNCIA

TANIA MACHADO

Todos nós deveríamos despertar essa consciência sobre a geração prateada, afinal todos chegaremos lá. O mundo está ficando grisalho e todas as projeções mostram a inversão da pirâmide etária. O que faremos com isso?

Segundo o IBGE, a partir de 2047 a população deverá parar de crescer, contribuindo para o processo de envelhecimento populacional — quando os grupos de pessoas mais velhas ficam em uma proporção maior comparados aos grupos mais jovens da população. A relação entre a porcentagem de idosos e de jovens é chamada de "índice de envelhecimento", que deve aumentar de 43,19%, em 2018, para 173,47%, em 2060.

Esse processo pode ser observado graficamente pelas mudanças no formato da pirâmide etária ao longo dos anos, que segue a tendência mundial de estreitamento da base (menos crianças e jovens) e alargamento do corpo (adultos) e topo (idosos).

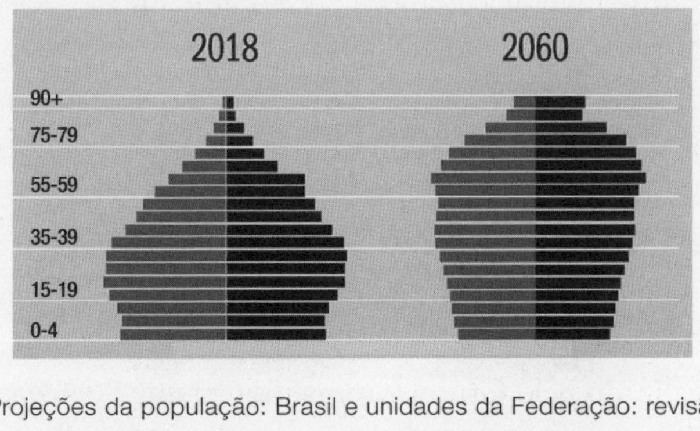

Fonte: Projeções da população: Brasil e unidades da Federação: revisão 2018.

Promover o envelhecimento ativo, saudável, cidadão e sustentável da população brasileira, por meio da oferta de ambientes e serviços mais amigáveis às pessoas idosas, é uma estratégia inovadora e necessária para o enfrentamento dos desafios do envelhecimento populacional.

Por outro lado, a Agência Brasil compartilhou dados de um relatório que recomenda a governos que combatam preconceitos.

Uma em cada duas pessoas no mundo discrimina em função da idade, diz um relatório da Organização das Nações Unidas (ONU), com recomendações aos governos para que adotem medidas jurídicas e sociais para combater esses preconceitos.

O relatório, elaborado pela Organização Mundial da Saúde (OMS) em colaboração com várias agências da ONU, destaca que esse tipo de discriminação "contribui para a pobreza e a insegurança econômica das pessoas na velhice", aumentando o isolamento social e a solidão dos idosos.

O estudo, com o qual a ONU espera lançar uma campanha mundial, conclui que esse tipo de discriminação se verifica sobretudo nos jovens, é mais frequente nos homens que nas mulheres e em pessoas com menos formação.

A ONU estima que esse tipo de discriminação custa anualmente milhões de dólares, citando como exemplo as reformas baseadas em critérios rígidos de idade, que privam a sociedade da experiência das pessoas mais velhas.

A pandemia contribuiu para agravar os estereótipos, lembraram em carta conjunta o diretor-geral da OMS, Tedros Adhanom, e a alta comissária das Nações Unidas para os Direitos Humanos, Michelle Bachelet.

"Temos de combater o idadismo durante e após a crise [sanitária] se queremos garantir a saúde, o bem-estar e a dignidade das pessoas em todo o mundo", afirma o documento.

Hoje essas pessoas buscam por qualidade de vida, determinada por habilidades de se manter com autonomia e independência, sua capacidade funcional, manter um estilo de vida ativo, praticando exercícios físicos regularmente, realizando exames de rotina, se engajando nos tratamentos propostos pelo médico e procurando cuidados para o bem-estar psicológico, emocional, social e espiritual.

Estudo realizado pelo Grupo Croma mostra que 86% das pessoas entrevistadas validam esse sentimento por conta da renda e da inclusão social.

Hoje a expectativa de vida do brasileiro é de 75,5 anos, trinta anos a mais do que na década de 1940. Considerando que em poucos anos o Brasil terá uma pirâmide etária invertida, há uma mudança de modelo mental que deve ser estabelecida — e rápido. O Brasil será o sexto país em número de pessoas idosas até 2025, quando deve alcançar a marca de 32 milhões com mais de 60 anos.

Esses anos a mais de vida com cada vez mais lucidez, independência, possibilidade de realizar planos e disposição para consumo de bens e serviços é o que projeta a economia da Longevidade como um dos mais importantes movimentos econômicos deste século. Estudo realizado pelo Grupo Croma, o *Oldiversity*® avalia como as marcas estão lidando — ou não — com a longevidade e diversidade de orientação sexual, gênero, raça e pessoas com deficiência e se estabelece como parâmetro avaliativo inédito de marcas que pensam, preocupam-se, promovem e defendem assuntos ligados à longevidade e à diversidade.

Quase metade das pessoas entrevistadas declara que não tem com quem contar na velhice, o que contribui para o alto índice (72%) dos que consideram importante a contratação das pessoas mais velhas pelas empresas, principalmente no grupo dos que têm 61 anos ou mais. Das pessoas entrevistadas, 72% reconhecem o despreparo das lojas, das dinâmicas do varejo e do treinamento dos vendedores no atendimento aos que têm 60 anos ou mais. E 82% afirmam que as empresas têm preconceito em contratar pessoas mais velhas. O fato é que o número de pessoas acima de 40 anos desempregadas no país dobrou nos últimos anos, quem dirá para aquelas acima de 60 anos.

A Lei n. 10.741 (Estatuto do Idoso) garante o direito ao exercício da atividade profissional, respeitadas as condições físicas, intelectuais e psíquicas, sendo proibida a discriminação e a fixação de limite máximo de idade, exceto quando o cargo exigir, e o poder público criará e estimulará programas de profissionalização especializada.

Durante a pandemia, conhecemos uma *startup* que reconheceu a importância de trazer consultores seniores para ajudar no modelo de negócio, na governança, estrutura operacional e comercial. Isso fez com que crescessem consideravelmente — é sobre isso.

O Somos 60+, projeto em que sou sócia, nasceu com esse objetivo de compartilhar boas práticas e experiências e, principalmente, trazer exemplos da diversidade etária, mostrar que é possível construir nas empresas ambientes menos tóxicos, com mais respeito e admiração entre as faixas etárias, o que chamamos de *gestão geracional*; a idade não pode ser um balizador de como e quem contratar ou manter no ambiente de trabalho. Esse tema é muito novo nas empresas, mas é necessário falar sobre a diversidade etária e a capacidade de admitir todos os tipos de idade em uma organização. A integração das gerações pode ser a chave de sucesso para uma empresa, porém é preciso saber conduzir a integração das gerações, desde o processo de recrutamento até a promoção dos colaboradores.

Precisamos combater o estigma social, o que pode ser visto como uma forte reprovação das características de pessoas entre 40 e 60 anos, ameaçando a longevidade desses colaboradores no mercado de trabalho.

O conceito de ESG, que reúne as políticas de meio ambiente, *responsabilidade social* e governança, será cada vez mais cobrado das empresas e está também diretamente relacionado à geração de negócios. *Na dianteira do S*, cada vez mais os investidores querem ver que as empresas estão ativamente comprometidas com a superação da desigualdade e da discriminação, tanto por meio do tratamento justo dos funcionários quanto garantindo que nenhum grupo social seja excluído do acesso a produtos e serviços essenciais.

Empresas inovadoras olham o futuro, e os impactos sociais vão trabalhar fortemente esse tema em suas empresas; isso constrói relações, amplia a visão do acolhimento, traz questões geracionais que permitem a troca de aprendizado e trazem maturidade ao assunto, despertam a consciência da transformação e da mudança. As pessoas que são mais experientes tendem a trazer mais conhecimento, expectativas, experiências e perspectivas diferentes. Em outras palavras, é a base da inovação.

Quando falamos de Diversidade e Inclusão, a gestão geracional permite discutir claramente esse assunto e tema tão predominante nas empresas, que é eliminar todos os preconceitos. Um ambiente organizacional mais diverso pode resolver esse problema e acabar com o preconceito e a discriminação, garantindo que todas as vozes sejam ouvidas.

Estamos na era da experiência. Todos queremos respostas rápidas, tudo é sentido de urgência, principalmente viver a melhor experiência. Quando uma empresa e seus líderes conseguem criar uma jornada, uma entrega de valor e uma boa experiência, você consegue ver que essas diferenças são pequenas e que as semelhanças entre as pessoas fazem muito mais sentido. Estabelecer uma conexão é ouvir o outro, entender o lugar do outro, isso fortalece, traz admiração e respeito nas relações.

Uma empresa que valoriza a diversidade etária melhora seu desempenho, criatividade e produtividade e cumpre seu papel social extremamente importante na construção de uma boa imagem. Quando se fala de responsabilidade social, ela precisa ter uma abordagem em sua totalidade, e a gestão geracional e o combate ao preconceito a idadismo/etarismo é fator predominante. Que este capítulo possa incentivá-la(o) a fazer mudanças pequenas, contínuas e significativas.

A União Europeia introduziu recentemente novas leis contra a discriminação etária no âmbito profissional, ainda que haja certa flexibilidade para que os países membros tenham sua própria legislação relacionada ao tema. Destaca-se dessa iniciativa a introdução do assunto para debate, ainda que o consenso pareça distante. No Brasil, o tema é novo e pouco conhecido, embora as mudanças apontadas pelos recentes levantamentos estatísticos do IBGE apontem transformações significativas em nossa pirâmide etária e, consequentemente, dentro de nossas organizações: há um aumento da idade média da força de trabalho e uma diminuição no número de trabalhadores mais jovens.

Nas áreas mais carentes e periferias, as pessoas acima dos 60 anos tendem a ter mais dificuldades para trabalhar e empreender. Embora a demografia venha discutindo sistematicamente o envelhecimento, o debate ainda é raso nas organizações e na sociedade. Fala-se em integração geracional, mas não se discute a quebra de barreiras para que pessoas mais velhas possam manter-se ativas no mercado de trabalho.

Políticas relacionadas à idade são praticamente inexistentes em nossas empresas, exceto a aposentadoria compulsória, que em muitas empresas costuma ser com 60 ou 65 anos. Na periferia o caso se agrava ainda mais porque falta estudo, especialização, e isso dificulta a recolocação. É importante buscar informação, e geralmente na periferia há associações de bairros que oferecem gratuitamente cursos, orientação. Mas é preciso buscar informação e qualificação também em associações e na internet; hoje há muitos grupos que orientam e apoiam um recomeço para esses idosos. Nunca é tarde para começar.

Dos 16 mil trabalhadores em quinze países ouvidos na pesquisa divulgada pelo Instituto para a Longevidade Mongeral Aegon, apenas 15% afirmaram que seus empregadores oferecem treinamentos ou educação continuada para manter as habilidades dos idosos atualizadas.

De toda forma, as pessoas também devem fazer sua parte no desenvolvimento de carreira, procurando atualizar seus conhecimentos e manter o *networking* para continuar trabalhando após a aposentadoria oficial; os dois lados têm que se preparar. Esse plano é meio a meio: 50% é a empresa que faz na sua política de RH e 50% é o trabalhador, que tem que saber que esse futuro vai chegar.

Do ponto de vista de saúde física, é um mito dizer que as pessoas acima dos 60 são mais frágeis e por isso contratá-las seria mais caro.

Isso é uma lenda. Existem muitas pessoas com problemas de saúde com menos idade; hoje existem pessoas 60+ que têm mais saúde que uma pessoa entre 30 e 50 anos. Este é o papel dos RHs e de saúde corporativa nas empresas: mapear essa população, fazer a gestão de dados e de saúde de seus colaboradores, identificar os riscos dessa população e como orientar e cuidar para que todos possam ter hábitos saudáveis e uma melhor qualidade de vida que impacta o ambiente de trabalho.

É melhor ter um idoso ativo, produzindo, consumindo e feliz do que um idoso afastado do mercado de trabalho, com problemas financeiros, de depressão, saúde física e mental. Aquela máxima de que o Brasil é uma nação jovem já não é mais verdade. O país envelhece — e rápido. De acordo com dados do IBGE, até 2050 o número de brasileiros acima dos 60 anos irá mais do que dobrar, passando de 24 milhões para 64 milhões de idosos.

O envelhecimento ativo visa aumentar a expectativa e a qualidade de vida para todas as pessoas que estão envelhecendo.

Envelhecer envolve um conjunto ou um contexto de situações, como a família, amigos, vizinhos e colegas de trabalho. Eles formam os princípios para o envelhecimento ativo, proporcionando assim qualidade com expectativa de vida saudável. E gostaria de deixar uma dica valiosa: procure ter um profissional da gerontologia sempre próximo para auxiliar no processo de envelhecimento.

REFERÊNCIAS BIBLIOGRÁFICAS

ASAP. *O envelhecimento da população*. Disponível em: https://asapsaude.org.br/jornada-de-gsp/o-envelhecimento-da-populacao/3672/. Acesso em: 28 jul. 2023.

Disponível em: https://www.somos60mais.com.br/7-em-cada-10-brasileiros-pensam-em-manter-a-produtividade-mesmo-depois-de-se-aposentar/. Acesso em: 28 jul. 2023.

GRUPO INDUSPARQUET. *ESG: significado e boas práticas*. Disponível em: https://www.grupoindusparquet.com.br/noticias/esg-como-empresas-nao-podem-mais-deixar-de-impactar-positivamente-o-seu-entorno. Acesso em: 28 jul. 2023.

IBGE EDUCA. *Produção Textual — O Envelhecimento da População*. Disponível em: https://educa.ibge.gov.br/professores/educa-atividades/20818-producao-textual-o-envelhecimento-da-populacao.html. Acesso em: 28 jul. 2023.

AGÊNCIA BRASIL. ONU: uma em cada duas pessoas discrimina em função da idade. *Agência Brasil*, 18 mar. 2021. Disponível em: https://agenciabrasil.ebc.com.br/internacional/noticia/2021-03/onu-uma-em-cada-duas-pessoas-discrimina-em-funcao-da-idade. Acesso em: 28 jul. 2023.

FRAN WINANDY

É Psicóloga, com MBA em Recursos Humanos, mestrado em Administração de Empresas e formação em Conselheiro Social (ESG). Sua trajetória engloba as áreas de Recursos Humanos, Diversidade Etária e ESG, com atuação no segundo e no terceiro setores. É palestrante, consultora e professora de programas voltados para recursos humanos e longevidade. Autora do livro *Etarismo, um novo nome para um velho preconceito* (Matrix, 2023) e do *blog* Etarismo (www.etarismo.com.br).

CAPÍTULO 28

COMBATENDO O ETARISMO NA ORGANIZAÇÃO ATRAVÉS DA IMPLANTAÇÃO DE UM PROGRAMA DE DIVERSIDADE ETÁRIA

FRAN WINANDY

ETARISMO, QUE NEGÓCIO É ESSE E POR QUE ELE ATRAPALHA O SEU NEGÓCIO

Não é de hoje que o etarismo impregna o tecido de nossas organizações e de nossa sociedade: as pessoas não querem envelhecer e, menos ainda, parecer velhas: a velhice nos dirige para a finitude através da desestruturação dc nossa saúde e aparência. Além disso, a velhice nos remete a dificuldades cognitivas, falta de atualização, descartabilidade e invisibilidade, características corroboradas por nossos indicadores sociais, que consideram improdutivas as pessoas a partir dos 60 anos.

Democráticos que somos em nossos preconceitos, a juventude também não nos convence: falta compromisso, profundidade, tolerância c resiliência. Sobra individualismo, ansiedade e imediatismo.

Estamos falando aqui do etarismo, o mais democrático dos preconceitos, que pode nos abraçar em qualquer fase da vida, independentemente de outras intersecções. Também chamado de ageísmo ou idadismo, o etarismo é o terceiro maior "ismo" do mundo ocidental, perdendo apenas para o racismo e sexismo.

O etarismo surge a partir de estereótipos ou generalizações que fazemos de um grupo a partir das similaridades percebidas, nem sempre negativas. Por isso, ele pode ser positivo ou negativo (PALMORE, 1999). Quando dizemos que os idosos são sábios ou gentis, estamos utilizando como base dois estereótipos positivos relacionados ao envelhecimento, a sabedoria e a gentileza. Os exemplos mencionados anteriormente, associando idosos e jovens a características pejorativas, são de estereótipos negativos que produzem atitudes negativas ou falsamente positivas, como dizer a uma pessoa que ela não parece ter a idade que tem.

O relatório da Organização Mundial da Saúde (OMS) do ano de 2021 revelou a impressionante constatação de que uma a cada duas pessoas no mundo tem atitudes discriminatórias contra pessoas idosas, aspecto que, além de causar danos à saúde física e mental desses indivíduos, custa anualmente bilhões de dólares para as sociedades (WORLD HEALTH ORGANIZATION, 2021). Como consequência, um chamado urgente da OMS para que haja a exposição, mensuração e combate ao etarismo.

No Brasil, a expansão e o aprofundamento das discussões acerca do etarismo ganham relevância em função das transformações significativas que vêm ocorrendo em nossa pirâmide etária, com baixos índices de natalidade e aumento da expectativa de vida. Entre as consequências trazidas por esse contexto, o aumento da idade média da força de trabalho e a diminuição do número de trabalhadores mais jovens, aumentando o nível de complexidade desse cenário.

O etarismo tem um custo invisível, subjetivo e difícil de ser mensurado, especialmente nas organizações. A competitividade das empresas demanda um olhar para o longo prazo, envolvendo uma gestão de riscos inteligente. Sem debater a ordem de importância, vamos enumerar alguns problemas causados pelo etarismo nas nossas organizações.

NUM NÍVEL MACRO, QUEM É A SUA EMPRESA NA FILA DO PÃO?

A sua empresa se relaciona com a sociedade ou é parte da sociedade? A resposta a essa questão pode trazer o primeiro insight mais profundo para quem lida com aspectos sociais na organização: ser parte da sociedade envolve decisões éticas quando existe um problema tão grande que traz um apelo global da OMS. A sua empresa é parte desse problema e tem o dever de participar de sua solução, simples assim.

A discussão em torno da questão geracional é outro fator a ser considerado, pois a existência de seis gerações convivendo juntas no planeta é um fator relevante e inédito. São clientes, colaboradores, fornecedores, acionistas e pessoas da comunidade com visões de mundo, expectativas e necessidades diferentes, tratadas, geralmente, de forma única pelas organizações.

O envelhecimento da população foi identificado pela Organização das Nações Unidas como uma das quatro megatendências para o século XXI e se revela uma grande oportunidade para a economia. A *falta de representatividade* nas organizações faz com que muitas oportunidades sejam ignoradas pela falta de empatia com o consumidor sênior: poucos são os produtos e serviços desenhados ou construídos sob a perspectiva desse cliente.

A Economia Prateada é o conjunto de atividades econômicas associadas às necessidades das pessoas com mais de 50 anos, envolvendo produtos e serviços voltados para esse público, movimentando cifras consideráveis no Brasil e no mundo. A *silverização* da economia tende a ocorrer em todas as frentes de consumo e aos poucos se transformar na Economia da Longevidade, com um olhar mais amplo sobre o futuro de todos nós.

Recursos intangíveis são sempre os mais complexos, e, entre eles, a reputação de uma empresa. Ter produtos ou serviços que inspirem confiança, ser um bom lugar para trabalhar, ter ações alinhadas com as melhores práticas de mercado e inspirar confiança são ativos que configuram uma empresa do bem. As redes sociais têm atuado como ferramenta para a fiscalização de organizações cujas práticas se mostram desalinhadas com o discurso, especialmente em temas relacionados à diversidade.

Entre os pilares da diversidade, o pilar etário tem sido a aposta mais recente das organizações. Além do balanço etário, que mostra os percentuais etários por níveis hierárquicos, ações diversas relacionadas à integração geracional envolvem a governança nesse assunto.

E DENTRO DE CASA, COMO VÃO AS COISAS?

Delimitar o espaço interno e externo de uma organização é missão complexa. Novamente aqui, a força das redes sociais demarca um território de difícil arbitragem diante de novos valores que abrangem questões de governança. A procura por negócios sustentáveis, conscientes e responsáveis com a sociedade e com o planeta extrapola as fronteiras das organizações.

Uma empresa responsável deveria incorporar as demandas sociais em sua proposta de valor e expressá-las em suas diretrizes, reforçando o seu compromisso de contribuir com a sociedade. Nesse cenário, a longevidade é um importante fator a ser considerado, e, dentro dela, o combate ao etarismo através de políticas e práticas etárias. A definição de métricas e indicadores para acompanhamento das práticas estabelecidas irá destacar o compromisso da organização com o tema.

Com a lente voltada para dentro da organização, o conceito de idade pode ser analisado por meio de demografia ou distribuição etária, revelando aspectos do etarismo institucional: ser considerado um profissional *velho demais* depende do entendimento compartilhado sobre o significado do que é ser velho demais.

A *porta de entrada da organização*, ou a área de Recrutamento e Seleção de Pessoal, costuma ser a mais criticada por supostas *práticas etaristas*. Depoimentos e pesquisas apontam a utilização de processos que travam o acesso de candidatos por meio da idade através de currículos, plataformas, consultorias ou entrevistas.

Debates sobre as diferenças que separam a idade dos profissionais que atuam na área de Recrutamento e Seleção da idade dos potenciais candidatos são frequentes, bem como questionamentos sobre a consistência da argumentação desses profissionais frente a gestores preconceituosos.

As normas de idade, compreendidas como crenças que justificam o hábito de adotar um critério etário sem questionamentos, reforçam as práticas discriminatórias de seleção e mobilidade, direcionando o comportamento organizacional. A mentalidade de que *talentos* são profissionais jovens permanece em nossas empresas; e a eles, jovens, costumamos dedicar os maiores investimentos em treinamento e desenvolvimento.

Um olhar atento sobre os processos de saída mostra que existe uma estratégia de *saneamento etário* institucionalizado nas empresas, com muitos cortes ou *reestruturações* que atingem, na sua maioria, profissionais com idade acima de 50 anos, muitos substituídos por jovens profissionais. Esse movimento alimenta a prática do etarismo e inviabiliza soluções frente ao envelhecimento da população.

Nas empresas, percebemos que as crenças, as práticas discriminatórias e as políticas institucionais estão relacionadas e se reforçam mutuamente, manifestando-se de formas variadas. A prática do preconceito é ilegal e processos de etarismo tendem a surgir nas organizações brasileiras. A sua empresa pretende intervir nesse assunto por convicção, constrangimento ou *compliance*?

QUAIS ASPECTOS UM PROGRAMA DE DIVERSIDADE ETÁRIA DEVERIA CONTEMPLAR PARA QUE O ETARISMO SEJA COMBATIDO?

Estruturar um Programa de Diversidade Etária não é tarefa fácil e demanda um ambiente de segurança psicológica estruturado a partir de uma liderança inclusiva. Avaliar o grau de engajamento da alta liderança no assunto deve ser o ponto de partida. Além disso, é importante analisar a cultura da organização e considerar, entre outros aspectos, o porte, setor de atuação, nacionalidade e estágio em que ela se encontra com relação a esse tema.

A sensibilização das lideranças e dos profissionais da área de Recursos Humanos realizada por especialistas é fundamental para o questionamento dos vieses inconscientes e preconceitos praticados.

A criação de um grupo de afinidade para estudo e discussão de temas relacionados à diversidade etária e integração geracional costuma vir após o trabalho de sensibilização. Nele, a adesão deve ser espontânea, com representantes de várias áreas e gerações. A participação de um especialista externo contribui para a sua governança.

Dentre as várias frentes de combate, está a educação intergeracional, que tem como base a relação entre gerações para que o diálogo empático se instale. Nessa linha, resultados interessantes podem ser trazidos com a implantação de programas de mentoria e mentoria reversa.

A busca por modelos mais versáteis e contextualizados de geragogia em ambientes mais inclusivos, o foco no *lifelong learning*, desenvolvimento de carreira e atualização de profissionais maduros em novas modalidades de trabalho são também ações de treinamento e desenvolvimento para organizações que querem incrementar suas práticas com foco na longevidade.

Na esteira dessas transformações, um olhar sobre a interseccionalidade aprofunda o desenho de um programa de diversidade etária, já que a experiência de alguém que vive a intersecção de dois ou mais marcadores é maior do que a simples soma dos preconceitos advindos de cada um deles. A idade amplifica essa questão, já que o preconceito de idade raramente opera de forma isolada. Isso significa trabalhar temas como a menopausa ou a inclusão de profissionais maduros de grupos minorizados da sociedade.

Entre as práticas organizacionais, estão a revisão dos processos de recrutamento e seleção, envolvendo os crivos etários, a contratação de pessoas jovens para cargos de não liderança, programas de seleção às cegas e buscas intencionais, entre outros.

Na outra ponta, a política de aposentadoria compulsória e procedimentos que envolvam cortes de funcionários por critério etário devem ter seus parâmetros revisados, já que não é mais de interesse da empresa nem do funcionário a antecipação dessa saída.

VALE A PENA?

A criação de uma cultura inclusiva demanda persistência e intencionalidade. A implantação da revisão do desenho organizacional com foco na diversidade etária e valorização de profissionais de todas as idades nas organizações pode melhorar as perspectivas para uma população em crescente envelhecimento, especialmente se forem somados a esses esforços incentivos governamentais que favoreçam a contratação e permanência de pessoas mais velhas no mercado de trabalho.

Os benefícios de programas de diversidade etária já foram comprovados em pesquisas e, como nos demais pilares da diversidade, eles trazem inovação, engajamento, produtividade e resultados. Além disso, contribuem para a expansão do pool de talentos, planejamento sucessório e transmissão de conhecimentos.

REFERÊNCIAS BIBLIOGRÁFICAS

PALMORE, Erdman. *Ageism*: Negative and Positive. New York: Springer, 1999.

WORLD HEALTH ORGANIZATION. Global Report on Ageism. Geneva, 2021. Disponível em: https://apps.who.int/iris/handle/10665/340208. Acesso em: 28 jul. 2023.

MELISSA CASSIMIRO

Advogada, consultora sênior de diversidade e inclusão na Mais Diversidade. Nos últimos dezoito anos de carreira, atuou em grandes empresas multinacionais como Carrefour, Accenture e Telefônica VIVO.

É coautora das obras: *Diversidade e inclusão e suas dimensões* (Literare, 2022); e *Estatuto da Igualdade Racial. Uma década depois: apontamentos e reflexões* (OABSP, ESA, 2020).

CAPÍTULO 29

CONQUISTAS E DESAFIOS DAS PESSOAS TRANS

MELISSA CASSIMIRO

Observar as mudanças sociais nas últimas décadas, em seus diversos aspectos e camadas, é essencial para o entendimento do reflexo e impactos alcançados em todos os setores da sociedade, incluindo conquistas gradativas no mercado de trabalho. É possível observar a inclusão de pessoas de grupos minorizados nas mais diversas funções e posições em todos os lugares e setores do mercado de trabalho, fato que, antes de elevarmos o tom das discussões, era comumente experimentado pela excepcionalidade, em especial quando tratamos do grupo de pessoas trans — e aqui utilizaremos esse termo para incluir e abranger as travestis, mulheres transexuais, homens trans, pessoas transmasculinas e não binárias.

REFLEXÕES INICIAIS

Artigos de leis para nossa reflexão inicial:

• *Art. 1º da Declaração Universal dos Direitos Humanos* (DUDH, promulgada em 10 de dezembro de 1948 pela Organização das Nações Unidas)

"Todos os seres humanos nascem livres e iguais em dignidade e em direitos. Dotados de razão e de consciência, devem agir uns para com os outros em espírito de fraternidade."

No Brasil, a atual Constituição Federal de 1988, ou Constituição Cidadã, inspirada na DUDH, tem como princípio absoluto a dignidade da pessoa humana, com várias passagens no artigo 5º, que define:

Art. 5º — "Todos são iguais perante a lei, sem distinção de qualquer natureza, garantindo-se aos brasileiros e aos estrangeiros residentes no País a inviolabilidade do direito à vida, à liberdade, à igualdade, à segurança e à propriedade [...]"

• *Art. 23 da DHDU*

"1. Todo ser humano tem direito ao trabalho, à livre escolha de emprego, a condições justas e favoráveis de trabalho e à proteção contra o desemprego [...]"

É importante frisar esses trechos de legislações que tratam de garantias fundamentais, com base no respeito pela dignidade e pelo valor de cada pessoa, para entendimento do objetivo a ser tratado neste capítulo, que tem como assunto principal o direito ao trabalho, mas não se limita a ele. Para alcançarmos o mercado de trabalho é necessário que tenhamos assegurados outros direitos e garantias fundamentais, como o direito à vida, à moradia, à saúde, à liberdade, à educação, e tantos outros que em conjunto traduzem a plena humanidade; sem deixar de discutir e alertar para a construção utópica de igualdade em nossa sociedade, permeada por desigualdades, disparidades, problemas sociais, condições de privilégios e acessos do nascimento ao post mortem dos indivíduos.

A FALTA DE DADOS DA POPULAÇÃO LGBTI+

Quando falamos na população LGBTI+, uma das dificuldades para avançarmos em formulação de políticas públicas de acordo com necessidades específicas, não somente para o mercado de trabalho, mas também incluindo este e todos os demais aspectos socioeconômicos, é a falta de dados oficiais relacionados a orientação sexual e identidade de gênero. Para a execução do último Censo, realizado em 2022 pelo Instituto Brasileiro de Geografia e Estatística (IBGE), a decisão do Tribunal Regional Federal que avaliava liminar com pedido de inclusão sobre esses dados foi indeferida pela impossibilidade de implementação em tempo hábil e comprometimento de orçamento do órgão. Nesse sentido, diante da invisibilidade e falta de dados para realizarmos uma análise de estudos nos aspectos socioeonômicos apartados da outra parcela da sociedade que não faz parte desse grupo minorizado, criou-se um verdadeiro limbo para saber quantos somos e quais as nossas especificidades. Essa falta ou inexistência de dados por parte das instituições corroboram o apagamento e invisibilidade das necessidades específicas de toda uma parcela da população que enfrenta diariamente preconceitos, violações de direitos, violência sistemática para impedir a criação de soluções, supostamente por ausência de informações.

Não podemos deixar de mencionar os esforços e desafios que associações e instituições em prol dos direitos de pessoas LGBTI+ empenham de forma exaustiva para o levantamento de dados com o objetivo de pleitear direitos básicos e essenciais que são constantemente violados por normas cis-heteronormativas.

No entanto, um estudo pioneiro realizado pela Faculdade de Medicina de Botucatu da Unesp estimou que 2% da população seja trans; esse estudo foi realizado com uma amostra de 6 mil pessoas em 129 municípios de todas as regiões do país, com números que estão em linha com os poucos estudos similares realizados, por exemplo, nos Estados Unidos.

CONQUISTAS DA POPULAÇÃO LGBTI+ NAS ÚLTIMAS DÉCADAS

No Brasil, nas últimas décadas, considerando os avanços sociais e pautas de direitos humanos, por influência das ações dos grupos de militância nos diversos marcadores sociais da diferença e suas interseccionalidades, reflexos e importantes conquistas se tornaram realidade na vida de pessoas trans, ou melhor, para todas as pessoas da nossa sociedade, uma vez que, quando um grupo conquista direitos, quem ganha é a sociedade como um todo.

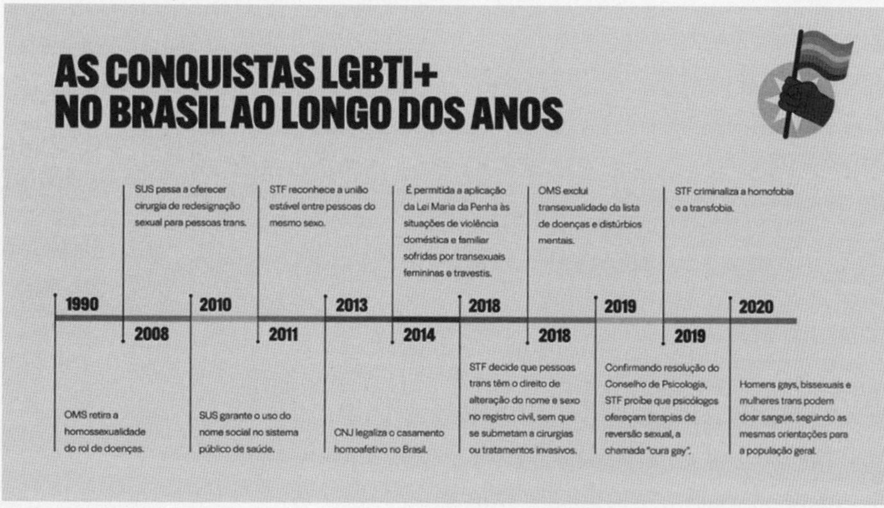

Fonte: Câmara Conectas.

Com as conquistas de direitos elencadas nessa figura, uma aceleração nas transformações sociais foi possível na vida das pessoas LGBTI+, incluindo as pessoas trans, ainda que as aplicações e acesso a esses direitos conquistados não sejam realizados de forma simples, e discussões sejam necessárias para sua plena obtenção. No entanto é difícil imaginar nos dias atuais que esses direitos básicos não estivessem claramente ofertados e disponíveis anos atrás, uma vez que a demanda já era conhecida de longe.

Algumas conquistas para população trans precisam ser aprimoradas para além da adequação de pronomes e utilização de banheiros, que são as demandas comumente vistas aos olhos de pessoas cis. Temos outras preocupações em nosso dia a dia que precisam de aperfeiçoamento e regulação para tornarem-se plenamente disponíveis para exercermos nossa cidadania com plenitude, e que podem ser desenvolvidas com o apoio das empresas e de toda a sociedade civil. Entre elas, podemos destacar:

- Garantia dos afetos, iniciando no ambiente familiar, estendendo-se e não se limitando a esse círculo.
- Interiorização e ampliação da cadeia de cuidado médico hospitalar para atendimento das nossas especificidades.
- Avanços na educação e sensibilização dos médicos para lidar com nossas corporeidades.
- Agilidade nos atendimentos médicos e pacificação nos convênios médicos do rol das cirurgias transexualizadoras.
- Aprimoramento no processo de retificação de prenome e gênero, em especial a desburocratização e unificação na atualização das demais documentações.
- Redução das desigualdades por intermédio da promoção de acessos.

O MERCADO DE TRABALHO PARA POPULAÇÃO TRANS

Considerando os esforços de instituições não governamentais, conforme relatado anteriormente, estima-se que o número de pessoas trans ocupando posições no mercado de trabalho, conforme apuração dos dados em relatório emitido pela Associação Nacional de Travestis e Transexuais (Antra) em 2018, seja de 10% para travestis e mulheres trans (6% em informais sem vínculo empregatício e apenas 4% em empregos formais com fluxo de carreira), enquanto, por falta de oportunidades, incluindo-se relatos de demissão ou não contratação motivadas por preconceito à identidade de gênero, 90% estão na prostituição. Em pesquisa realizada pela Fundação de Amparo à Pesquisa do Estado de São Paulo (Fapesp), incluindo homens trans, apenas 16,7% dos homens e mulheres trans e travestis têm emprego formal no estado de São Paulo, em amostra realizada com 528 pessoas trans no ano de 2020.

Ainda que haja uma intencionalidade de mudança, esses números demonstram que a inclusão de pessoas trans encontra-se suportada por estruturas em bases cis-heteronormativas e cissexistas, que por si reproduzem e atuam de forma transfóbica e excludente das corporeidades dissidentes, enquanto se denominam universais à norma, sem considerar que todos somos diversos em si, e traduzem a reprodução patriarcal da nossa sociedade — atrasada e na imensa maioria das vezes não preparada para, de forma autônoma, atuar na eliminação de barreiras que permita quebrar preconceitos e alcançar a valorização da diversidade tão desejada e esperada — seja no caso de pessoas trans, para o público LGBTI+, seja em todos os marcadores sociais da diferença.

Uma das maiores dúvidas é se uma empresa está preparada para incluir pessoas trans em seus postos de trabalho. A resposta, na grande maioria dos casos, é não, porém é necessário, conforme já exposto anteriormente, que ela tenha um suporte especializado que auxilie no estabelecimento das premissas corretas para executar um projeto e acompanhe a eliminação das barreiras que surgirão no decorrer do processo. Quando se tem muitos receios e medos, a inércia é a pior das decisões.

Quando falamos sobre as qualificações necessárias para ocupar um cargo, é necessário repensar, enquanto sociedade civil, que não são as pessoas trans que se evadiram dos bancos de ensino, e sim são expulsas desses ambientes devido à falta de preparação de todas as estruturas institucionais, incluindo o ambiente familiar, escola, instituições de saúde, de justiça, entre outros, envoltos nas constantes e diversas formas de violência que coadunam com esse cenário. A escola continua sendo um ambiente extremamente hostil e promove essa ruptura de acesso para quem se identifica como diferente da norma. Nos dias atuais, com conhecimento e ampliação das discussões relacionadas à saúde mental, a segurança psicológica é fundamental a todas as pessoas, com necessidade de reforço, atenção e cuidado para aqueles que estão em formação. Assim, é fundamental o suporte e patrocínio a projetos dedicados no aperfeiçoamento da educação e qualificação profissional.

No entanto, temos pontos positivos que corroboram a mudança e evolução percebidas nos últimos tempos, incluindo o protagonismo e visibilidade de pessoas trans que vêm efetivamente construindo soluções e/ou trabalhando para serem reconhecidas como profissionais dentro de suas respectivas áreas no mercado de trabalho, compartilhando suas vivências e experiências, desde que todo o trabalho por liderar a mudança não esteja sob a responsabilidade delas, pois aí sabemos que essa sobrecarga e acúmulo de funções, de forma irremediável, implica desgaste físico e emocional — é necessário suporte sempre e em todas as etapas. Um outro ponto relevante são as plataformas e consultorias especializadas, como a Transempregos, que, a partir da sua criação, no ano de 2013, voltada inicialmente para a conexão de pessoas trans candidatas com as empresas, se expande para auxiliar na criação de um ambiente acolhedor. Atualmente temos outras iniciativas também lideradas por pessoas trans na promoção de soluções e diversos produtos no mercado.

A jornada é longa e sinuosa, e por vezes retrocede; no entanto, diversas forças tornam possível que o avanço ocorra e contemple todas as pessoas, com todas as suas subjetividades, para promover a equidade.

REFERÊNCIAS BIBLIOGRÁFICAS

AGÊNCIA BRASIL. Censo: Justiça desobriga IBGE a perguntar sobre identidade de gênero. *Carta Capital*, 27 jun. 2022. Disponível em: https://www.cartacapital.com.br/justica/censo-justica-desobriga-ibge-a-perguntar-sobre-identidade-de-genero/. Acesso em: 29 jul. 2023.

CONECTAS. Direitos LGBTI+: os avanços e as dificuldades na luta por cidadania. 28 jun. 2021. Disponível em: https://www.conectas.org/noticias/direitos-lgbti-os-avancos-e-as-dificuldades-na-luta-por-cidadania/. Acesso em: 31 ago. 2023.

JORGE, Marcos do Amaral. Estudo pioneiro na América Latina mapeia adultos transgêneros e não-binários no Brasil. *Jornal da Unesp*, 12 nov. 2021. Disponível em: https://jornal.unesp.br/2021/11/12/estudo-pioneiro-na-america-latina-mapeia-adultos-transgeneros-e-nao-binarios-no-brasil/. Acesso em: 29 jul. 2023.

BENEVIDES, Bruna G.; NOGUEIRA, Sayonara Naider Bonfim (orgs.). Dossiê 2018: assassinatos e violência contra travestis e transexuais no brasil em 2018. Brasília: Antra, 2019. Disponível em: https://antrabrasil.files.wordpress.com/2019/12/dossie-dos-assassinatos-e-violencia-contra-pessoas-trans-em-2018.pdf. Acesso em: 29 jul. 2023.

CARLA MARQUES

Tem formação em Psicologia pela Pontifícia Universidade Católica de Minas Gerais (PUC-MG), em Psicanálise pelo Fórum do Campo Lacaniano de Belo Horizonte e MBA em Gestão Estratégica de Pessoas pelo Centro Universitário de Belo Horizonte (UNIBH). Atua com *assessment* executivo para mulheres, capacitações empresariais para desenvolvimento de lideranças e times, com foco em DEI, assédio moral e sexual. Como psicóloga clínica, atendeu mulheres vítimas de violência doméstica no projeto Justiceiras. Atualmente faz atendimento psicanalítico online para a comunidade LGBTQIAPN+.

CAPÍTULO 30

DO DIVÃ PARA AS EMPRESAS: UM OLHAR AMPLIADO SOBRE A COMUNIDADE LGBTQIAPN+

CARLA MARQUES

O mundo é um lugar cheio de possibilidades e de restrições. Quando se referem à comunidade LGBTQIAPN+, os atravessamentos das restrições são mais intensos do que as possibilidades. É toda uma gama de não poder ser quem se é que a normatividade vai cerceando. E o impacto disso só é compreendido ao longo dos anos na saúde psíquica da comunidade.

No consultório, cotidianamente, esses atravessamentos aparecem, a normatividade funciona como um grande outro que nos diz o tempo todo que, quem nascemos para ser, não podemos ser. Lacan (2008) discorre sobre esse outro na nossa constituição enquanto sujeitos, que pode ser a família ou a sociedade, que são relações carregadas de expectativas de um ideal.

A estrutura de uma normatividade que perpassa pela questão da religiosidade, da escola, da cultura, da sociedade, da família e do mercado de trabalho atravessa nossa existência, suscitando sempre a presença de muita culpa. No que se refere à comunidade, é quase uma culpa por existir, por ser quem simplesmente somos. Tanto é que a saída do armário para cada pessoa se dá em uma época diferente. Mesmo quem a fez desde muito cedo ainda carrega consigo os efeitos dos "não pode", um imperativo de não poder acessar lugares, não poder ter uma vida livre por não estar na normatividade.

Abordar tais aspectos se torna relevante, uma vez que as nossas possibilidades de existências são múltiplas e cada pessoa da comunidade pode estar em um momento de sua jornada existencial. Noto que pessoas recém-

-saídas do armário evidenciam a necessidade de um tempo para uma certa elaboração, como se fosse um luto, ou um reordenamento de um novo posicionamento de vida, que costuma ser libertador. Basta ouvir uma pessoa de maneira genuína que, mesmo que não utilizando essa terminologia, ela dirá algo relacionado à liberdade de ser. Somos multiplicidades em nossas singularidades e a questão da sexualidade nos atravessa sobremaneira. Freud (1905) discorre sobre a importância de entender a sexualidade (o que vai muito além do sexo ou da prática sexual) na formação da personalidade humana. Ele sugere que a sexualidade é uma força motora que influencia como a mente se desenvolve e funciona, com ecos na vida adulta.

E em que tudo isso conversa? Qual a relevância de tais aspectos para os nossos contextos sociais e empresariais? Dar conta de entender, se expressar e ser quem se é, é dar conta de acessar esse lugar da solidão existencial tão precocemente. E, para as pessoas da comunidade T, essa realidade é ainda mais precoce, com maior intensidade, por, muitas vezes, terem a família como a principal opressora, que rejeita e abandona. Esse abandono, essa rejeição vai se repetindo nas inúmeras portas fechadas nas escolas, espaços religiosos e mercado de trabalho.

Como sociedade, de maneira estrutural, vamos repetindo as violências lgbtfóbicas, com assédios em cada "piadinha", cada olhar que julga quem ousa ser diferente e não fazer parte do padrão hétero, branco, destro, sem deficiência.

E o que eu tenho a ver com isso? Sendo o outro, se eu tiver a intencionalidade adequada, olharei para o meu mundo e começarei a entender de maneira cônscia e crítica que estou rodeada de privilégios, mas não é só isso; para que eu perpetue meus privilégios, outra pessoa está pagando um preço muito alto nessa balança; enquanto eu ganho, somo privilégios, outras pessoas estão perdendo. Com criticidade, maturidade e intencionalidade, posso contribuir para uma relação justa, de equilibrar essa balança, e é aí que a equidade entra, na possibilidade de pensarmos os diferentes e entendermos a riqueza existente nas diferenças e ser um outro mais construtivo e menos destrutivo.

Eu preciso entender meus vieses inconscientes, limitantes, compreendendo que seres humanos são singulares, então, para um caminho equânime, eu preciso pensar e estruturar alternativas que contemplem cada vez mais perspectivas ampliadas de lidar com o ser humano. São muitos comportamentos que temos a repensar, reconhecer, desaprender, reaprender, para assim conseguirmos um processo de transformação social dentro das organizações que possa refletir em inteligência nos negócios. Quanto mais diversidade eu tenho, mais criatividade e inovação eu tenho, logo, maior lucratividade — isso é o que afirma um estudo da McKinsey & Company (2020).

A comunidade LGBTQIAPN+ movimenta uma quantia significativa e carecemos de pessoas que compreendam nossas vivências, nossas realidades. As organizações têm investido em diversidade, mas há ainda um caminho significativo a ser traçado em inclusão, aproximação e entendimento das nossas realidades e necessidades. Muitas lideranças simplesmente contratam-nos e, por desconhecimento e falta de letramento adequado, cometem assédios, impossibilitando nossas capacidades de produtividade, o que é um dos males do assédio.

É necessário focar em pessoas líderes que saibam gerir pessoas ao invés de resultados a todo custo. Pessoas que compreendam que repertório de vida, capacidade de lidar com frustração, dificuldades são muito relevantes nos momentos em que a atitude corriqueira não é capaz de solucionar os problemas complexos. A construção de ambientes com segurança psicológica, para que possamos nos expressar tal qual somos, com nossa liberdade de ser. Em nossas inteirezas, de singularidade, teremos muito mais possibilidades em espaços e ambientes que possibilitem que nossas multiplicidades sejam respeitadas, para que possamos colocar em nosso trabalho todo o repertório que a trajetória de vida de uma pessoa LGBTQIAPN+ traz consigo.

Para a construção de programas afirmativos para a comunidade, tornam-se relevantes uma comunicação e uma atitude coerentes, e o entendimento das pessoas que estão à frente desses programas. Tornam-se necessários letramentos e entendimentos que contemplem as diversas esferas sociais, raça, identidade de gênero, religião, nacionalidades, orientação afetivo-sexual e naturalidade. Representatividade importa. Não adianta um programa com uma única pessoa; torna-se necessário trabalhar para que essa solidão que nos acompanha seja pensada para não ser o espaço de trabalho solitário, mas um espaço representativo, com espírito de time. Isso é repetido cotidianamente no consultório.

É importante que contemple a política de benefícios para além dos aspectos da parentalidade. As empresas pensam em planos de saúde com uma rede de pessoas conveniadas que darão conta de atender de maneira assertiva a todas as pessoas colaboradoras, e aqui destaco as pessoas trans, assexuais estritos, lésbicas, ou estas passarão por despreparo técnico ao acessar os serviços de saúde? Isso é responsabilidade da empresa; ela está dizendo que se trata de um benefício e não um espaço para violência. Os profissionais de medicina ocupacional estão devidamente capacitados?

Em datas comemorativas, as pessoas serão convidadas para serem *tokens* ou para serem agentes de transformação, representação da diversidade e fomento da representatividade?

Os programas de diversidade e inclusão e pertencimento da organização contam com um budget, pois é preciso investimento, principalmente financeiro, para demonstrar a real intencionalidade de transformação. Existem indicadores que possibilitam mensurar como a empresa está e onde ela irá chegar e em quanto tempo? A alta liderança é apoiadora ou sabotadora dos programas de diversidade?

É necessário que as pessoas que estão na empresa tenham um cronograma de letramento e as novas que chegarem sejam verificadas desde o momento da entrevista: o quanto ela se interessa por diversidade; se o faz, verificar quanto dos seus times anteriores evidenciavam esse comportamento.

As celebrações, datas comemorativas são as tradicionais, da normatividade, ou conseguem contemplar as diversas realidades?

Como as empresas podem ser um espaço para que as pessoas da comunidade produzam e tenham qualidade de vida e saúde mental? Com programas fortes, voltados para o encarreiramento e crescimento dentro da organização, com fornecedores que tenham a diversidade como um valor.

Uma comunicação empresarial presente com uma linguagem inclusiva desde o anúncio de vagas e descritivos no site, canais internos e divulgações de programas voltados para todos os públicos.

Programas de capacitação das lideranças e equipes de departamentos de recursos humanos que façam perguntas inclusivas e que não segreguem.

Para além disso, pessoas treinadas para estar atentas a retificações de nomes, utilização de nome social, tanto nos canais internos quanto em documentos. Pessoas que saibam as diferenças e as realidades que englobam a comunidade, que algumas precisarão de um tempo maior para treinamentos, contratação não é um abaixar da régua, mas um tempo de dedicação para que as orientações sejam mais próximas e o retorno e o desenvolvimento sejam significativos. Para isso, é necessário que essa pessoa esteja disposta a conhecer um pouco mais realidades que são diferentes da sua e entender que proximidade não é pegar na mão e puxar o outro, mas sim possibilitar que ele possa ter acesso ao nível de informação de maneira profunda.

Tornam-se necessários canais de denúncia com divulgações das tratativas e seriedade nessas tratativas, assim como posicionamento e tomada de decisão séria diante de crimes de lgbtfobia.

Para além disso, o interesse em possibilitar que o outro se desenvolva e potencializar parcerias com instituições de ensino, bolsas afirmativas, o que pode retornar em menor *turnover*, menor absenteísmo e maior comprometimento durante a jornada de trabalho.

Ademais, que os programas contemplem todos os extratos da sociedade e metas robustas, factíveis, que possibilitem que o investimento tenha o retorno esperado para o negócio. Por fim, questiono se hoje te pedissem para justificar com números, inclusive de retorno financeiro, a continuidade de um projeto de diversidade: quais dados conseguiu apurar que sustentariam o investimento financeiro? Eu espero que a resposta seja consistente, pois já chega de sermos um país que só figura em estatísticas tristes de violência.

REFERÊNCIAS BIBLIOGRÁFICAS

FREUD, Sigmund. Três ensaios sobre a teoria da sexualidade. Edição Standard Brasileira das Obras Completas de Sigmund Freud, vol. VII. Rio de Janeiro: Imago, 1996.

LACAN, Jacques. *O seminário, livro 16*: de um outro ao outro. Texto estabelecido por Jacques-Alain Miller. Trad. Vera Ribeiro. Preparação de textos André Telles. Versão final Angelina Harari e Jésus Santiago. Rio de Janeiro: Zahar, 2008.

MCKINSEY & COMPANY. *Diversity Wins*: How Inclusion Matters. [S. l.], maio 2020.

FELIPE DOS SANTOS SIQUEIRA

Homem cisgênero e gay, parte da comunidade LGBT+. Mestrado em Inovação, com formação em Psicologia e Recursos Humanos.

Fundador, líder executivo de negócios da Cia Makers Escola de Inovação e professor-pesquisador de cursos de graduação e MBA executivo.

Carreira desenvolvida em liderança, gestão de pessoas e projetos de inovação. Reconhecimento por *cases* em marcas nacionais e multinacionais, com destaque em trabalhos e palestras de diversidade.

Presente na série Jornada da Diversidade, disponível no YouTube e Spotify da @ciamakers e no perfil @siqueirahoje.

CAPÍTULO 31

JORNADA DA DIVERSIDADE — UMA FERRAMENTA DE GESTÃO

FELIPE DOS SANTOS SIQUEIRA

A necessidade de pertencermos a um grupo, buscarmos interações sociais e estabelecermos conexões uns com os outros é uma característica fundamental da espécie humana. Todas as outras características que nos definem individualmente nos tornam pessoas distintas e diversas.

A diversidade é um aspecto intrínseco e fundamental da estrutura social. Cada pessoa possui sua própria identidade, características e experiências únicas, que contribuem para a riqueza e complexidade da sociedade como um todo.

Ocorre que, ao longo da história, enfrentamos paradigmas que limitam a aceitação da diversidade e geram resistência a mudanças. A busca por ampliarmos o diálogo do tema para as organizações reflete a emergência de tratar uma herança histórica, advinda de inúmeras influências, como: normas sociais, contextos políticos e religiosos, dificuldade de compreender múltiplas identidades de gênero, falta de representatividades culturais, desconforto diante do diferente, entre tantos outros fatores que revelam a necessidade de educação e conhecimento adequado para maior inclusão e igualdade para todos.

Desde que o mundo é mundo, contamos histórias e usamos narrativas como uma forma de nos expressarmos e nos comunicarmos para socializar. Quando deixamos de expor as diferentes experiências e histórias sobre pessoas diversas, reforçamos uma mentalidade restrita e limitada para enxergar e compreender o mundo, enfraquecendo as narrativas que promovem o respeito à vida e à natureza humana, nas quais todos somos diversos.

Compartilhar histórias ajuda as organizações a se conectarem com seus públicos e fortalecerem a percepção positiva da marca, bem como a gerarem identificação das pessoas com o seu propósito. Dessa forma, o *storytelling* se tornou um recurso estratégico para promover a diversidade e a inclusão em diferentes contextos organizacionais e pode ser uma poderosa ferramenta para a gestão.

Em função da promoção da Diversidade e Inclusão, quando criamos narrativas que representam diferentes vozes, sensibilizamos o diálogo entre pessoas diferentes e abrimos espaço para a educação, estimulando a empatia, gerando reflexões e inspirando ações mais inclusivas.

No entanto, a inserção de narrativas para iniciar diálogos e sensibilizar o público de uma organização requer uma ferramenta que auxilie no processo de criação e apresentação de histórias estruturadas de forma eficaz. Diante desse raciocínio, busquei um modelo narrativo que apresentasse uma estrutura comum, que pudesse ser simplificada, experimental e escalável no mundo dos negócios.

Através do conceito criado pelo escritor Joseph Campbell, em seu livro *O herói de mil faces*, percebi que a sequência de estágios que ele propõe ao protagonista em sua travessia, denominada de "a jornada do herói", podia ser adaptada para uma nova finalidade e direcionada às organizações.

A partir dessa perspectiva, realizei uma adaptação da ferramenta de Campbell, criando a "Jornada da Diversidade". Essa abordagem propõe apresentar uma variedade de personagens durante o percurso dessa jornada, revelando personas de diferentes origens étnicas, culturais, de gênero, orientação sexual, entre outras características, com o objetivo de mostrar a multiplicidade de histórias e vozes diversas que existem na sociedade e no mundo.

Considerando que o *storytelling* tem o poder de gerar conexão emocional e despertar a empatia por meio da proposta de narrativas que exploram histórias reais protagonizadas por pessoas reais, concebi uma forma de apoiar a gestão com uma ferramenta que pode favorecer a construção de uma cultura organizacional mais inclusiva.

Como mencionado, decidi nomear essa ferramenta de Jornada da Diversidade, uma proposta que preserva a estrutura original, composta por etapas. Todavia, ao definir essa nova versão da ferramenta, optei por uma estrutura com doze passos, adaptados pelo autor Christopher Vogler. A ideia é implementá-la nas organizações com uma recorrência equivalente a doze meses, visando garantir reflexões, questionamentos e debates construtivos de forma contínua para a disseminação do tema.

Dado que temos doze passos definidos, selecionamos um colaborador da organização para cada um deles, levando em consideração sua experiência e suas características pessoais e, portanto, tendo lugar de fala por fazer parte e enfrentar desafios relacionados à diversidade e à inclusão. Cada colaborador é alocado em uma das fases da jornada, podendo haver variações em diferentes versões, de acordo com o contexto e público específico de cada organização.

Para criar a Jornada da Diversidade na sua organização, selecione doze colaboradores e considere as seguintes fases e elementos como bases para alocá-los.

FASE 1: MUNDO COMUM

Sabendo que: Nessa fase, a persona é apresentada em seu mundo cotidiano para que o público a conheça, junto com seus desafios.

Gostaria de saber: Qual é a sua experiência do mundo comum na vivência de um corpo trans?

FASE 2: CHAMADO À AVENTURA

Sabendo que: Nessa fase, a persona recebe um chamado para embarcar em uma jornada, podendo vir de alguém ou de uma situação específica.

Gostaria de saber: Qual é a sua experiência de lidar com uma deficiência adquirida?

FASE 3: RECUSA DO CHAMADO

Sabendo que: Nessa fase, a persona recusa ou hesita em aceitar o chamado diante do medo do desconhecido ou das dificuldades envolvidas.

Gostaria de saber: Qual é a sua experiência de aceitar o fato de ser uma pessoa LGBTQIAPN+?

FASE 4: ENCONTRO COM O MENTOR

Sabendo que: Nessa fase, a persona encontra um mentor que a apoia na preparação para os desafios, com conselhos e ensinamentos.

Gostaria de saber: Qual é a sua experiência com pontos de apoio, referências ou representatividade para lidar com os desafios?

FASE 5: A TRAVESSIA

Sabendo que: Nessa fase, a persona cruza um limite ou acessa um novo mundo, deixando para trás seu ambiente familiar e marcando o início da verdadeira jornada.

Gostaria de saber: Qual é a sua experiência de viver numa cultura diferente da sua origem?

FASE 6: PROVAÇÃO

Sabendo que: Nessa fase, a persona enfrenta uma série de testes, encontra aliados, inimigos e essas experiências ajudam a desenvolver competências.

Gostaria de saber: Qual é a experiência que um PCD cadeirante enfrenta para ter infraestrutura adequada para o trabalho e para fazer parte de uma equipe?

FASE 7: APROXIMAÇÃO DO SELF

Sabendo que: Nessa fase, a persona se aproxima do ponto central da jornada, sendo a localização do objetivo desdobrada numa provação ou confronto.

Gostaria de saber: Qual é a experiência de descobrir que você se tornou um(a) PCD?

FASE 8: A GRANDE PROVAÇÃO

Sabendo que: Nessa fase, a persona enfrenta seu maior desafio ou prova para testar sua coragem, determinação e capacidade de superação.

Gostaria de saber: Qual é a experiência de ser uma pessoa negra diante de tantas barreiras de preconceitos e racismos?

FASE 9: A RECOMPENSA

Sabendo que: Nessa fase, a persona obtém a recompensa desejada como resultado dos seus esforços e sacrifícios.

Gostaria de saber: Qual é a experiência de uma pessoa 60+ diante de tantas mudanças e transformações?

FASE 10: O RETORNO

Sabendo que: Nessa fase, a persona retorna com a missão cumprida, num caminho de reflexões diante de tantos aprendizados ao longo da jornada.

Gostaria de saber: Qual é a experiência de ser uma mulher que alcançou uma posição predominantemente masculina?

FASE 11: RENASCIMENTO

Sabendo que: Nessa fase, a persona "renasce para uma nova vida", transformada para todos.

Gostaria de saber: Qual é a experiência mais marcante de uma pessoa após a transição de gênero?

FASE 12: TRANSFORMAÇÃO

Sabendo que: Nessa fase, a persona retorna para o seu local de origem e é reconhecida por todos, e as coisas à sua volta não serão mais as mesmas.

Gostaria de saber: Qual a experiência de representar seu lugar de origem?

Crie sua própria Jornada da Diversidade ou replique este exemplo se julgar necessário para começar, podendo haver adaptações.

Figura 31.1: Jornada da diversidade.

Fonte: adaptado de VOGLER (2015, p. 47).

Adapte recursos técnicos para formalizar e registrar as narrativas da sua Jornada da Diversidade. Opte por: storyboards, registros em cadernos de sensibilização, apresentações de slides, arquivos audiovisuais, funcionalidades previstas em sites, redes sociais, blogs ou até mesmo plataformas digitais de realidade virtual (VR) ou realidade aumentada (AR). O mais importante é escolher uma forma de registro que valorize a história das personas, que seja aderente à audiência e que melhor atenda às necessidades da organização, transmitindo as narrativas de maneira envolvente e impactante.

Tratando-se do tema diversidade e inclusão, é improvável que as narrativas da Jornada da Diversidade não sejam inspiradoras. Com o apoio dessa ferramenta de gestão, os líderes e organizações poderão destacar histórias de superação e sucesso protagonizadas pelos seus colaboradores, encorajando a quebra de estereótipos e promovendo a inclusão.

Para um ciclo evolutivo, o *storytelling* pode ser um aliado crucial na comunicação, educação corporativa e formação da cultura organizacional.

A Jornada da Diversidade nos ensina que, ao contar histórias inclusivas e diversas, é possível contribuir para a inovação e transformação.

Por meio do experimento da Jornada da Diversidade, as organizações poderão praticar a centralidade nas pessoas, gerar benefícios mútuos e aprendizado coletivo e promover um ambiente cada vez mais propositivo para aprendizagem, convivência e colaboração, valorizando e celebrando as diferenças entre as pessoas.

REFERÊNCIA BIBLIOGRÁFICA

VOGLER, Christopher. *A jornada do escritor: estrutura mítica para escritores*. Trad. Petê Rissati. São Paulo: Alpeh, 2015. p. 47.

MARCELO VITORIANO

Psicólogo, mestre em Psicologia da Saúde pela Universidade Metodista de São Paulo (Umesp), especialista em Terapia Comportamental Cognitiva em Saúde Mental pelo Instituto de Psiquiatria do Hospital das Clínicas da Faculdade de Medicina da Universidade de São Paulo (IPQ da /USP). Atualmente é CEO da Specialisterne Brasil, que atua na inclusão profissional de pessoas autistas. *Board advisor* da Parças Developer School. Foi *head* de diversidade da Sodexo, gerente de capacitação e inclusão da AVAPE e participou do Programa Ciência e a Exceção, NGO Partnerships for Sustained Economic Development in Brazil and the USA.

CAPÍTULO 32

NEURODIVERSIDADE

MARCELO VITORIANO

O termo neurodiversidade foi criado na década de 1990, pela socióloga australiana Judy Singer ([s. d.]), pesquisadora autista, filha e mãe de autista. Como a discussão sobre a neurodiversidade se iniciou com pessoas autistas e ativistas, é importante lembrarmos que, na história do autismo, os primeiros estudos apontavam um olhar focado no modelo médico de compreensão das dificuldades de comunicação e interação social apresentados por crianças com essa condição.

Segundo Abreu (2021), no início da década de 1950, as únicas vozes correntes nas discussões públicas sobre o autismo eram dos profissionais de saúde. Entretanto, essa única visão sobre o autismo começa a mudar com a participação de adultos autistas, na época diagnosticados com a síndrome de Asperger, que buscaram uma compreensão do autismo para além das dificuldades trazidas por essa condição e com foco nos direitos e reconhecimento das diferenças humanas.

Também influenciada pelo conceito social da deficiência, Singer buscou um novo olhar para o autismo e outras condições neurológicas e definiu o termo neurodiversidade como sinônimo de biodiversidade neurológica (Singer, [s. d.]). Assim, a neurodiversidade representa uma variação natural entre os cérebros de cada pessoa. Esse conceito considera as diversas características neurológicas, sensoriais, comunicativas e sociais como diferenças naturais no desenvolvimento humano.

QUAIS CONDIÇÕES ESTÃO CONTEMPLADAS NA NEURODIVERSIDADE? QUAL A PREVALÊNCIA EM NOSSA SOCIEDADE?

Quando Judy Singer pensou o conceito de neurodiversidade na década de 1990, ela focou as pessoas que tinham a síndrome de Asperger ou autismo de alto funcionamento. Hoje essa classificação já não é mais utilizada, sendo incluída no diagnóstico do transtorno do espectro do autismo, com as dificuldades de interação e comunicação social, descritas em três níveis de suporte, com diferentes graus de comprometimento (1, 2 e 3). Ao mesmo tempo, além do autismo, outras condições neurológicas passaram a ser consideradas dentro do escopo da neurodiversidade, tais como o transtorno do déficit de atenção com hiperatividade (TDAH), a dislexia, a discalculia, a dispraxia e a síndrome de Tourette. Entretanto, essa indicação de diferentes condições foi estabelecida por alguns ativistas da neurodiversidade, sem uma conotação necessariamente científica. Ainda existe uma discussão se outras condições devem ser contempladas na neurodiversidade, tais como epilepsia, depressão, esquizofrenia, transtorno obsessivo compulsivo (TOC), transtorno bipolar, entre outras.

Com a criação do conceito de neurodiversidade, é importante citarmos algumas definições: a neurotipicidade e a neurodivergênica. A neurotipicidade engloba as pessoas que apresentam um desenvolvimento neurológico e funcionamento cognitivos considerados como típicos ou padrão dentro da população. Essas pessoas são chamadas de neurotípicas. Já as neurodivergências contemplam as pessoas que apresentam um desenvolvimento neurológico e funcionamento cognitivos considerados diferentes do padrão. Essas pessoas são chamadas de neurodivergentes ou neuroatípicas.

No Brasil não temos dados precisos sobre a população neurodivergente, mas, fazendo uma correlação com os dados de estudos do Reino Unido, onde de 15% a 20% da população foi considerada como tendo uma condição neurodivergente (DOYLE, 2020), temos uma importante parcela a ser considerada, valorizada e acolhida no mercado de trabalho.

POR QUE FALAR SOBRE A INCLUSÃO DA NEURODIVERSIDADE NAS EMPRESAS?

As empresas que buscam uma cultura mais diversa, equânime e inclusiva, caso não tenham ações para contratação de talentos neurodivergentes, apresentam uma lacuna em seus programas de diversidade, equidade e inclusão (DEI) e obviamente estão desperdiçando talentos. Para além de apenas uma estratégia de atração de talentos, quando as empresas não se preocupam em adaptar seus processos de contratação, elas também estão violando direitos humanos de uma população importante de nossa sociedade, como declarou, em 2016, Ban Ki-moon, ex-secretário geral da ONU (UNITED NATIONS, [s. d.]).

Segundo o Prof. John Ruggie, idealizador dos princípios orientadores sobre empresas e direitos humanos e um dos idealizadores do Pacto Global da ONU, as empresas devem fazer com que o respeito aos direitos de populações minorizadas sejam parte integral dos negócios (RUGGIE, 2014).

Muitas empresas que têm programas estruturados de DEI atuam em diferentes pilares de diversidade, tais como gênero, público LGBTQIA+, raça, gerações e pessoas com deficiência. Fazendo um recorte específico, desde 2012, pessoas que têm um diagnóstico de autismo são consideradas, para efeitos legais, pessoas com deficiência, e podem ser beneficiadas pela Lei n. 8.213/1991, a chamada Lei de Cotas, mas raramente são contratadas. Em função disso, as pessoas autistas pouco têm oportunidades de iniciar uma vida profissional, construir uma carreira e sentir-se cidadãos produtivos e participantes ativos das comunidades em que vivem. Diante desse cenário de exclusão, estudos realizados no Reino Unido apontam que apenas 16% das pessoas autistas estão trabalhando em período integral (THE NATIONAL AUTISTIC SOCIETY, 2016).

Aqui cabe citar que muitas ONGs e empresas de impacto social, especialistas no tema neurodiversidade, têm apoiado as empresas para criarem projetos de inclusão profissional, possibilitando, assim, programas com maior qualidade. Alguns exemplos de organizações são: Specialisterne (atuação global), The National Autistic Society (Reino Unido), Autism Speaks (Estados Unidos), The Arc (Estados Unidos), Uptimize (Estados

Unidos) e, no Brasil, Instituto Jô Clemente, TEAMM (Unifesp), ABADS, ITS e Specialisterne Brasil.

As empresas que iniciaram a contratação de pessoas autistas e verificaram o potencial e talento dessas pessoas iniciaram também uma recente discussão da inclusão de outras neurodivergências, como TDAH, dislexia, entre outras, até pelo fato de que muitas pessoas autistas também apresentam outras neurodivergências associadas ao autismo. Essas mesmas empresas iniciaram uma revisão de suas políticas de recrutamento e seleção, visando adaptar seus processos seletivos para pessoas neurodivergentes.

ACESSIBILIDADE E NEURODIVERSIDADE

As pessoas neurodivergentes são únicas e, por isso, necessitam de apoios e suporte de acordo com suas necessidades. Dessa forma, pensar uma acessibilidade que contemple todas as pessoas pode incorrer no erro de uma certa padronização de necessidades, podendo assim ser não tão efetiva. Todavia, podemos pensar em algumas recomendações gerais para os empregadores que podem facilitar a inclusão e a retenção dos talentos neurodivergentes:

1. Um primeiro passo é perguntar para a pessoa qual é sua necessidade de suporte e apoio para o trabalho. Pergunte de forma clara e objetiva o que pode contribuir com seu bem-estar e ajudá-la a desempenhar sua atividade de forma que se sinta confortável e acolhida.
2. Traga o tema neurodiversidade para sua empresa, fale sobre o assunto através de rodas de conversa sobre autismo, dislexia, TDAH e outras condições. Isso fará com que os colaboradores adquiram conhecimento e tratem o tema de uma forma mais natural. Quando isso acontece, é muito comum que outras pessoas que nunca falaram de sua condição neurodiversa "saiam do armário" e relatem ter sido diagnosticadas com TDAH, autismo ou que têm filhos neurodivergentes.
3. Nos processos seletivos, deixe disponível e forneça ferramentas adaptadas às diferentes neurodivergências. Por exemplo, se a pessoa

tem um diagnóstico de autismo, não a faça participar de dinâmicas de grupo. Se a pessoa tem dificuldades com a comunicação escrita, proporcione ferramentas alternativas.

4. Prepare os times que vão receber um novo colaborador neurodivergente. Traga informações sobre como a equipe pode facilitar sua adaptação e fazer que a pessoa se sinta acolhida e respeitada.
5. Faça um benchmarking com empresas que já têm experiência no tema e já vivenciaram o potencial das pessoas neurodivergentes e os possíveis desafios dessa inclusão. Muitas empresas já têm o tema em suas políticas de DEI e podem contribuir com *cases* de sucesso.

CASES DE SUCESSO

Em minha trajetória profissional, pude conviver com algumas empresas que considero exemplares na questão da inclusão da neurodiversidade.

A multinacional de tecnologia alemã SAP tem um programa para contratação de pessoas autistas, *Autism at Work*, que tem por objetivo atrair talentos neurodivergentes (GOTTO, 2022). Conta com centenas de colaboradores autistas, atuando em diversas posições em diferentes países. O Banco Itaú iniciou um programa de contratação de profissionais autistas em 2018. A partir dessa experiência, buscaram capacitar todas as equipes que receberam profissionais nessa condição e criaram estratégias de acompanhamento para que as pessoas contratadas se sentissem acolhidas, respeitadas e com as ferramentas adequadas para que pudessem trabalhar (VITORIANO, 2020).

Empresas como Johnson & Johnson e IBM têm grupos específicos de afinidade para o tema neurodiversidade. Segundo uma executiva da J&J, "a educação continuada na temática das neurodiversidades, a atração e o desenvolvimento de talentos neurodiversos são partes importantes das ações pragmáticas que realizamos para assegurar a conscientização a nossa comunidade" (VITORIANO, 2021).

Concluindo, reforço a importância de as empresas olharem para os talentos neurodivergentes, mas, para isso, necessitam revisar seus processos de recrutamento/seleção, capacitar seus colaboradores sobre o tema neurodiversidade, incluir o tema em suas políticas de recursos humanos e apoiar projetos de capacitação de pessoas neurodivergentes. Incluir profissionalmente pessoas neurodivergentes seguramente é uma questão de direito, diversidade, equidade e aproveitamento de um capital humano desprezado por boa parte das empresas.

REFERÊNCIAS BIBLIOGRÁFICAS

ABREU, Tiago. *O que é neurodiversidade*. Goiânia: Cânone Editorial, 2021.

BASTO, Ana Teresa Oliveira da Silva; CEPELLOS, Vanessa Martines. Autismo nas organizações: percepções e ações para inclusão do ponto de vista de gestores. *Cadernos EBAPE.BR*. Rio de Janeiro, v. 21, n. 1, e-2022-0061, 2023. Disponível em: https://bibliotecadigital.fgv.br/ojs/index.php/cadernosebape/article/view/88786/83467. Acesso em: 30 jul. 2020.

DELOITTE INSIGHTS. *A rising tide lifts all boats – Creating a better work environment for all by embracing neurodiversity*. [S. l.], 2022. Disponível em: https://www2.deloitte.com/us/en/insights/topics/talent/neurodiversity-in-the-workplace.html. Acesso em: 30 jul. 2020.

DOYLE, Nancy. Neurodiversity at Work: a Biopsychosocial Model and the Impact on Working Adults. *British Medical Bulletin*, v. 135, n. 1, set. 2020. Disponível em: https://www.ncbi.nlm.nih.gov/pmc/articles/PMC7732033/. Acesso em: 30 jul. 2020.

GOTTO, Matheus. Neurodiversidade ganha espaço dentro de grandes empresas. *Época Negócios,* 9 ago. 2022. Disponível em: https://epocanegocios.globo.com/Empresa/noticia/2022/08/neurodiversidade-ganha-espaco-dentro-de-grandes-empresas.html. Acesso em: 30 jul. 2020.

MAIS DIVERSIDADE. *Cartilha neurodiversidade*. [S. l.], 2023. Disponível em: https://lnkd.in/dYftumkX. Acesso em: 30 jul. 2020.

PAIVA JUNIOR, Francisco. Saiba como está o mercado de trabalho para pessoas com autismo. *Revista Autismo*, n. 5, 2019, pp. 36-42.

RUGGIE, John Gerard. *Quando os negócios não são apenas negócios*: as corporações multinacionais e os direitos humanos. São Paulo: Planeta/The Compact Global, abr. 2014.

SINGER, Judy. Neurodiversity: Definition and Discussion. *Reflexions on Neurodiversity*, [s. d.]. Disponível em: https://neurodiversity2.blogspot.com/p/what.html. Acesso em: 29 jul. 2023.

SPECIALISTERNE BRASIL. *Autismo e trabalho: a importância de sensibilizar as empresas.* [S. l.], 16 jun. 2023. Disponível em: https://specialisternebrasil.com/autismo-e-trabalho-a-importancia-de-sensibilizar-as-empresas-2/. Acesso em: 29 jul. 2023.

THE NATIONAL AUTISTIC SOCIETY. *The Autism Employment Gap Too Much Information in the Workplace.* [S. l.], 2016. Disponível em: https://www.basw.co.uk/system/files/resources/basw_53224-4_0.pdf. Acesso em: 29 jul. 2023.

UNITED NATIONS. Video message by United Nations Secretary-General Ban Ki-moon on the occasion of the World Autism Day (2 April), 2016. *YouTube*, [s. d.]. Disponível em: https://www.youtube.com/watch?v=HyrJKnanOmo. Acesso em: 4 ago. 2023.

VITORIANO, Marcelo. Neurodiversidade nas empresas – com talento e com o coração. *Revista Autismo*, n. 9, 2020.

VITORIANO, Marcelo. Grupos de afinidade: aliados na neurodiversidade. *Revista Autismo*, n. 13, 2021.

ANA MARQUES

Ana Marques (Pessoa com Deficiência, surda profunda, bilíngue). Formada em Turismo e em Psicologia. Pós-graduada em Gestão de Pessoas pela Escola Superior de Agricultura "Luiz de Queiroz" (ESALQ/USP). Psicóloga, palestrante e Especialista em Diversidade em uma multinacional. Atual conselheira do Conselho Regional de Psicologia de São Paulo, no cargo de vice-presidente.

CAPÍTULO 33

MULTICULTURALISMO E COMUNIDADE SURDA: O RESGATE DAS SUBJETIVIDADES COMO ACEITAÇÃO DA DIVERSIDADE

ANA MARQUES

Para incentivarmos uma real promoção de políticas públicas e exercitarmos o real cumprimento da inclusão diante da comunidade surda, é necessário fazer um paralelo do que constitui (comumente) a presença da surdez para a sociedade ouvinte (pessoa que usa a audição enquanto sentido e meio de comunicação) e como isso se constitui na comunidade surda (enquanto comunidade que tem seu processo histórico e, assim, um conjunto de conhecimento e crenças).

Skliar (1997) é considerado criador do termo "ouvintismo", referido como "um conjunto de representações dos ouvintes sobre a surdez e sobre os surdos, a partir do qual o surdo estará obrigado a olhar-se e a narrar-se como se fosse ouvinte". Assim, ao resgatarmos a pressão histórica ouvintista que aconteceu perante a comunidade surda, podemos enxergar que, para a sociedade ouvintista (em geral), a capacidade da pessoa surda de estar no mundo (de ter subjetividade e vivenciar experiências) era exclusivamente reduzida à sua funcionalidade corporal (ou seja, deficiência sensorial) e oralidade (forma de comunicar). Em paralelo, dentro desse espaço social que constitui a comunidade surda, a surdez é vista como mais um processo identitário (ou até mesmo como mais uma característica) que constitui a condição humana (assim, o foco não está isolado à deficiência sensorial).

Do ponto de vista histórico, antigamente a comunidade surda era pautada no grau da deficiência e no meio de comunicação utilizado

(Libras ou português), havendo hoje um reconhecimento histórico de como a comunidade surda é muito mais complexa quando se trata de autodeclaração e identidades.

Aceitar essa complexidade é inclusive reconhecer que, como se trata de autodeclarações dentro de uma comunidade específica, não é possível a outra pessoa (independentemente de ela ser surda ou ouvinte) escolher e nomear a identidade de uma pessoa surda aleatória. A própria pessoa vivencia e ela mesma avalia e se identifica com a identidade reconhecida.

Partindo do princípio de que as pessoas surdas estão num mundo majoritariamente ouvinte (ou seja, transitam entre um mundo surdo e ouvinte), é de interesse refletirmos como a relação da pessoa surda com ouvintes instiga (ou interfere) na construção da própria subjetividade da pessoa surda e quais são as consequências da não aceitação da sociedade em relação à diversidade de identidades dentro da comunidade surda.

Tendo como reflexão que uma pessoa surda vivencia experiências num mundo ouvintista que comumente versa sobre a condição de "anormalidade" e corponormatividade, o resultado pode ter efeito no desenvolvimento intelectual, emocional e social da pessoa surda, pois historicamente esse mundo ouvintista não permite (em decorrência do capacitismo, da falta de acessibilidade e do cumprimento de seus direitos) o exercício do protagonismo das identidades surdas.

Importante reforçar: quando falo do possível efeito no desenvolvimento intelectual, não me refiro à capacidade cognitiva como um problema, e sim reforço como as barreiras vivenciadas por aquela pessoa surda no seu desenvolvimento tendem a trazer consequências para o seu progresso. O problema não está na deficiência, mas em como é sustentado o capacitismo estrutural, a ponto de impossibilitar o progresso da pessoa com deficiência em todos os âmbitos da sua vida.

Comumente, o estereótipo da incapacidade da pessoa surda interfere, inclusive, dentro da comunidade surda e na construção e aceitação da diversidade surda dentro da sua própria comunidade (a partir do momento em que se analisa o processo histórico da comunidade e se toma consciência das violências sofridas, por exemplo, no método oral de ensino para as pessoas surdas e a proibição da Libras, datada historicamente em 1881).

Não raro, algumas pessoas surdas oralizadas manifestam aversão à Libras como forma de comunicação da pessoa surda; em outros casos, pessoas surdas usuárias da Libras abominam o implante coclear (ou até mesmo não concordam com o português oral como forma de comunicação da pessoa surda).

Contudo, quando falamos da diversidade dentro da comunidade surda, todas essas identidades estão sendo abarcadas (surdos oralizados, sinalizados, usuários de implante coclear, surdo-cego, pessoas surdas bilíngues etc.).

Ao refletirmos sobre a construção das identidades que compõem a comunidade, percebemos que não foram desenvolvidas de uma forma automática e não compõem exclusivamente uma forma biológica, sendo então uma origem social e histórica na construção de identidades na presença da surdez.

O universo cultural dessa comunidade surda abarca hoje identidades que vão além da forma da comunicação, e levando em conta que houve avanços na sociedade, leis e tecnologias que permitiram maior conexão e reflexão para integrantes dessa comunidade (a respeito da percepção dessas pessoas sobre si mesmas e a forma como elas se veem em relação ao mundo ao seu redor).

Segundo Cromack (2004), "o estereótipo sobre o surdo jamais acolhe o ser surdo", uma vez que a "a condição surda é muito mais complexa do que uma deficiência sensorial, pois trata-se de um modo singular de se colocar no mundo".

Portanto, seja no universo ouvinte ou no universo surdo, pensando nesses lugares como um espaço de relações, é imprescindível a aceitação de que a construção das identidades é um fenômeno dinâmico e social, bem como é necessário acolher a existência da diversidade dentro da cultura surda, adotando encorajamentos intersubjetivos dentro da comunidade (no sentido de estimular as relações entre integrantes da própria comunidade) e subjetivos (na direção de encorajar que as experiências individuais sejam respeitadas), de forma ativa e incentivando a tomada de consciência de si próprio, tendo como consequência o fortalecimento dessa diversidade.

Para a sociedade ouvinte e pensando no mercado de trabalho, o primeiro (e mais importante) passo é a tomada de consciência, incentivando o acolhimento e trabalhando pela inclusão desse grupo social (e com esse grupo social ativo na transformação).

Fazer um mapeamento (como pesquisas internas qualitativas) para entender como cada identidade da comunidade surda se pronuncia no mundo e se relaciona no ambiente (logo, suas reais necessidades diante do ambiente em que se situa) é a melhor forma de combater o capacitismo e exclusão.

Um exemplo muito comum de exclusão é a não contemplação de pessoas surdas oralizadas e surdas implantadas nas políticas afirmativas, uma vez que os ouvintes que são a maioria no ambiente tendem a acreditar que as pessoas surdas oralizadas "escutam mais" ou sofrem menos barreiras. Não há proximidade com essas identidades a ponto de entender o que elas precisam (tal como a possibilidade de legendas automáticas, aplicativo de transcrição instantânea, escrever em papel quando necessário etc.).

Ao não considerar as necessidades de cada pessoa representante da comunidade surda e não trabalhar com políticas afirmativas na organização, o desenvolvimento profissional pode ser prejudicado, influenciando o seu engajamento.

Pensar na acessibilidade considerando a individualidade nos possibilita ver a acessibilidade como um recorte e não como algo predefinido. Analisando-se as necessidades, aqui vão alguns recortes que podem ser considerados numa organização:

- Instalação de aparelhos de telefone para surdos (também conhecidos como TDD).
- Instalar sistema de incêndio com sinalização luminosa (lembrar de instalar em todas as dependências dos prédios, inclusive banheiro).
- Potencializar informações visuais ou legendas nas imediações em que há conteúdo sendo exposto.
- Solicitar placas de sinalização em ruas à frente do local de trabalho (incentivando que os motoristas respeitem as pessoas surdas pedestres).
- Garantir a presença de intérpretes de Libras em eventos presenciais e virtuais.

- Dar prioridade para sistemas de reuniões online onde possa ter intérpretes visíveis e legendas automáticas.
- Criar e ampliar educação corporativa para todas as identidades surdas (trabalhar para que seja o mesmo conteúdo que o ouvinte recebe, mas acessível para a compreensão da pessoa surda).
- Incentivar curso de Libras na educação corporativa.
- Assegurar que não haja diferença salarial entre pessoas ouvintes e pessoas surdas.
- Assegurar que a pessoa surda tenha plano de carreira semelhante aos colegas ouvintes.
- Respeitar o uso da escrita da pessoa surda sinalizada, considerando as estruturas gramaticais diferenciadas da Libras.
- Promover processos seletivos acessíveis e inclusivos, não reprovando a pessoa surda em razão da sua surdez.
- Criar políticas de combate de estereótipos de cargos "destinados a pessoas surdas", tanto no recrutamento externo quanto interno.
- Incentivar uma educação corporativa e mentoria inclusiva entre as pessoas em cargos de liderança.
- Certificar que as mentorias, projetos e planos de ações sejam construídos com o protagonismo da comunidade surda (ou tendo a liderança do profissional que é pessoa surda, que entende e contemple a diversidade da sua própria comunidade).
- Construir política afirmativa que incentive a pessoa surda a concluir uma formação externa (pensando na dificuldade do capacitismo institucional-acadêmico).
- Garantir que a pessoa surda tenha todos os benefícios em igualdade de condições com os demais colegas.

Encorajar a voz de todas as pessoas surdas dentro do cenário do trabalho é a melhor política afirmativa para trazer uma acessibilidade que faça realmente jus às necessidades da pessoa, respeitando a diversidade, singularidade de cada identidade e encorajando o senso de pertencimento.

Cada pessoa surda desenvolveu no decorrer de sua vida suas próprias necessidades e estratégias para lidar com as barreiras que surgem na sua interação com o ambiente. Existe diferença porque a história pessoal é muito singular.

Desse modo, reforço que é preciso sempre questionar a própria pessoa surda sobre qual a acessibilidade que melhor lhe convém, entendendo que existem múltiplas possibilidades, como: o intérprete de Libras, o português escrito, a legenda automática, aplicativos de transcrição instantânea, entre outras acessibilidades.

O acolhimento da diferença é possível pela perspectiva de que essa diferença não tem peso negativo e que sem respeito às diferenças há generalização de identidades e não individualização das necessidades, vindo daí a ideia errônea da "necessidade especial". A acessibilidade não é uma estratégia atípica e está ligada ao exercício dos direitos e à prática do protagonismo da pessoa surda.

O mesmo ocorre com pessoas surdas em espaços de poder como cargos de lideranças, em que elas espelham a sua própria comunidade e têm o poder de conscientizar a comunidade ouvinte sobre a visão distorcida do estereótipo da incapacidade da pessoa surda (que se refere mais à incapacidade do ouvinte em encontrar formas de comunicar e de aceitar que ele precisa se esforçar para incluir).

Uma vez compreendido o processo da inclusão (que é algo contínuo e não se esgota), esse novo olhar diante do resultado serve de referência, como valor atribuído ao que as diferenças que contemplam a diversidade são capazes de contribuir, enquanto criação de estratégias para resolução de problemáticas e a partir do próprio protagonismo das identidades surdas.

REFERÊNCIAS BIBLIOGRÁFICAS

CROMACK, Eliane Maria Polidoro da Costa. Identidade, cultura surda e produção de subjetividades e educação: atravessamentos e implicações sociais. *Psicologia, Ciência e Profissão*, v. 24, n. 4, 2004, pp. 68-77.

FENEIS. *Documento de acessibilidade e direitos humanos dos surdos*. [S. l.], 2005. Disponível em: https://pesquisa.bvsalud.org/portal/resource/pt/lis-21542. Acesso em: 9 jul. 2023.

MONTEIRO, Myerna Salerno. História dos movimentos dos surdos e o reconhecimento da Libras no Brasil. *Educação Temática Digital*. Campinas, v. 7, n. 2, jun.2006, pp. 292-302.

SKLIAR, Carlos. Uma perspectiva sócio-histórica sobre a psicologia e a educação dos surdos. In: SKLIAR, C. (Org.). *Educação e exclusão*: abordagens socioantropológicas em educação especial. Porto Alegre: Mediação, 1997, pp. 105-53. (Cadernos de autoria, 2).

ANA K. MELO

É executiva de Recursos Humanos, especialista em D&I, palestrante, TedX Speaker. Nas redes sociais, aborda suas vivências como mulher negra e com deficiência para mais de 40 mil seguidores. Formada em marketing, iniciou a carreira como voluntária de uma ONG do seu bairro, na região periférica da grande São Paulo. Atuou nas secretarias da mulher, de comunicação e ações sociais de Barueri, foi sócia da XP Inc, onde liderou as áreas de cultura e D&I.

CAPÍTULO 34

APRENDIZADOS SOBRE CAPACITISMO APÓS UMA DEFICIÊNCIA ADQUIRIDA

ANA K. MELO

Olá. Começo te cumprimentando, pois, sempre que leio um livro, me considero embarcando num diálogo com a pessoa que escreveu. E desejo que você embarque neste bate-papo comigo; vou compartilhar com você, através das minhas experiências enquanto mulher negra com deficiência, situações em que é fácil identificar como fui excluída, para que você reflita sobre seu papel em tornar a sociedade mais inclusiva. Embarque nas histórias, mas não se distraia do objetivo. Atente-se ao que não fazer e ao papel de cada pessoa; eu destaco duas, um segurança e um diretor.

Dia 27 de dezembro de 2009 foi quando minha vida mudou. Embora a forma como aconteceu seja relevante, aqui vou me ater apenas a uma das mudanças. Após dezoito anos vivendo como uma pessoa típica, sem deficiência, tive a minha perna direita amputada abaixo do joelho e me tornei uma *pessoa com deficiência.*

No início, a amputação para mim era sobre: será que nunca mais vou poder usar salto? Isso mesmo, o salto era minha única preocupação. Sendo uma menina negra, com família de origem humilde, criada na periferia, eu acreditava já ter vivenciado o preconceito de diversas maneiras. Nem passavam pela minha cabeça coisas como: vão me olhar estranho? Vou conseguir um emprego? Vão me chamar de doente? Vou conseguir ir a shows? Como vou pegar o ônibus? Será que vou namorar?

Se você não é uma pessoa com deficiência ou não tem nenhuma pessoa com deficiência entre seus amigos e família, provavelmente, assim como eu até os meus dezoito anos, você não se pergunta essas coisas e talvez não imagine que algumas pessoas pensem sobre isso, sofram com isso e até mesmo não consigam fazer essas coisas — não por incapacidade, é importante pontuar, mas por algo que fui experienciando e aprendendo dolorosamente ao longo desses treze anos após a amputação. O capacitismo, em suas diversas formas, torna as respostas para essas perguntas um potencial "não", devido a uma realidade de exclusão, preconceito e falta de acessibilidade.

Comecei a entender e experienciar isso na primeira vez que fui a um show após a amputação. Em fevereiro de 2010, era a primeira vez da minha cantora favorita no Brasil, e a deficiência ainda era muito recente, menos de dois meses. Eu não queria perder aquela chance e fui pesquisar sobre o que tinha de infraestrutura para viabilizar minha ida ao show. Li sobre a obrigatoriedade de um espaço reservado para PCDs, liguei para me informar sobre como funcionava, recebi as orientações e fui. Quando cheguei ao estádio, fui até o portão indicado e ninguém sabia sobre o tal espaço reservado. Quando finalmente nos acomodamos, percebi que só havia eu, minha mãe, meu primo e uma outra pessoa naquele espaço "reservado". Essa pessoa estava com um dos pés engessado, portanto com a mobilidade reduzida temporariamente; me chamou a atenção não haver outras pessoas com deficiência lá. Um pouco antes de o show começar, decidi ir ao banheiro, e aí entra *o segurança*. Para ir ao banheiro tinha duas opções, uma no subsolo, após muitas escadas, e a outra era o banheiro químico com piso completamente molhado. Ambos me deram medo de cair. Então me dirigi ao segurança e perguntei: "não tem outro banheiro aqui? Será que alguém pode secar esse antes de eu entrar? Senão eu vou cair". Ele me respondeu: "Moça, você não tinha nem que estar aqui, gente como você tem que assistir de casa". Eu engoli em seco, fui ao banheiro molhado e internamente me revoltei; quem era ele para dizer onde eu deveria estar? Curti o show e, ao final, perguntas martelaram na minha cabeça: por que eu raramente via pessoas com deficiência nos meus espaços favoritos? Será que eu não prestava atenção ou elas não estavam mesmo lá? Onde elas estão?

Elas estavam em casa, escondidas ou "protegidas" pela família, rejeitadas pela sociedade, pelas empresas, pela publicidade, pelas marcas, pelos grandes eventos, pela internet, pelo entretenimento, pela televisão. Não era por vontade delas. Pessoas com deficiência estavam invisíveis aos nossos olhos, porque era mais confortável para a sociedade invisibilizá-las.

Quando você é uma pessoa com uma deficiência adquirida, conhece os dois lados da moeda, sabe como era antes, portanto fica muito mais evidente o que falta depois. Eu não aceitei a sentença do segurança, a imposição para que eu nunca mais fosse a um grande show, logo eu, que respiro música e festivais. A fala dele provocou em mim algo muito diferente do que acredito ter sido a intenção: decidi que eu iria fazer tudo que fazia antes da amputação e muito mais.

Minha prótese se tornou meu colete à prova de balas. Você pode apontar todas as razões para eu não fazer algo, menos a minha deficiência, porque, se fizer isso, verá esse algo sendo feito com o nível máximo de excelência. Eu acredito que parte da minha missão é abrir caminhos para outras pessoas com deficiência realizarem seus sonhos. Isso passa pelos espaços de lazer, mas principalmente pelo mercado de trabalho.

Eu tive uma experiência de trabalho antes da amputação, mas minha carreira foi se desenhando mesmo depois da minha reabilitação. Eu já havia procurado emprego antes e tinha uma memória de ser muito difícil, afinal, era uma menina negra da periferia da Grande São Paulo no primeiro semestre da faculdade. Porém, na minha primeira tentativa, fui contratada. Passei para uma posição de operadora de caixa de banco, e não gostei da experiência. Decidi mudar e, com apenas uma entrevista, novamente contratada. Até então, eu nem relacionava esses empregos com a Lei de Cotas, afinal, eu estava me apresentando como uma profissional, não como um CID.[1]

1 Classificação Estatística Internacional de Doenças e Problemas Relacionados com a Saúde (CID; em inglês: *International Statistical Classification of Diseases and Related Health Problems* — ICD) publicada pela Organização Mundial da Saúde (OMS).

Nessa segunda experiência, eu vivi uma coisa que nomeio como "subemprego". Basicamente é uma posição que existe apenas para a empresa não pagar multa por não cumprir o número de pessoas com deficiência exigido por lei. Normalmente são cargos de assistente administrativo ou analista júnior, com tarefas que poderiam ser desempenhadas por pessoas em início de carreira, não importa sua experiência, sem metas, sem perspectiva de carreira, promoção ou mérito por desempenho. Você é apenas um número reportado para o Ministério do Trabalho e Emprego. Eu não tinha conhecimento suficiente para identificar o capacitismo nessa situação, mas houve um dia que foi um divisor de águas: cheguei para trabalhar e não tinha nada para fazer, nada; eu liguei em uma rádio de São Paulo e ganhei um celular em um *quiz*. Nesse dia pensei: por que essa empresa está me pagando se eu não estou fazendo nada? No dia seguinte pedi para conversar com a minha líder e falei sobre isso. Ela ficou sem resposta, mas prometeu encontrar algo para eu me motivar. Bom, não era uma questão de motivação.

Decidi sair do mundo corporativo e fui para o serviço público, onde fiquei por seis anos. Nesse período a deficiência não era protagonista no meu trabalho, e isso foi transformador; pude impactar a vida das pessoas sem me perguntarem se eu conseguiria fazer meu trabalho. Mas a vida é movimento. E, em dezembro de 2017, eu quis voltar para o mundo corporativo. Minha última experiência procurando emprego tinha sido fácil, mas dessa vez não, não foi nem fácil, nem rápido, e fiquei feliz por isso: talvez a lei de cotas não estivesse influenciando o processo e estivessem me avaliando como profissional. Era exatamente o que eu queria.

Em fevereiro de 2018 surgiu uma entrevista para uma grande corretora de valores. Eu não conhecia nada do mercado financeiro, não fazia ideia de como era o "condado da Faria Lima". Fiz quatro entrevistas e fui aprovada. Então, quando eu disse sim para a vaga, ouvi pela primeira vez: "Para quem é PcD é mais fácil!" e "Será que te contratariam se você não fosse PcD?". Doeu, porque a resposta para a primeira fala era "não" e para a segunda também. Eu entendi rapidamente que o mercado financeiro tinha uma lista de requisitos sobre o perfil ideal e eu não me encaixava em nada. Mas, ainda assim, eu tinha algo, estava apaixonada pela empresa.

Apesar da paixão, minha primeira semana nessa empresa me trouxe à memória o dia que ganhei o tal celular na rádio. Eu não tinha metas, não tinha expectativas sobre o que eu poderia entregar; a diferença dessa vez é que eu tinha altas expectativas sobre mim. Então, em uma reunião de time, na minha primeira semana, meu nome aparecia em um slide como evidência para reportar à fiscalização da lei de cotas. É aí que entra *o diretor*. Eu fiquei desconfortável, mais uma vez, sendo apenas um número. Então meu diretor perguntou: "Ana, o que você achou do seu processo?". Talvez em outro momento eu ficasse calada, ou diria algo alinhado ao discurso corporativo. Mas ali ele fez uma pergunta para uma mulher ativista que tinha assumido consigo o compromisso de não permitir que usassem a sua deficiência para limitá-la ou diminuí-la e de sempre transformar os espaços que acessasse. E, sendo eu essa mulher, a resposta foi: "Não gostei, cheguei aqui sem nada para fazer, vocês não consideram a minha experiência e não gostaria que outras pessoas com deficiência passassem por isso". A resposta do meu diretor foi um sonoro "*eu sabia*" seguido de "não concordo em contratar por contratar, que bom que você está aqui, ajuda a gente a não errar de novo. Daqui pra frente toda contratação de PCDs é com você".

Isso significou autonomia e impulso para transformar uma realidade que me incomodava desde que me tornei uma pessoa com deficiência. Não por acaso, a primeira ação para a contratação de pessoas com deficiência que liderei nessa empresa se chamava "Mais que um número". E com muito orgulho lhe digo que fui a oitava pessoa com deficiência contratada por aquela empresa, mas, quando encerrei minha jornada lá, eram mais de cem pessoas em diversas áreas e cargos.

Na minha trajetória eu não tive referências de como fazer, fontes para consultar, não esperei um cargo sênior para liderar uma transformação. Eu não tinha esse tempo. A estrutura capacitista impõe barreiras para que nossa população seja contemplada nas discussões e nos programas de diversidade e inclusão. Mas você está num lugar diferente agora: você tem este livro, que é uma ferramenta prática para transformações poderosas, e pode usar cada parte do conhecimento que foi compartilhado aqui para transformar os espaços que você acessa.

Por isso, para encerrar nosso papo, vou compartilhar algumas dicas práticas para que você, assim como eu, mude o mundo uma pessoa por vez. Elas são simples e complementares; use sem moderação.

1. *Não use o lugar de fala como justificativa para ocupar um lugar de inércia.* A maioria dos espaços não é acessível e inclusivo exatamente por não termos pessoas em lugares de decisão contemplando a inclusão de pessoas com deficiência. Pense nas duas pessoas que destaquei neste capítulo: uma quis me limitar, a outra me envolveu na solução. Passe a observar se os espaços que você frequenta são acessíveis, observe quantas pessoas com deficiência frequentam esses lugares. É por aí que você começa, nos lugares em que você está sempre. Posicione-se, questione o dono do bar, da academia, sua liderança. Agora que você leu este livro e especificamente este capítulo, você tem a responsabilidade de somar sua voz com a minha e de outras pessoas com deficiência nesses lugares onde você é uma pessoa conhecida. Então a bola está com você. Posicione-se.
2. *Envolva as pessoas com deficiência quando for desenvolver soluções para promover inclusão.* E aqui cito o lema da Convenção sobre os Direitos das Pessoas com Deficiência: *Nada sobre nós sem nós.* Um dos erros mais comuns e constantes de empresas e pessoas que querem promover a inclusão é pensar em seus programas, soluções e produtos sem envolver o público-alvo. Contudo, preciso pontuar, envolver não é transferir a responsabilidade de resolver. Se hoje seu negócio, espaço ou comportamento não são inclusivos, a responsabilidade de mudar isso é sua. Ter pessoas com deficiência como parte do processo fará com que você chegue mais rápido em soluções mais assertivas e realmente inclusivas.
3. *Não limite as pessoas.* Não presuma, não compare, não pense como você faria, não deixe de contratar, convidar para sair, apresentar uma oportunidade só porque você acha que seria "difícil" para

aquela pessoa. Eu sei, parece óbvio, mas não é. Apresente a oportunidade, os recursos disponíveis, as barreiras mapeadas e deixe que a pessoa decida se quer aceitar ou não. Frequentemente escuto de lideranças de empresas: "Nossa empresa não está 100% preparada para receber pessoas com deficiência". E eu sempre respondo que será muito difícil entender o que deve ser preparado até que tenha uma pessoa lá.

GLAUCO FIGUEIREDO SANTOS

Glauco Figueiredo Santos é um homem negro, cis, hétero, pai do Murilo. Jornalista, palestrante e profissional de comunicação há mais de dezessete anos, atua no segmento de comunicação corporativa. Estudioso da temática de DE&I com recorte racial e da história afro-brasileira. Pós-graduando em História da África e da Diáspora Atlântica *lato sensu* do Instituto de Pesquisa e Memória Pretos Novos (IPN), em parceria com a FGE-SP. Glauco é o criador do perfil @omowale_br (Instagram), que aborda essas temáticas.

CAPÍTULO 35

"SANKOFAR" É FUNDAMENTAL NAS ORGANIZAÇÕES E AMBIENTES EDUCACIONAIS

GLAUCO FIGUEIREDO SANTOS

"O passado comunica o presente, o presente dialoga com o passado. Só assim nossa árdua função se recobre de significados e de sentidos" (OLIVA, 2003). Esse pequeno trecho do artigo escrito pelo historiador e professor de História da África do Departamento de História da Universidade de Brasília (UnB) Anderson França representa um resumo simbólico do conceito chamado *sankofa*, que tem origem nos povos Akan. Eles ocupam boa parte da região da África Ocidental, compreendendo, principalmente, os atuais países de Costa do Marfim e Gana, e criaram elementos de escrita que traduzem parte da sua cultura expressa pelos *adrinkras*.[1] No caso específico do *sankofa*, seu significado mais amplo está presente na afirmação de que "nunca é tarde para voltar e recolher o que ficou para trás" (LOPES, 2011). É simbolizado por um pássaro que anda para a frente, mas com o olhar para trás. Para a população que tem origem na diáspora africana forçada, "sankofar" é resgatar os elementos culturais simbólicos dos nossos antepassados ricos em significados de pertencimento, epistemologias, tecnologias e modos de viver que explicam quem somos hoje. É uma forma de manter esse "vaso comunicante" permanentemente aberto entre a ancestralidade e a contemporaneidade.

1 Ideogramas impressos por meio de desenhos entalhados em madeiras e aplicados, principalmente, em tecidos

OS DANOS CAUSADOS PELO SISTEMA ESCRAVOCRATA

No decorrer dos seus 523 anos após o seu "achamento", o Brasil implementou uma violenta prática de sistema escravagista, que durou cerca de 353 anos. Segundo alguns historiadores, esse modelo impôs o desterro de aproximadamente 6 milhões de pessoas oriundas de reinos e impérios no continente africano, e também afetou milhares de populações indígenas. Essa prática mercantilista que impulsionou o "desenvolvimento" de Portugal imputou sofrimentos e apagamentos de pertencimentos de povos com composições étnicas diversas. Esses "esquecimentos" forçados foram ainda mais rigorosos quando se lembra que, em 14 de dezembro de 1890, o então ministro da Fazenda, Rui Barbosa, determinou a queima de todos os registros documentais relacionados à escravidão (LACOMBE; SILVA; BARBOSA, 1988).

> Decisão s/n de 14 de dezembro de 1890
>
> *Manda queimar todos os papéis, livros de matrícula e documentos relativos à escravidão, existentes nas repartições do Ministério da Fazenda. Rui Barbosa, Ministro e Secretário de Estado dos Negócios da Fazenda e Presidente do Tribunal do Tesouro Nacional: Considerando que a Nação brasileira, pelo mais sublime lance de sua evolução histórica, eliminou do solo da pátria a escravidão — a instituição funestíssima que por tantos anos paralisou o desenvolvimento da sociedade, inficionou-lhe a atmosfera moral; Considerando, porém, que dessa nódoa social ainda ficaram vestígios nos arquivos públicos da administração; Considerando que a República está obrigada a destruir esses vestígios por honra da Pátria, e em homenagem aos nossos deveres de fraternidade e solidariedade para com a grande massa de cidadãos que pela abolição do elemento servil entraram na comunhão brasileira; Resolve: 1 Serão requisitados de todas as Tesourarias da Fazenda todos os papéis, livros e documentos existentes nas repartições do Ministério da Fazenda, relativos ao elemento servil, matrícula dos escravos, dos ingénuos, filhos livres de mulher escrava e libertos sexagenários, que deverão ser sem demora remetidos a esta Capital e reunidos em lugar apropriado na Recebedoria. 2 Uma comissão composta dos Srs. João Fernandes*

Clapp, presidente da confederação abolicionista, e do administrador da Recebedoria desta Capital, dirigirá a arrecadação dos referidos livros e papéis e procederá à queima e destruição imediata deles, que se fará na casa da máquina da Alfândega desta Capital pelo modo que mais convenientes parecer à comissão.

Capital Federal, 14 de dezembro de 1890.

Mesmo sob o rigor de brutalidade vivida durante esses longos anos de escravidão, cujos reflexos permanecem presentes ainda hoje, a população africana e seus descendentes adotaram métodos de resistir e viver por meio das suas tecnologias e conhecimentos. As formações de quilombos, os vários levantes internos no país, a luta pela conquista da liberdade e atuação na defesa da abolição "inconclusa" promovida durante os períodos do Brasil Colônia e Império tiveram como expoentes grandes negros e negras reconhecidos somente entre os séculos XX e XXI. Esperança Garcia, reconhecida pela Ordem dos Advogados do Brasil Nacional (OAB) como a primeira advogada brasileira, em 2022, por sua petição escrita em 1770; e Luis Gama, também admitido pela OAB Nacional como advogado em 2021, 130 anos após a sua morte, são dois entre tantas pessoas de origem afrodescendente que tiveram um papel fundamental na luta pela liberdade e acesso a direitos, muito antes da instituição da Declaração Universal dos Direitos Humanos na Organização das Nações Unidas em 1948.

Passados 135 anos após a abolição, fomentar o acesso de pessoas negras nas organizações é um desafio grande a ser superado na busca dos processos de reparação histórica. Ainda mais quando se pensa na possibilidade de ascensão profissional num país composto por uma população cuja autoidentificação como negra chega a aproximadamente 56%. Mesmo sendo mais da metade da população brasileira, o cenário ainda é complexo. "[...] apenas 4,7% da liderança nas grandes empresas — considerando apenas mulheres negras, o percentual é de 0,4%. Os dados são do último censo do Instituto Ethos, feito com 500 grandes companhias no Brasil em 2016, mas seguem atuais" (NÓR, 2022).

ESPAÇOS DE RECONHECIMENTO E VALORIZAÇÃO DAS POTÊNCIAS

Promover oportunidades para pessoas negras entrarem no mercado de trabalho e no ambiente educacional tem sido um desafio. No entanto, algumas boas práticas antirracistas vêm colhendo resultados prósperos. Em 2020, a rede de varejo Magazine Luiza causou uma grande repercussão ao promover um programa voltado para a contratação de *trainees* negros, o que gerou a inscrição de mais de 22 mil pessoas. Ao fim do processo, dezenove foram selecionadas e, na conclusão do programa, "eles foram promovidos ao cargo de analista sênior e puderam optar por exercer suas funções na área da companhia com a qual tinham mais afinidade" (NOGUEIRA, 2022).

A consultoria e auditoria PwC também vem investindo de forma vigorosa numa agenda de inclusão de pessoas negras desde 2018. A empresa estipulou metas de contratação que geraram mudanças significativas, saindo de um índice de 8% de pessoas negras oriundas dos programas de *trainee* em 2018 para 40% em 2021. Naquele mesmo ano, a companhia lançou um programa de aceleração voltado a impulsionar pessoas negras para posições de liderança. Na sua segunda edição, em 2022, focou em selecionar cinquenta analistas negros com potencial para atuarem em cargos de gestão. O programa envolve mentorias, treinamentos, acesso a cursos de inglês, letramento racial, este último contando com a participação dos sócios da empresa. Além disso, a PwC promove eventos que reúnem profissionais negros da empresa e personalidades negras de destaque no mercado que são convidadas para conversar com os colaboradores (NÓR, 2022).

COMPLIANCE ANTIDISCRIMINATÓRIO APONTA UM CAMINHO PARA AS ORGANIZAÇÕES

Dadas as dificuldades que algumas organizações ainda encontram para promover processos inclusivos de pessoas negras nas estruturas corporativas, outros caminhos estruturais são apresentados por meio da adoção do chamado "compliance antidiscriminatório". A tese defendida pelo advogado Fabiano Machado da Rosa e pela advogada Luana Pereira da Costa prevê a adoção "do programa de compliance como um pilar antidiscriminatório que vai muito além de abordar processos que lidem com condutas inapropriadas, como situações de assédio, discriminação, preconceito e racismo e violações das leis trabalhistas".

> Dadas as complexidades e a variedade dos temas derivados dos preconceitos e discriminações, assim como seus efeitos danosos, internos e externos, é que defendemos a existência do Compliance Antidiscriminatório, como campo autônomo, que terá como objetivos:
>
> - Garantir o respeito à diversidade;
> - Promover o convívio marcado pelo respeito e pela segurança;
> - Consolidar uma cultura interna fundada na ética e nos direitos humanos;
> - Fomentar um espaço não violento de acolhimento da multipotencialidade das diferenças e estímulo do livre desenvolvimento da personalidade;
> - Sistematizar políticas corporativas que objetivem a equidade, entre outras contribuições.
>
> O Compliance Antidiscriminatório, integrante do sistema geral de integridade da empresa, pode trazer novas normas, controles e processos de governança corporativa para identificar, prevenir, mitigar, afastar ou dar respostas a possíveis situações discriminatórias, que incluem tratamentos desfavoráveis ou incoerentes decorrentes de gênero, idioma, religião, identidade cultural, opinião política ou de outra natureza, origem social, posição socioeconômica, nível educacional, condição de migrante, refugiado, repatriado, apátrida ou deslocado interno, deficiência, característica genética, estado de saúde física ou mental, inclusive infectocontagioso, e condição psíquica incapacitante, ou qualquer outra condição. (ROSA; COSTA, 2022)

ESCOLINHA MARIA FELIPA DEMONSTRA NA PRÁTICA UMA METODOLOGIA ANTIRRACISTA E AFROCENTRADA

No campo educacional, a observação da Lei n. 10.639/2003, atualizada posteriormente pela Lei n.11.645/2008, tornou obrigatório o estudo da história e cultura indígena e afro-brasileira nos estabelecimentos de ensino fundamental e médio. Apesar do seu estabelecimento, ela ainda não está completamente implementada na rede de educação básica, mas bons exemplos existem, como é o caso da Escolinha de Educação Infantil Afro-brasileira Maria Felipa, de Salvador (BA), fundada em 2019. Idealizada pela professora, mestre e doutora em Ensino de Química da Universidade Federal da Bahia (UFBA) e filósofa Bárbara Carine Soares Pinheiro, a escola oferece uma educação com metodologia antirracista, afro-brasileira, afrocentrada e decolonial. A unidade é trilíngue — português brasileiro, inglês e Libras — e possui um corpo docente com mulheres e homens cis, héteros, gays e trans (FRÓES, 2021).

Iniciativas como essa alcançam as crianças na base de formação educacional formal e abrem espaço para a constituição de uma cidadania que não seja "alimentada" com elementos racistas.

Não há nada mais potente, simbólico e significativo para pessoas negras do que se "perceberem" efetivamente nas suas potencialidades. E mais ainda quando identificamos a possibilidade de criar espaços autorreferenciados. Ao fazer isso, resgatamos as nossas essências legadas pela nossa ancestralidade, o que abre novas possibilidades de espaços de poder. É uma forma plena de "sankofar" e pegar novamente aquilo que ficou para trás para seguirmos em frente.

REFERÊNCIAS BIBLIOGRÁFICAS

FRÓES, Paula. Referência em educação antirracista e decolonial, Escolinha Maria Felipa oferta aulas para crianças de outros estados. *Revista Afirmativa*, 2021. Disponível em: https://revistaafirmativa.com.br/referencia-em-educacao-antirracista-e-decolonial-escolinha-maria-felipa-oferta-aulas-para-criancas-de-outros-estados/. Acesso em: 30 jun. 2023.

LACOMBE, Américo; SILVA, Eduardo; BARBOSA, Francisco de Assis. *Rui Barbosa e a queima de arquivos*. Rio de Janeiro: Departamento de Imprensa Nacional, 1988.

LOPES, Nei. *Enciclopédia brasileira da diáspora africana*. 4. ed. São Paulo: Selo Negro, 2011.

NOGUEIRA, Lígia. Se a pessoa não se sente pertencente, vai embora: mitos sobre a inclusão. *Portal UOL*, 2022. Disponível em: https://www.uol.com.br/ecoa/ultimas-noticias/2022/09/30/futuro-do-trabalho-empresas-abracam--diversidade-para-acompanhar-mudancas.htm. Acesso em: 30 jun. 2023.

NÓR, Barbara. Empresas antirracistas: como avançar na inclusão de pessoas negras. *Portal Você RH*, 2022. Disponível em: https://vocerh.abril.com.br/diversidade/empresas-antirracistas-como-avancar-na-inclusao-de-pessoas-negras. Acesso em: 30 jun. 2023.

OLIVA, Anderson. Artigo: A História da África nos bancos escolares. Representações e imprecisões na literatura didática. *Estudos Afro-Asiáticos*, ano 25, n. 3, 2003, pp. 421-461.

ROSA, Fabiano Machado da; COSTA, Luana Pereira da. *Compliance Antidiscriminatório*. [S. l.]: Thomson Reuters Brasil, 2022.

TAMILES ALVES

Baiana, graduada em Comunicação Social e mestra em Cultura e Sociedade pela UFBA. No momento, é doutoranda no Diversitas (USP), onde pesquisa o racismo institucional e as políticas de promoção da igualdade racial. É também especialista em DE&I.

VERÔNICA VASSALO

Letrada pelos movimentos negros educadores, vivências e lutas coletivas. Consultora de DE&I, assistente social, docente, especialista em Psicologia Organizacional, Relações Étnico-raciais e Direitos Humanos pela Universidade Federal do ABC (UFABC). Mestre em Serviço Social pela Pontifícia Universidade Católica de São Paulo (PUC-SP).

KATIANA NORMANDIA

Mulher preta e baiana. Administradora de formação, com especializações nas áreas de gestão de pessoas e educacional, pesquisa sobre as barreiras que mulheres negras encontram no mercado de trabalho para ocupar posições de lideranças. Idealizadora do podcast Vozes Femininas, e atua com impacto social na Educação.

CAPÍTULO 36

ESG E A QUESTÃO ÉTNICO-RACIAL: UMA QUESTÃO TRANSVERSAL

TAMILES ALVES | VERÔNICA VASSALO | KATIANA NORMANDIA

ESG: O QUE É?

Podemos considerar que as organizações privadas são parte de algo maior e não podem ser vistas de forma fragmentada. Valores e princípios universais, e mesmo nacionais/regionais, não se esgotam nos muros das organizações, pois estas não estão em um universo paralelo. Antes, o foco das organizações privadas era somente crescimento e lucro, em prejuízo de fornecedores, clientes e trabalhadores. Hoje o foco tem que estar no bem-estar das partes relacionadas (*stakeholders*), inclusive comunidades no entorno e meio ambiente.

Com governança ambiental, social e corporativa (ESG), o que se busca é a construção de uma sociedade alicerçada num modelo sustentável em diversos aspectos. As organizações reproduzem e refletem os modelos societários estabelecidos. Mas qual o tipo de sociedade que estamos construindo? Inclusiva ou excludente? As organizações têm um papel social imprescindível e esquecer-se dessa importância impacta diretamente os negócios.

Implantar ESG nas organizações é, consequentemente, contribuir para um ambiente colaborativo, acolhedor, engajado, ético, criativo, inovador, diverso e responsável, tanto para o público interno quanto para o externo, potencializando dessa forma o compromisso com a responsabilidade social e equidade de oportunidades, com um futuro sustentável e possível para todas as pessoas.

Muitos dos desafios encontrados nos ambientes corporativos estão baseados nas dificuldades em atender e acompanhar as intensas e velozes mudanças do mercado. Vivemos em uma era globalizada, que nos impele à busca contínua de adaptação e readaptação às distintas e aceleradas necessidades deste competitivo mercado organizacional, e, para tal, precisamos nos preparar para acompanhar a velocidade dessas mudanças que o mundo atual exige.

Nunca se falou tanto em ESG nas empresas. Conforme a vigésima edição da pesquisa *Workmonitor* (RANDSTAD, 2023), 50% dos profissionais brasileiros deixariam o emprego se não nutrissem um sentimento de pertencimento à empresa e 48% recusariam uma posição não alinhada a valores sociais e ambientais. A pesquisa nos apresenta uma tendência de que profissionais busquem por organizações que promovam um ambiente de trabalho inclusivo, com compromissos voltados à responsabilidade social e ambiental. Atuar com responsabilidade social é atender a legislação, não somente internamente, mas também com o público externo. Não se pode reduzir a responsabilidade social como somente a imagem social. A responsabilidade social empresarial é conceituada pelo Instituto Ethos como:

> A forma de gestão que se define pela relação ética e transparente da empresa com todos os públicos com os quais ela se relaciona e pelo estabelecimento de metas empresariais compatíveis com o desenvolvimento sustentável da sociedade, preservando recursos ambientais e culturais para gerações futuras, respeitando a diversidade e a redução das desigualdades sociais. (Ethos, 2004)

As organizações ocupam um papel na sociedade que vai além da geração de riqueza e geração de empregos. Elas detêm um grande poder econômico, mas também político e social. As ações de uma empresa impactam direta e indiretamente a vida das pessoas colaboradoras, a sociedade, o Estado, ou seja, suas decisões podem repercutir no campo local e global.

O desenvolvimento sustentável contribui para as necessidades social-econômico-ambiental-culturais desta geração, sem comprometer as gerações futuras. Olhar para isso é ter a capacidade de suprir essas necessidades atuais e pensar no futuro, contribuindo para uma sociedade sustentável a longo prazo. Uma empresa que possui em suas práticas a soma desses conceitos pode se denominar uma empresa socialmente responsável.

Uma empresa que tem a responsabilidade social como valor está no caminho certo para ter um ambiente de trabalho socialmente responsável, considerando também a importância da diversidade, equidade e inclusão. É um ambiente que, além de um impacto social externo, tem um impacto social interno, em que as pessoas colaboradoras têm um sentimento de pertencimento. ESG se trata de demanda social, demanda legal e demanda de negócio, portanto é um fator estratégico para a geração de valor.

A QUESTÃO ÉTNICO-RACIAL NO BRASIL

As relações étnico-raciais no Brasil guardam muitas particularidades, as quais também estão presentes na história do país, que carrega sozinho o fardo de ter sido a última nação do Ocidente a abolir a escravidão, bem como a que mais recebeu pessoas negras oriundas do continente africano durante o tráfico transatlântico. O trabalho forçado de pessoas escravizadas foi o que garantiu a riqueza de uma nação recém-fundada pelos portugueses, que, por sua vez, se apossaram de um território que já tinha donos: os povos originários, que foram dizimados por doenças e inúmeras violências.

Pessoas negras foram sequestradas de seus reinos, dinastias e comunidades e ficaram submetidas a um sistema desumano que roubou suas vidas por quase quatro séculos. A desumanização presente na escravidão perdurou na formação da sociedade pós-escravista, que passou a se valer não mais do sistema de servidão forçada, mas do racismo, que é um sistema de opressão que nega direitos, oportunidades e opera por meio da exclusão e subalternização dos corpos negros.

Assim como a escravidão, o racismo representa um mal secular que reinventa os seus modos de existência, que se manifestam pela forma cordial, estrutural, institucional, recreativa, e tantos outros modos, o que chamamos de racismo à brasileira. O Brasil, para amenizar a vergonha histórica, criou para si a imagem de democracia racial, e esse direcionamento camuflou e camufla ainda hoje os problemas sociais vivenciados pela população negra.

Do ponto de vista do racismo institucional, as pessoas negras tiveram seus direitos negados pela legislação brasileira: não receberam indenização do Estado pós-abolição, foram impedidas de estudar, de votar, de ter acesso à terra. Atualmente esse cenário não é diferente, pois a população negra continua vivenciando problemas institucionais, como o genocídio e o encarceramento em massa. Acrescido a isso, quando falamos de acesso aos serviços públicos, esse acesso ocorre de forma precária, sobretudo no que diz respeito aos serviços de seguridade social (saúde, previdência e assistência social).

Do ponto de vista do racismo estrutural, as pessoas negras estão em sua maioria no mapa da pobreza; são as que mais passam fome, as que não têm moradia digna devido ao racismo ambiental, as que são excluídas do mercado de trabalho, as que mais enfrentam o desemprego, estão em maior quantidade nos trabalhos informais e trabalho análogo à escravidão. E, quando estão inseridas nas empresas, são as que recebem os menores salários, as que têm menos evolução e progressão de carreira, as que lideram as listas de *turnover* e, por último e não menos importante, as que menos ocupam posições de liderança.

Olhando para a situação das pessoas negras no mercado de trabalho, pesquisas recentes apontam que: 30,5% das taxas de desemprego são ocupadas por pessoas negras no Brasil (PNAD, 2019); 60% dos(as) trabalhadores(as) informais no Brasil são negros(as), os(as) que representam apenas 6,3% dos cargos gerenciais e menos de 5% das posições executivas (Banco Mundial, 2022); menos de 30% dos cargos de lideranças são ocupados por pessoas negras (IBGE, 2020); as mulheres negras representam apenas 3% entre lideranças de empresas (Instituto Kairós, 2022). Ou seja, a desigualdade que é vista na sociedade se reflete nos espaços privados.

Tanto o passado quanto o presente nos mostram as injustiças sociais vivenciadas pela população negra no Brasil, por isso é importante que a sociedade e as organizações reconheçam o impacto do racismo na vida das pessoas negras, bem como, refletir como a atual geração e suas ações podem contribuir para a superação do racismo e das desigualdades, na busca de um mundo onde a equidade racial seja uma realidade. Nesse sentido, o trabalho que as empresas vêm realizando através do ESG e da diversidade, equidade e inclusão é imprescindível para que possamos romper com as opressões e construir um futuro possível em que a população negra tenha acesso a direitos, à justiça e a uma vida digna. A luta pela equidade racial é uma luta de todas as pessoas e organizações; é uma questão de reparação histórica.

ESG E A QUESTÃO ÉTNICO-RACIAL

Atualmente estamos vivenciando um cenário mundial, importante destacar, proveniente das reivindicações dos movimentos sociais, que vêm contribuindo diretamente para a visibilidade da questão étnico-racial, incluída como uma das prioridades na pauta da construção de políticas públicas no Brasil. Estamos na década dos afrodescendentes (2015-2024), calendário estabelecido pela Organizações das Nações Unidas (ONU), fruto de lutas dos movimentos negros e consequência de acordos internacionais, como a Declaração e Programa de Ação de Durban (2001) e a Convenção Internacional sobre a Eliminação de Todas as Formas de Discriminação Racial pela Unesco.

Entretanto, apesar dos avanços, ainda temos um longo caminho a percorrer. A desigualdade salarial entre brancos e negros representa um prejuízo anual de R$ 808,83 bilhões. O Brasil negro seria o 11º país do mundo em população e o 17º em consumo. Os negros são mais mal remunerados que os demais brasileiros. As mulheres negras têm a menor renda entre as trabalhadoras com ensino superior. A representatividade negra se inverte conforme cresce o nível hierárquico, e a presença de pessoas negras nessas organizações ainda é muito baixa. Vivemos um cenário em que pessoas negras conquistaram o direito de serem incluídas no mercado de trabalho, mas ainda precisamos avançar em estratégias de permanência e ascensão profissional.

O trabalho foi e ainda é usado como ferramenta de opressão, e, em um momento em que a racialização permeou todas as estruturas da sociedade brasileira, a presença do racismo segue sendo um traço estruturante. A invisibilidade dos profissionais negros resulta no aprisionamento da população negra em situações de vulnerabilidades.

É possível falar sobre ESG, responsabilidade social e ambiental sem falar e tratar da questão étnico-racial? Afirmamos aqui que, no contexto brasileiro, a questão racial é o nó da questão social. Conforme Wanderley (2010), a questão social é, em sua essência, fruto de um processo proveniente da colonização, materializando-se nas relações sociais e, consequentemente, determinando os papéis sociais dos sujeitos (individuais e coletivos), a partir dos processos e estruturas sociais, e vice-versa, sendo que também as estruturas sociais definem os papéis estabelecidos socialmente. Essa organização social baseada em desigualdades e injustiças carrega consigo um movimento de concentração de riqueza e poder, de pobreza e opressão, que está presente nas divisões de classes sociais e nos grupos sociais existentes.

A ONU afirma que a pobreza no Brasil tem cor e gênero; denuncia ainda que os negros vivenciam discriminação racial e enfrentam severa desvantagem em relação a outros brasileiros. "Quem não luta contra o racismo neste país luta a favor dele. E o silêncio não vai salvar a gente" — essa fala é de Benilda Brito,[1] que traz provocações sobre a questão racial dentro do ESG, ressaltando a importância de ações intencionais para a efetivação de uma reparação histórica, alinhada aos Objetivos de Desenvolvimento Sustentável (ODS) da Agenda 2030 (NAÇÕES UNIDAS, [s. d.]). Ressaltamos que o Objetivo 10 se compromete com a redução das desigualdades, ou seja, até 2030 progressivamente alcançar e sustentar o crescimento da renda dos 40% da população mais pobre a uma taxa maior que a média nacional.

Para além da inclusão, temos que refletir e criar ações intencionais de equidade racial nas organizações para que profissionais negros possam permanecer e desenvolver suas carreiras em um ambiente saudável e acolhedor. As ações afirmativas são ferramentas importantes nesse processo de responsabilidade social; são medidas adotadas por órgãos públicos ou pela iniciativa privada com o propósito de reparar desigualdades sociais e raciais. Trata-se de estratégias reconhecidas e recomendadas pela ONU para a promoção da igualdade e o combate à discriminação.

ESG e questão étnico-racial devem ser pautas transversais que se complementam. É preciso combinar esses dois elementos de forma estratégica. O propósito do ESG racial é elucidar as questões relacionadas ao

1 Benilda Brito é a CEO da Mucua Consultoria e Assessoria Interdisciplinar e assessora empresas na inclusão e diversidade com metodologias próprias afrocentradas e validadas.

mundo do trabalho dentro de uma perspectiva racializada, tensionando o compromisso das organizações no cumprimento de suas responsabilidades sociais e legais. Estimula-se assim a construção de ações afirmativas pelas organizações, em prol da equidade racial.

Raça é prioridade, como afirma o Pacto Global ([s. d.]). Estamos tratando de uma estrutura societária arquitetada de forma complexa e cruel. Tratar a questão racial com descuido e sem a profundidade que o assunto necessita é se manter na manutenção da ordem vigente, é realizar ações pontuais, "tapar buraco", "apagar incêndio" e, consequentemente, manter o status quo. É preciso romper o silêncio que estrutura a negação do racismo e se responsabilizar pela sua manutenção.

A adoção de ações afirmativas já é uma realidade fora e dentro das organizações corporativas, constituindo um recurso que vem sendo utilizado no combate às desigualdades raciais. Recentemente foi promulgada a Lei n. 14.553/23, que altera os arts. 39 e 49 da Lei n. 12.288, de 20 de julho de 2010 (Estatuto da Igualdade Racial), para determinar procedimentos e critérios de coleta de informações relativas à distribuição dos segmentos étnicos e raciais no mercado de trabalho. Essa lei determina a inclusão de informações sobre raça em registros de pessoas trabalhadoras. Segundo a pesquisa Ethos/Época de Inclusão (2023), empresas que vêm criando programas estruturados e intencionais para desenvolvimento de carreiras para pessoas negras já vêm alcançando resultados concretos. Podemos também encontrar esses avanços no site do Pacto de Promoção da Equidade Racial, mensurados através do Índice ESG de Equidade Racial (IEER) (PACTO PELA EQUIDADE RACIAL, [s. d.]).

Em um mercado composto por investidores(as), profissionais e consumidores(as) que valorizam cada vez mais organizações preocupadas com questões sociais e ambientais, ter uma agenda ESG, uma estratégia de gestão da diversidade, equidade e inclusão é um importante diferencial. E não se trata apenas de uma questão de imagem, mas de benefícios concretos para os negócios. Não é possível realizar uma boa gestão de ESG com medidas isoladas e pontuais. Para promover mudanças culturais efetivas e genuínas, as organizações precisam ter os 3 C's: consistência, coerência e constância.

REFERÊNCIAS BIBLIOGRÁFICAS

ARAÚJO, Ana Lídia; LISBOA, Ana Paula; SOUZA, Talita de. Líderes negros são menos de 30% nas empresas brasileiras, diz pesquisa. *Correio Braziliense*, 29 nov. 2020. Disponível em: https://www.correiobraziliense.com.br/euestudante/trabalho-e-formacao/2020/11/4892021-lideres-negros-sao--menos-de-30--nas-empresas-brasileirasdiz-pesquisa.html. Acesso em: 26 jun. 2023.

DAYRELL, Mariana. Mulheres negras são apenas 3% entre líderes nas empresas, diz estudo. *Terra*, 11 mar. 2022. Disponível em: https://www.terra.com.br/nos/mulheres-negras-sao-apenas-3-entre-lideres-nas-empresas-diz-estudo,cc51a786e4402676743ce2163f45fce9hj9rhyxq.html. Acesso em: 26 jun. 2023.

JACINO, Ramatis. *O branqueamento do trabalho*. São Paulo: Nefertiti Editora, 2008.

KILOMBA, Grada. *Memórias da plantação*: episódios de racismo cotidiano. Rio de Janeiro: Cobogá, 2019.

LACERDA, Lara. Mercado de trabalho ainda é terreno árido para jovens negros e negras. *Brasil de Fato*, 20 nov. 2022. Disponível em: https://www.brasildefato.com.br/2022/11/20/mercado-de-trabalho-ainda-e-terreno-arido-para-jovens-negros-e-negras#:~:text=Cerca%20de%2060%25%20dos%20trabalhadores,de%205%25%20das%20posi%C3%A7%C3%B5es%20executivas. Acesso em: 26 jun. 2023.

NAÇÕES UNIDAS. Sobre o nosso trabalho para alcançar os Objetivos de Desenvolvimento Sustentável no Brasil. [S. l.], [s. d.]. Disponível em: https://brasil.un.org/pt-br/sdgs. Acesso em: 26 jun. 2023.

PACTO GLOBAL. Movimento Raça é prioridade. [S. l.], [s. d.]. Disponível em: https://go.pactoglobal.org.br/saibamaisracaeprioridade. Acesso em: 26 jun. 2023.

PACTO PELA EQUIDADE RACIAL. Adesão ao protocolo ESG racial. [S. l.], [s. d.]. Disponível em: http://www.pactopelaequidaderacial.org.br/page25.html. Acesso em: 30 jun. 2023.

RANDSTAD. *Workmonitor*. [S. l.], 2023. Disponível em: https://insights.randstad.com.br/pt-br/workmonitor-2023. Acesso em: 30 jun. 2023.

SAKAMOTO, Leonardo. Racismo estrutural: desemprego entre negros é maior que a média nacional. *UOL*, 16 maio 2019. Disponível em: https://blogdosakamoto.blogosfera.uol.com.br/2019/05/16/racismo-estrutural-desemprego--entre-negros-e-maior-que-a-media-nacional/. Acesso em: 26 jun. 2023.

WANDERLEY, Luiz Eduardo W. A questão social no contexto da globalização: o caso latino-americano e caribenho. In: CASTEL, Robert et al. *Desigualdade e a questão social*. 3. ed. São Paulo: EDUC, 2010.

LUIZA NUNES

Mulher cis, negra, com deficiência física, de Pilares (RJ). Tem mais de dezesseis anos de carreira e é uma liderança inclusiva, conectando sociedade e organizações. Experiência em setores como tecnologia, bens de consumo, farmacêutico e jurídico. Trabalhou em empresas como a Meta e a IBM, contribuindo para equidade, diversidade, inovação e o senso de pertencimento. Hoje está gerente de diversidade, equidade e inclusão na Unilever Brasil, liderando a implementação de políticas para um ambiente equânime e inclusivo.

CAPÍTULO 37

AFROFUTURISMO NO MUNDO CORPORATIVO: RECONEXÃO COM A ANCESTRALIDADE E POTENCIAL TRANSFORMADOR

LUIZA NUNES

Eu visto preto por dentro e por fora,
Guerreiro, poeta, entre o tempo e a memória.
Racionais MC's, "Negro drama"

We got rhythm, we got pride,
we birth kings, we birth tribes
[...]
I can't forget my history, it's her-story,
Motherland drip on me.
Beyoncé, "Black Parade"

Por meio das estrofes marcantes citadas acima, este capítulo ganha vida. Nele, compartilharei minha vivência como mulher negra, executiva e consultora de Diversidade, Equidade e Inclusão (DE&I) explorando o afrofuturismo como uma abordagem estratégica para os negócios.

Tenho quase certeza de que em 2018, quando o filme *Pantera Negra*, da Marvel, estreou, a palavra "Afrofuturismo" alcançou seu universo de informações de alguma forma. Acertei? Sim, o filme foi o primeiro *blockbuster* com um elenco majoritariamente negro, sendo um fenômeno cultural e um símbolo da representação autêntica do afrofuturismo.

Avançando alguns anos, acredito que seja um bom momento para reavivar esse tema em nossa memória. Vamos nos aprofundar no significado real do afrofuturismo. Como ele se desdobrou e se expandiu? Quais outras obras carregam a bandeira desse movimento? E, acima de tudo, por que ele detém tamanha relevância no século XXI?

De fato, o termo afrofuturismo foi cunhado pelo escritor, crítico cultural e professor universitário norte-americano Mark Dery. Em seu ensaio "Black to the future", publicado em 1993, embasado em entrevistas realizadas com três artistas e intelectuais negros, Greg Tate, Tricia Rose e Samuel R. Delany, o autor questiona a ausência de autores negros na literatura de ficção científica nos Estados Unidos e constata que o apagamento sistemático do passado africano pré-colonial fez com que os afro-americanos não conseguissem se enxergar no futuro.

Assim, Dery conceitua o afrofuturismo como um movimento cultural, estético e político que se manifesta no campo da literatura, do cinema, da fotografia, da moda, da arte, da música, a partir da perspectiva negra, e utiliza elementos da ficção científica e da fantasia para criar narrativas de protagonismo negro, por meio da celebração de sua identidade, ancestralidade e história.

Ironicamente, o termo afrofuturismo foi criado por um homem branco que, dentro de seus privilégios, compilou e categorizou o rico conteúdo intelectual que já vinha sendo produzido desde a década de 1950 por protagonistas afro-americanos. Vale ressaltar figuras como Octavia Butler, que já escrevia livros de ficção científica com narrativas interseccionais, abordando questões de raça, gênero e classe, e o icônico Sun Ra, líder da banda de jazz Sun Ra Arkestra e filósofo afro-americano, que buscava um espaço onde pessoas negras pudessem viver livremente, longe da opressão e da violência. Embora eles não se considerassem especificamente como afrofuturistas, as características do movimento já eram visíveis em suas obras, como o protagonismo negro, a estética ancestral de África combinada com elementos futuristas e a exploração de temas que refletem a experiência de vida do autor, como violência estatal, genocídio da população negra, encarceramento em massa, desigualdade social, choques culturais e, acima de tudo, a busca pela liberdade.

Graças à publicação do ensaio de Mark Dery, o tema do afrofuturismo e suas reflexões começaram a se expandir para outros autores, resultando em novas abordagens que foram traduzidas, debatidas e floresceram no Brasil. No cenário brasileiro, destacam-se vozes proeminentes como: Lu Ain-Zaila, Kênia Freitas, Esdras Oliveira de Souza, Zaika Santos, Morena Mariah e Fábio Kabral, que contribuem significativamente para a discussão e a disseminação do afrofuturismo em nosso país.

Embora o termo possa parecer contraditório, o afrofuturismo está intrinsecamente ligado ao resgate da ancestralidade. De acordo com a definição de Fábio Kabral, o afrofuturismo pode ser compreendido como um "movimento de recriar o passado, transformar o presente e projetar um novo futuro através da nossa própria ótica", tudo isso por meio de uma perspectiva que valoriza e celebra a herança cultural dos povos africanos.

Agora que você tem um contexto mais amplo sobre o tema, veja o quão afrofuturista são as situações a seguir:

- O filme *Medida provisória*, dirigido por Lázaro Ramos, atraiu no Brasil três vezes mais público do que o *blockbuster Homem-Aranha 3 – Sem volta para casa*, demonstrando o interesse e a valorização de produções com protagonismo negro.
- Ter Halle Bailey, uma afro-americana, como protagonista do filme *A Pequena Sereia* vai além de "mimimi". É uma representatividade importante para milhares de crianças negras ao redor do mundo, proporcionando uma referência de ancestralidade e identificação.
- *Black is king*, de Beyoncé, é considerado uma obra-prima afrofuturista, superando as críticas que a acusavam de retratar a África de forma caricata. A produção abraça a estética africana, celebra a cultura negra e apresenta uma narrativa inspiradora e futurista.
- Reconhecer a relevância sociocultural do disco *Sobrevivendo no inferno*, dos Racionais MC's, ao incluí-lo como leitura obrigatória para o vestibular da Universidade de Campinas (Unicamp) ao lado de escritores renomados como Luís de Camões, não é um retrocesso na educação. Pelo contrário, isso representa a democratização desses espaços, valorizando a expressão artística e as perspectivas afro-brasileiras. Segundo a autora Kênia Freitas, o afrofuturismo é um espaço de autoria exclusivamente negra.

Se você chegou até aqui, espero ter transmitido a parte conceitual, bem como o entendimento da aplicabilidade do afrofuturismo na vida cotidiana de uma forma esclarecedora. A seguir te convido a continuar nesta jornada a fim de compreender o impacto do afrofuturismo em sua vida profissional no presente e no futuro, especialmente se você *não* se autodeclara uma pessoa parda ou preta, mora no Brasil e faz parte da classe proletarizada, que são aqueles que não detêm nada além da sua força de trabalho e são forçados a vendê-la a preço de mercado, em troca de um salário, e, portanto, têm altas chance de estar inseridos no mundo corporativo.

Como insight para avançarmos, compartilho a teoria de Achille Mbembe, filósofo camaronês e um dos principais estudiosos do pós-colonialismo, que em 2016 declarou: "O mundo de amanhã será a África", referindo-se ao fato de que daqui a trinta a cinquenta anos uma em cada três pessoas no planeta será africana ou descendente de uma em diáspora, ou seja, o futuro desse planeta nascerá do lado de lá do Atlântico. E será cada vez mais preto! No Brasil a população negra (aquela que se autodeclara preta ou parda) representa 56% da população.

AFROFUTURISMO E BRANQUITUDE: É POSSÍVEL CORRELACIONAR?

Antes de chegarmos na aplicabilidade e impacto do tema para o contexto corporativo, é preciso compreender a correlação da branquitude brasileira com o afrofuturismo.

A origem do conceito de branquitude remonta aos estudos críticos sobre raça e colonialismo, com contribuições de intelectuais como W. E. B. Du Bois, Frantz Fanon, Albert Memmi, Steve Biko e Alberto Guerreiro Ramos. Eles destacaram a importância de analisar o papel da identidade racial branca nas relações raciais em sociedades colonizadas.

Compartilho a definição do termo construída pelo historiador e sociólogo Lourenço Cardoso:

> A branquitude significa pertença étnico-racial atribuída ao branco. Podemos entendê-la como o lugar mais elevado da hierarquia racial, um poder de classificar os outros como não brancos, que, dessa forma, significa ser menos do que ele. O ser-branco se expressa na corporeidade, a brancura. E vai além do fenótipo. Ser branco consiste em ser proprietário de privilégios raciais simbólicos e materiais.

O tema é tão relevante que já existem pesquisas sobre "branquitude brasileira", que se refere à construção da identidade racial branca específica ao contexto do Brasil. Abaixo algumas definições e seus respectivos autores:

- A "superioridade estética" é "um dos traços fundamentais da construção da branquitude no Brasil" (SCHUCMAN, 2012, p. 69).
- Há um silenciamento diante do assunto das desigualdades raciais e sociais. Silenciar é uma estratégia para proteger os privilégios em jogo (BENTO, 2022).
- Neutralidade: ainda que se mostre "neutra" (padrão de normalidade), é uma identidade marcada racialmente, porém, ao indivíduo branco é dado o poder de escolher evidenciá-la ou não. A raça é vista não apenas como diferença, mas como hierarquia (ROSEMBERG, PIZA, 2009).
- Pode-se até reconhecer as desigualdades raciais, porém, estas não são associadas a discriminação (BENTO, 2002).

A branquitude brasileira desempenha um papel crucial na formação de um pacto conhecido como *pacto narcísico da branquitude*. A expressão surgiu na tese de doutorado intitulada *Pactos narcísicos no racismo: branquitude e poder nas organizações empresariais e no poder público*, por Cida Bento (2002).

A frase faz referência à figura mítica de Narciso, famoso por ser apaixonado pela representação da própria imagem. O termo cunhado por Cida revela o compromisso das pessoas brancas em manter a estrutura racial injusta, pois assim continuam se autopreservando e se privilegiando. A autora salienta que o pacto não é algo combinado: "Não é que as pessoas brancas se encontram às cinco da manhã para combinar. Mas, nas diferentes instituições, você tem o mesmo perfil de pessoas liderando que na maioria das vezes são homens, brancos e liderar significa tomar decisões que influenciam o país". E em sua opinião esse pacto sustenta as desigualdades sociais: "Esse pacto, ao mesmo tempo que fortalece o mesmo grupo de iguais, exclui quem não faz parte desse grupo". Também afirma que para a sociedade esse pacto é visto por questões de mérito: "Quando estes grupos (de pessoas brancas) estão na liderança de grandes instituições é porque possuem mérito. E o grupo que não está (de pessoas não brancas) é porque não estão devidamente preparados". No contexto empresarial, a correlação entre a branquitude e o afrofuturismo se torna ainda mais relevante. Ao reconhecer a existência dessas estruturas de poder e privilégio, as empresas podem começar a desmantelar os sistemas de opressão e criar ambientes mais equânimes, diversos, inclusivos para todos os profissionais, independentemente de sua raça ou origem étnica.

TRAZENDO O AFROFUTURISMO PARA O MUNDO CORPORATIVO

"A diversidade é uma fonte de força. Não é apenas uma questão de caridade ou fazer o que é correto. É uma escolha inteligente" — essa poderosa afirmação de Barack Obama durante sua visita ao Brasil, em 2017, ressalta a importância crescente da Diversidade, Equidade, Inclusão e Pertencimento (DEIP) nos negócios nos últimos anos.

No cenário atual de globalização, as empresas enfrentam um ambiente cada vez mais sofisticado, complexo e altamente competitivo. Para alcançar o sucesso em meio a essa realidade, é fundamental que elas estejam constantemente inovando e criando produtos e serviços. Existem inúmeras pesquisas e estudos comprovando que a escolha mais inteligente para atingir esse objetivo é a diversidade. Com esses estudos podemos comprovar que empresas diversas têm aumento em seu desempenho financeiro, reputacional e são mais atrativas para os investidores. E estes estão orientados por práticas de negócios baseadas em ESG (*environmental, social and governance*, ou ambiental, social e governança) — a diversidade se enquadra na dimensão social, que aborda questões relacionadas ao capital humano — para decidirem qual empresa possui práticas mais confiáveis para aportarem seu capital.

Dessa maneira, incorporar o afrofuturismo nas estratégias de diversidade e inclusão é um passo fundamental para a construção de um futuro corporativo mais justo, equitativo e próspero, e seus princípios permitem que as empresas construam ambientes em que a diversidade seja sinônimo de força, criatividade e inovação. Sua narrativa nos lembra que a transformação só é possível quando a branquitude reconhece seus privilégios, questiona suas crenças arraigadas e se engaja ativamente na luta contra o racismo estrutural.

Este também é um chamado para que a branquitude se torne aliada na desconstrução das estruturas de opressão, na criação de políticas inclusivas e na promoção da diversidade dentro das organizações, contribuindo para a construção de um mundo corporativo consciente, onde a ancestralidade, a equidade e a transformação sejam valores fundamentais.

Que este capítulo seja uma inspiração para pessoas líderes, profissionais e organizações que desejam construir um mundo corporativo mais consciente, equânime, diverso e transformador, e que o afrofuturismo seja o catalisador de uma nova era de oportunidades, colaboração e prosperidade para todas as pessoas.

REFERÊNCIAS BIBLIOGRÁFICAS

ALMEIDA, Silvio. *Racismo estrutural (feminismos plurais)*. São Paulo: Jandaíra, 2019.

BENTO, Cida. *Pactos narcísicos no racismo*: branquitude e poder nas organizações empresariais e no poder público. São Paulo, 2002. Tese (Doutorado) — Instituto de Psicologia, Universidade de São Paulo.

_____. *O pacto da branquitude*. São Paulo: Companhia das Letras, 2022.

CONCEIÇÃO, Caena Rodrigues et al. *Coletânea afrofuturismo*. São Paulo: reCORTE, 2018.

DERY, Mark. Black to the Future: Interviews with Samuel R. Delany, Greg Tate, and Tricia Rose. In: *Flame wars*. Durham/London: Duke University Press, 1994. Disponível em: https://www.uvic.ca/victoria-colloquium/assets/docs/Black%20to%20the%20Future.pdf. Acesso em: 3 ago. 2023.

ERNESTO Luciene. *Sankofia*: breves histórias sobre afrofuturismo. Rio de Janeiro: Lu Ain-Zaila, 2019.

MBEMBE, Achille. *Necropolitica*. Rio de Janeiro: N-1 Edições, 2018.

MULLER, Tânia M. P.; CARDOSO, Lourenço. *Branquitude*: espaços sobre a identidade no Brasil. Curitiba: Appris, 2017.

RACIONAIS MC's. *Sobrevivendo no Inferno*. São Paulo: Companhia das Letras, 2018

REVISTA FORBES. Global Diversity and Inclusion: Fostering Innovation Through a Diverse Workforce. [S. l.], jul. 2011. Disponível em: https://www.forbes.com/forbesinsights/innovation_diversity/. Acesso em: 1 jul. 2023.

_____. *Afrofuturo*. [S. l.], mar. 2021.

ROSEMBERG, Fulvia; PIZA, Edith; NOGUEIRA, Isildinha Baptista; et al. *Psicologia Social do Racismo: Estudos Sobre Branquitude e Branqueamento no Brasil*. Rio de Janeiro. Editora Vozes, 2009.

SOUZA, Esdras Oliveira; ASSIS, Kleyson Rosário. O afrofuturismo como dispositivo na construção de uma proposta educativa antirracista. *Entheoria*, v. 6, n. 1, 2019. Disponível em: https://www.journals.ufrpe.br/index.php/entheoria/article/view/3009. Acesso em: 1 jul. 2023.

SCHUCMAN, Lia Vainer. *Branquitude: Diálogos Sobre Racismo e Antirracismo*. São Paulo. Editora Fósforo, 2023.

SYLVIA TERRA

Mulher, cis, hétero, mãe, empresária e cofundadora da Camargo Consultores Associados e da FourAll. Acredita nas pessoas e em seu potencial, por isso estuda Neurociência e se orgulha de sua formação como facilitadora *Points of You*, *Design Thinking* e *Ikigai*. É administradora graduada pela Estácio, pós-graduada em Direitos Humanos, Responsabilidade Social e Cidadania Global pela Pontifícia Universidade Católica do Rio Grande do Sul (PUCRS) e em Gestão do Conhecimento pela COPPE UFRJ, com MBA em Gestão de Recursos Humanos pela Fundação Getulio Vargas (FGV-RJ).

CAPÍTULO 38

REFLEXÕES SOBRE DIVERSIDADE RELIGIOSA

SYLVIA TERRA

EMPRESA É LUGAR DE RELIGIÃO?

Eu digo que sim! Afinal, empresas são lugares de gente e gente ainda busca uma ligação com o divino, a divindade, o sagrado ou sobrenatural, desde que seja percebido como um ser superior, como comprovam registros pré-históricos da humanidade, que desde então impactam a formação das sociedades que conhecemos. No Brasil, 89% das pessoas afirmam acreditar em Deus, como atesta uma pesquisa do Instituto Ipsos, realizada em 2023. Isso tem impacto tanto na forma como as pessoas se relacionam como na sua percepção acerca da hierarquia social e organizacional. O ser humano é gregário por natureza e busca segurança e controle para sustentar seu viver. A religião, assim como a estrutura familiar e a cultura, é considerada um elemento formatador de nossa personalidade, influenciando nossas escolhas e julgamentos no dia a dia, como ensina Geert Hofstede (HOFSTEDE; HOFSTEDE; MINKOV, 2010), autor de diversos livros e estudos sobre cultura.

Mas há quem pense que não. E é no intuito de ponderar e convergir para o sim que defendo, disposta a buscar uma perspectiva pluralista, que escrevo este capítulo.

"As crenças religiosas, mitos, ritos e religiões são definidos dentro de universos históricos, culturais e sociais específicos." Essa afirmação de Elaine Silva (SILVA; RENDERS; CAMPOS, 2014), coautora do livro *O estudo das religiões: entre a história, a cultura e a comunicação*, nos direciona a pensar a religião como mais um elemento formativo da nossa expressão individual, que se soma à cultura, ao momento histórico e ao contexto social em que vivemos e que, ainda assim, é uma escolha consciente que se reflete em nossos vieses, muitas vezes, inconscientes. Se pensarmos a religião como expressão da nossa alteridade, uma vez que a ligação com o divino no contexto terreno se dá a partir da relação com outras pessoas, poderemos perceber que os ritos e liturgias se traduzem em nossas atitudes e comportamentos. Somando atitudes e comportamentos às habilidades, temos a equação que mede a performance e o potencial das pessoas nas organizações. A professora Elaine Silva também nos chama a atenção para a origem do conceito de religião a partir da palavra latina "religo" que indica um conjunto de regras, advertências e interdições. Daí convergimos em mais motivos para falar sobre religião e de religião nas empresas.

Como ensina Mario Cortella (2020) no livro *A diversidade*, falar sobre é falar a partir do meu conhecimento, dos meus estudos, da minha observação, como falo aqui. Falar de é falar de dentro, da minha vivência, da minha realidade e experiências com o tema. Perceba que poder falar de religião, especialmente para quem não segue a religião da maioria ao seu redor, é um privilégio. Ao prefaciar o livro *Crer ou não crer: uma conversa sem rodeios entre um historiador ateu e um padre católico*, Cortella se encanta com o diálogo entre Leandro Karnal e padre Fábio de Melo (2017), ressaltando que, "mais do que procurar provar quem está certo, há o desejo latente de provar que não deve haver desrespeito às crenças nas crenças nem às crenças nas descrenças". E o livro não nos conduz por reflexões sobre certo e errado, mas, ao contrário, nos amplia o campo de visão e permite alcançar duas diferentes perspectivas.

Ainda no prefácio, Cortella cita Denis Diderot ao falar sobre o ceticismo defendido por ele como a posição mais próxima da verdade absoluta, por permitir um pensamento livre de crenças, dogmas e ideias preconcebidas. Ele ressalta o valor desse afastamento conceitual, que permitiria a tal liberdade de pensamento. Assim aceitamos que toda crença é limitante, até mesmo a crença na descrença. Crer é praticar uma crença escolhida. Não crer é usufruir da escolha de não escolher uma crença. Mas o que é uma crença? Uma convicção ou o ato de acreditar, de acordo com a etimologia da palavra (do latim *credentia*). Crer ou acreditar tem a ver com confiar, ter certeza, fé. Mas fé em que ou em quem? A fé requer, acima de tudo, um sentimento de entrega, de alguém que confia ou crê em algo ou alguém, mesmo que não possa comprovar sua existência. Karnal se diz ateu justamente por entender que para essa entrega deve haver uma predisposição interior que ele afirma não ter. Padre Fábio, por sua vez, professa sua fé com consciência e confiança no Deus em quem acredita.

Podemos dizer, portanto, que crenças são lentes que escolhemos usar para ver o mundo. E a fé é a maneira como as expressamos. Historicamente, o ser humano sempre buscou um "ser superior" em quem acreditar e a quem creditar a materialização dos fatos. Alguém a quem pedir chuva, sol, uma boa colheita, justiça ou um casamento. Na sociedade atual, majoritariamente influenciada por religiões cristãs e islâmicas, a crença em um Deus único, monoteísta, é a mais comum. Como já citado, 89% da população brasileira acredita em Deus. Segundo a mesma pesquisa, 76% afirmam que podem fazer suas preces, rezas ou orações fora de um lugar identificado como templo, igreja ou espaço de adoração. Pode ser no trabalho, então.

Cabe ressaltar um ponto comum entre diferentes práticas religiosas: o estímulo à humildade, presente na veneração a um ser superior e na frequente valorização do ato de servir. A humildade é fundamental para a colaboração e para o exercício da empatia e da alteridade, condições para a construção de culturas organizacionais mais colaborativas e inclusivas. Sim, falar sobre religião permite desvendar um campo de comportamentos e práticas individuais que influenciam práticas corporativas e contribuem para a construção de ambientes psicologicamente seguros para todas as pessoas, em respeito às suas diversidades. Pense comigo: a religião que eu escolho seguir (ou não) formata a cultura em que me incluo na medida em que me apresenta a um grupo ao qual busco pertencer, me confere certo status social, indica as fronteiras morais em que acredito e a pirâmide hierárquica em que me posiciono socialmente. A empresa onde escolho trabalhar, igualmente, tem uma cultura à qual me adapto e sigo porque busco pertencer a esse grupo que me confere certo status social e valida as minhas fronteiras morais com suas políticas e códigos, endossados pela minha posição na hierarquia organizacional.

Tudo isso se repete porque voltamos ao eixo central do ser humano: segurança e controle. Nossa busca por segurança nos move ao encontro de um ser superior que nos proteja e guie, da mesma maneira que nos faz buscar grupos aos quais pertencer. Nosso anseio por controle deriva da necessidade de segurança, e nos faz crer que ambientes delimitados por regras de conduta são menos sujeitos à ambiguidade e incertezas. Hofstede nos ensina que a religião tem um papel importante também na construção da nossa moralidade e chama a atenção para o fato de que as religiões mais fechadas em seus próprios dogmas e menos tolerantes à diversidade religiosa tiveram mais influência na construção das culturas que conhecemos. Quanto menos abertura e tolerância à diversidade, maior é a concentração de poder. Basta pensarmos no processo de colonização por que passaram países hoje ainda em desenvolvimento, como o Brasil.

Isso reforça o peso da religião como instrumento de poder e dominação, mas também alerta para o tanto que o respeito e a tolerância à diversidade religiosa podem impactar a formação de grupos menos homogêneos culturalmente, mais diversos e comprovadamente mais inovadores e inclusivos. Cabe ainda destacar o que foi constatado por uma pesquisa do Pew Research Center realizada em 2019, sobre a importância da religião na vida das pessoas e a correlação entre fé em Deus e moralidade: 45% das pessoas em 34 países dos seis continentes dizem que é necessário acreditar em Deus para ter bons valores morais. No Brasil, 84% das pessoas conectam a fé em Deus à moralidade, mesmo percentual que assume comprometimento com alguma prática religiosa em um país onde a população se declara majoritariamente cristã, como a maioria mundial. Pesquisas afirmam, no entanto, que a população que mais cresce no mundo é a islâmica, que já tem a média de idade mais jovem e a maior taxa de natalidade. Mas a projeção para o Brasil não acompanha a média mundial, mantendo o país e a América Latina ainda majoritariamente cristãos pelas próximas décadas, com reflexo na comunidade latina nos Estados Unidos. De toda forma, cabe ressaltar o quanto tem mudado a distribuição percentual das diferentes religiões entre as pessoas que declaram sua fé em uma determinada crença. E fica a ponderação: ainda que o Brasil seja reconhecido por seu sincretismo ou mesmo pelo hibridismo religioso, caracterizados pela aceitação, fluidez e migração entre diferentes práticas religiosas, será que as empresas estão preparadas para lidar com as diferentes crenças e práticas de uma população islâmica crescente? Talvez você pense que sim, por acreditar no sincretismo religioso que, tal qual o mito da igualdade racial, nos impele a promover o Brasil como um país de pessoas diversas e acolhedoras, onde todas as diversidades são respeitadas. Mas o que dizer quando pesquisas nos mostram que as denúncias de intolerância religiosa aumentaram 106% de 2021 para 2022? A maioria dos casos é associada às religiões de matrizes africanas, cujas pessoas seguidoras representavam apenas 2% da população no Censo 2010, com suas vestes brancas e guias coloridas, indumentárias equivalentes aos terços, crucifixos ou medalhas de santos usados por pessoas católicas, grupo majoritário, com aproximadamente 65% da população no último Censo divulgado. Espera-se como resultado do Censo 2022, ainda não totalmente divulgado por ocasião do lançamento deste livro, que as proporções mudem entre as religiões cristãs, com o aumento da presença evangélica já notado no relatório anterior. Contudo, cristãos devem continuar sendo o grupo dominante, ora ocupando a posição de opressor, ora de oprimido, visto que também crescem os ataques a igrejas e templos cristãos, conforme dados do II Relatório sobre Intolerância Religiosa, de 2023.

O QUE, AFINAL, AS EMPRESAS PODEM FAZER A RESPEITO?

A intolerância religiosa é fruto da falta de educação sobre o respeito às diferenças, que, por sua vez, advém da experiência e imposição de valores de um grupo dominante. Ora, o respeito às diferenças e a toda forma de diversidade é um valor para muitas organizações. Mas deve ser um valor além dos quadros na parede e das políticas muito bem escritas e nem sempre praticadas. Deve ser um valor expresso na construção de um ambiente inclusivo e psicologicamente seguro para todas as pessoas, em que pese a promoção de práticas como:

- Respeito à diversidade e à singularidade de cada pessoa em seu modo de vestir, usar acessórios ou cuidar dos seus cabelos. Mesmo quando uniformes ou equipamentos de proteção individual (EPIs) se fazem necessários, é importante garantir que as pessoas se sintam confortáveis ao usá-los com suas indumentárias religiosas ou que saibam por que e quando não usar, sem colocar vidas em risco ou comprometer sua fé.

- Jornada de trabalho flexível ou trabalho remoto podem favorecer a participação das pessoas nos rituais religiosos das práticas que escolhem seguir, sem prejuízo à sua produtividade no trabalho.
- Grupos de afinidade ou discussão sobre religião podem ajudar a sensibilizar e letrar as pessoas acerca da diversidade religiosa presente na organização e no mundo que as cerca, favorecendo a educação e estimulando a tolerância e o acolhimento.
- Espaços ecumênicos de prática religiosa podem estabelecer uma convivência mais harmoniosa entre grupos, permitindo abertura para que as pessoas declarem suas crenças e estabeleçam relacionamentos interpessoais que ofereçam outras perspectivas.
- Por fim, a divulgação de códigos de ética e conduta, políticas e processos, incluindo canais de denúncia, que estimulem a não discriminação e estabeleçam punições, sem tolerância ao preconceito, ajudam na criação de um senso moral comum aceito pela organização a fim de incluir todas as pessoas e suas diferentes crenças.

Encerro este capítulo com uma frase de Desmond Tutu que nos permite refletir sobre as convergências que encontramos ao divergir em nossas crenças, na busca pela expressão de nossa religiosidade:

> A leitura dos clássicos de diferentes religiões em matéria de oração, meditação e misticismo possibilita encontrar uma convergência substancial, o que é motivo de celebração. *Muito existe que conspira para nos separar; portanto, celebremos aquilo que nos une, aquilo que temos em comum.*

REFERÊNCIAS BIBLIOGRÁFICAS

BERNARDO, André. Liberdade religiosa ainda não é realidade: os duros relatos de ataques por intolerância no Brasil. *BBC News Brasil*, 29 jan. 2023. Disponível em: https://www.bbc.com/portuguese/brasil-64393722/. Acesso em: 21 jun. 2023.

CORTELLA, Mario Sergio. *A diversidade*: aprendendo a ser humano. São Paulo: 3DEA Editora; Littera, 2020.

HOFSTEDE, Geert; HOFSTEDE, Gert Jan; MINKOV, Michael. *Cultures and Organizations*: Software of the Mind. New York: McGrawHill, 2010.

KARNAL, Leandro; MELO, Fábio de. *Crer ou não crer*: uma conversa sem rodeios entre um historiador ateu e um padre católico. São Paulo: Editora Planeta, 2017.

PODER 360. *89% dos brasileiros dizem acreditar em Deus, indica pesquisa*. Disponível em: https://www.poder360.com.br/pesquisas/89-dos-brasileiros-dizem-acreditar-em-deus-indica-pesquisa/. Acesso em: 19 jun. 2023.

POUSHTER, Jacob; FETTEROLF, Janell. A changing world: global views on diversity, gender, equality, family life and the importance of religion. Pew *Research Center*, 22 abr. 2019. Disponível em: https://www.pewresearch.org/global/2019/04/22/a-changing-world-global-views-on-diversity-gender-equality-family-life-and-the-importance-of-religion/. Acesso em: 21 jun. 2023.

SILVA, Elaine Moura; RENDERS, Helmut; CAMPOS, Leonildo Silveira. *O estudo das religiões*: entre a história, a cultura e a comunicação. São Bernardo do Campo: Universidade Metodista de São Paulo, 2014.

TAMIR, Christine; CONNAUGHTON, Aidan; SALAZAR, Ariana Monique. The Global God Divide. *Pew Research Center*, 20 jul. 2020. Disponível em: https://www.pewresearch.org/global/2020/07/20/the-global-god-divide/. Acesso em: 19 jun. 2023.

TUTU, Desmond. *Deus não é cristão e outras provocações*. Rio de Janeiro: Thomas Nelson Brasil, 2012.

CATARINA CESARINO

Assistente social, consultora em diversidade e inclusão, especialista na temática de pessoas egressas do sistema prisional, especializada em Auditoria em Saúde e Gestão da Qualidade e aluna especial do mestrado em saúde coletiva da Universidade Federal da Bahia (UFBA). Atualmente é coordenadora no Serviço de Verificação de Óbito de Salvador (BA) faz parte do corpo técnico do Instituto Responsa de São Paulo (SP) atuando na elaboração, supervisão e escrita de projetos.

KARINE VIEIRA

Assistente social, consultora em diversidade e inclusão, especialista na temática de pessoas egressas do sistema prisional, fundadora e CEO do Instituto Responsa com expertise em escrita, elaboração, desenvolvimento e coordenação de projetos sociais. Mulher egressa do sistema prisional, acredita que gerar oportunidades para a inserção de pessoas egressas do sistema prisional no mundo do trabalho é importante no processo de inclusão social e desenvolvimento de pessoas e instituições.

CAPÍTULO 39

CICLO INVERSO DE CONTRATAÇÃO: UM CAMINHO PARA INCLUSÃO SOCIAL DE PESSOAS EGRESSAS DO SISTEMA PRISIONAL

CATARINA CESARINO | KARINE VIEIRA

"Oportunidades mudam histórias e transformam vidas", é assim que começamos este capítulo.

No volume I do livro *Diversidade e inclusão e suas dimensões*, nós compartilhamos um pouco sobre o processo histórico que envolve as pessoas egressas do sistema prisional e também a importância das oportunidades para que essas pessoas sigam em seu processo de transformação de vida.

Atualmente o Brasil ainda apresenta um alto índice de pessoas em situação prisional. De acordo com os dados, até o terceiro semestre de 2022, alcançamos a marca de 909.061 pessoas presas, sendo 44,5% em prisão provisória, o que faz com que o Brasil continue como a terceira maior população carcerária do mundo, figurando um crescimento exponencial e continuado que resulta numa numerosa população egressa do sistema prisional.

São evidentes as violações de direitos que o sistema prisional brasileiro apresenta, e isso tem sido fonte de uma grande inquietação. As dificuldades políticas e de serviços, a superlotação e a infraestrutura insuficiente interferem significativamente na vida das pessoas presas, da sua família e da sociedade, o que torna essa discussão um assunto de preocupação nacional.

Segundo Goffman (1987), as *instituições totais* podem ser enumeradas em cinco categorias. No que se refere às instituições criadas para resguardar a sociedade contra ameaças e riscos (cadeias, penitenciárias etc.), podemos inferir que elas "matam" o ser social, uma vez que modelam as pessoas para a vivência institucionalizada sem se preocupar com elas. Assim, nesse período de aprisionamento, as pessoas acabam não sendo preparadas para a vivência fora desse espaço fechado, o que acarreta prejuízos em seu desenvolvimento e as deixa padronizadas.

As pessoas egressas do sistema prisional, consequentemente, são acometidas por dificuldades pessoais e sociais que decorrem do período da prisão e geram um grande impacto quando saem, interferindo na construção de novos projetos de vida.

Podemos fazer referência à Pena Multa, que consiste no pagamento de uma taxa (multa) e que aparece como entrave no processo de emissão de alguns documentos, por exemplo, o título de eleitor, o que torna impraticável o encerramento do processo criminal caso não seja solucionada a questão. Em caso de não pagamento da referida taxa, pode ser gerada uma dívida ativa, o que se constitui em uma continuidade da pena.

Com a fragilidade dos acessos, acentuada pelo encarceramento, essas pessoas vivem sob uma escassez que afeta a mobilidade, o direito à documentação, os vínculos familiares e comunitários, a habitação, a saúde e as condiciona à conexão e dependência do mundo do crime, permanecendo estigmatizadas, com dificuldades cognitivas e informacionais, o que afeta as oportunidades de acesso ao mundo do trabalho. Além disso, em relação à educação e cultura, podemos afirmar que são instrumentos que permitem às pessoas uma visão inovadora de mundo e que proporcionam a elas o acesso à geração de conhecimento e possibilidades.

Destacamos aqui que o trabalho surge como um elemento de prestígio e de identidade social que garante às pessoas a sobrevivência e a provisão das necessidades básicas através da geração de renda lícita, bem como um meio de garantir o seu pertencimento na sociedade.

Para as pessoas egressas do sistema prisional, esse direito é ameaçado, oprimido e dificultado pela condição de passagem pelo cárcere, como também pela ausência de qualificação e formação profissional, além das sequelas do aprisionamento e das condições de escolaridade precárias que impedem o ingresso dessas pessoas para geração de renda lícita.

Enquanto consultoras em diversidade e inclusão e especialistas na temática em pauta, o nosso discurso está alinhado com nossa vasta experiência, com os aprendizados do nosso cotidiano e com as questões detectadas através dos acompanhamentos de pessoas egressas do sistema prisional, bem como por meio da avaliação de indicadores de resultados elaborados num processo de monitoramento que surge com um trabalho multidisciplinar.

Diante da carência de oportunidades, dos acessos restritos, das dificuldades encontradas no dia a dia, do estigma, da negação da condição e de outros enfrentamentos, não podemos deixar de referir que o processo de marginalização do público em discussão é perpetuado pós-encarceramento.

Por isso é fundamental que as empresas aumentem suas cotas de contratação para acolher pessoas egressas do sistema prisional mediante o aporte de um acompanhamento multidisciplinar, em um processo socioeducativo e sustentável, visando à inclusão.

Nessa perspectiva, nos deparamos com um contexto social, econômico e ambiental em que a aplicação efetiva da *ESG* ou ASG (ambiental, social e governança) e seus princípios é indispensável para o funcionamento e sustentabilidade das instituições e está alinhada com os 17 Objetivos de Desenvolvimento Sustentável (ODS).[1]

Pensando na responsabilidade social enquanto conduta ética aplicada nas relações e que visa contribuir para uma sociedade mais justa, a *ESG* envolve ações sociais ligadas aos direitos humanos, leis trabalhistas, relacionamentos comunitários, entre outros. Sendo assim, podemos fazer um *link* com o artigo 3º da Constituição Federal:

> Constituem objetivos fundamentais da República Federativa do Brasil: I – construir uma sociedade livre, justa e solidária; II – garantir o

1 Coleção de dezessete metas globais estabelecidas pela Assembleia Geral das Nações Unidas.

> desenvolvimento nacional; III – erradicar a pobreza e a marginalização e reduzir as desigualdades sociais e regionais; IV – promover o bem de todos, sem preconceitos de origem, raça, sexo, cor, idade e quaisquer outras formas de discriminação. (BRASIL, 1988)

Seguindo essa premissa, tal artigo analisa o potencial dos direitos sociais pensando no alcance da tão sonhada sociedade justa e igualitária. Entretanto, não podemos deixar de reforçar a importância da equidade nesse processo, uma vez que, para que possamos construir uma sociedade baseada nos princípios do artigo 3º da Constituição, o senso de justiça e respeito à igualdade de direitos precisa ser aplicado.

Enquanto sociedade, é necessário entendermos de maneira objetiva que vivemos organizados em coletividade e que o desenvolvimento de pessoas é de responsabilidade do Estado, da sociedade civil, da sociedade privada, da família, da comunidade etc.

As pessoas que saíram de uma situação prisional acabam estando ligadas à situação de violência e criminalidade, o que pode gerar uma sensação de dependência diante da realidade da exclusão. Destarte, precisamos contribuir com o processo de inclusão social dessas pessoas e inserção no mundo do trabalho para que o ciclo violento seja rompido e/ou diminuído.

Na prática observamos que o acolhimento externo a pessoas que saem do sistema prisional se destaca como a primeira oportunidade gerada. Quando falamos em acolher, estamos nos referindo a recepcionar, hospedar e propiciar conforto físico ou emocional, entendendo que acolher também é uma garantia de direito.

Vale registrar a relevância que as empresas têm com base nessa ideia de acolhimento, uma vez que com mais oportunidades essas pessoas poderão se sentir pertencentes e gerar renda de forma lícita.

É importante destacar que nesse processo de acolhimento são perceptíveis a desatualização informacional e o despreparo das pessoas para inserção no mundo do trabalho. A vida no cárcere limita e interrompe a evolução das pessoas para interação com a sociedade; uma vez que estão privadas de liberdade, estão privadas de acesso e conhecimento.

Cabe citar também que o mercado de trabalho está cada dia mais exigente em relação à formação e qualificação das pessoas, porém, pensando na ESG e na responsabilidade social que temos em gerar, oferecer e fornecer aprendizado, é necessário adotar a prática de um ciclo em que as pessoas em vulnerabilidade, extrema vulnerabilidade e/ou sem oportunidades de formação consigam iniciar gerando renda lícita para fomentação da formação e qualificação profissional, contribuindo no processo de evolução pessoal, social e profissional dessas pessoas.

Enquanto especialistas na temática e com trabalhos desenvolvidos com o público, podemos compartilhar a experiência com pessoas que passaram pelo processo de inserção no mundo do trabalho e, posteriormente, galgaram novos espaços, chegando até a universidade.

Cabe falar aqui que a ausência de renda lícita facilita o processo de inserção na criminalidade e marginalização, bem como na reincidência criminal, por meio de uma espécie de ciclo da violência gerado pela dependência e pela precisão.

Aqui compreendemos que, embora as pessoas que saem do sistema prisional estejam em fase adulta, o processo exige uma ação socioeducativa, pois é evidente a necessidade de intervenções psicossociais e pedagógicas.

Quando pensamos em como contribuir para o desenvolvimento de pessoas egressas do sistema prisional na sociedade, precisamos entender alguns caminhos que vão desde o acolhimento (do qual falamos anteriormente) até a desconstrução de hábitos e valores que impedem o crescimento pessoal e profissional dessas pessoas. Além disso, é válido trabalhar com o senso de coletividade sob uma nova perspectiva e construção de projetos de vida.

Portanto, cabe enfatizar o valor do acompanhamento psicossocial para fortalecimento de vínculos familiares e comunitários, para a valorização das habilidades e o reconhecimento enquanto cidadãos de direitos.

Em relação às empresas, gestores e pessoas que entendem o seu papel enquanto responsáveis pelas questões que envolvem o social e que promovem ações de desenvolvimento sustentável, o processo de contratação de uma pessoa egressa do sistema prisional requer um acompanhamento multiprofissional que permite que as coisas funcionem de forma mais efetiva, uma vez que, com esse monitoramento, muitas demandas poderão ser identificadas, além das possíveis intervenções, para que essas pessoas possam se desenvolver e permanecer em seus postos de trabalho, enfatizando que, nesse processo, será construída sua autonomia.

Aqui, podemos citar iniciativas de empresas que constroem projetos específicos para atender ao público em questão e proporcionar o acesso dessas pessoas ao trabalho. Como exemplo, trazemos a experiência com empresas de patinetes e empresas de logística que atuam com entregas de produtos.

Sendo assim, observamos que pensar seus produtos juntamente com o perfil do colaborador e com o que se torna atrativo no processo de contratação tem trazido excelentes resultados, e esse pensamento conjunto apresenta indicadores positivos para ambas as partes. Entretanto, é preponderante afirmar que o resultado efetivo para que essas pessoas se mantenham firmes nas vagas se dá através do acompanhamento.

É válido falar sobre a contratação de pessoas egressas do sistema prisional por empresas privadas, atentando para o papel social e sustentável dessa ação, enfatizando a importância da parceria com instituições que já atuam e desenvolvem atividades com esse público.

Ao criar oportunidades, as empresas precisam fazer brotar nas pessoas o desejo de ser e fazer parte, entendendo que cada contratação é uma parceria e, através dessa parceria, as partes estarão em colaboração tanto para o crescimento institucional quanto para o crescimento pessoal e profissional de pessoas.

Desse modo, podemos afirmar que o trabalho estimula, também, o ser a crescer, auxiliando não só financeiramente, mas exercendo um papel terapêutico na vida das pessoas.

REFERÊNCIAS BIBLIOGRÁFICAS

AMARO, D. Brasil tem a terceira maior população carcerária do mundo. *Edição do Brasil.* Disponível em: https://edicaodobrasil.com.br/2022/12/16/brasil-tem-a-terceira-maior-populacao-carceraria-do-mundo/#:~:text=De%20acordo%20com%20dados%20do,seja%2C%20ainda%20n%C3%A3o%20foram%20condenados. Acesso em: 20 jun. 2023.

BRASIL. Constituição da República Federativa do Brasil de 1988. Brasília, DF: Senado Federal, 1988.

ESG. *Environmental, Social and Corporate Governance.* Disponível em: https://exame.com/esg/o-que-e-esg-a-sigla-que-virou-sinonimo-de-sustentabilidade/. Acesso em: 19 jun. 2023.

GOFFMAN, E. *Manicômios, prisões e conventos.* São Paulo: Perspectiva, 1987.

[ONU] ORGANIZAÇÃO DAS NAÇÕES UNIDAS. *Objetivos de Desenvolvimento do Milênio.* Disponível em: https://brasil.un.org/pt-br. Acesso em: 15 jun. 2023.

THAYS TOYOFUKU

Especialista em gestão da diversidade, equidade & inclusão e mãe da Catarina. É formada em Psicologia e pós-graduada em Gestão Estratégica da Sustentabilidade. Seguindo seu propósito de gerar impacto positivo, desde 2012 lidera estratégias e programas que promovem inclusão social, diversidade, desenvolvimento sustentável e bem-estar no mundo corporativo. Em 2020, recebeu o Prêmio de Excelência Individual do Out&Equal e é uma das coautoras do livro *Diversidade e inclusão e suas dimensões*.

CAPÍTULO 40

OS DESAFIOS DE UM FUTURO COM TRABALHO, MAS SEM EMPREGO

THAYS TOYOFUKU

As mudanças são tão profundas que, na perspectiva da história da humanidade, nunca houve um momento tão potencialmente promissor ou perigoso.
Klaus Schwab

Você já se perguntou como será o futuro do trabalho? Ou, ainda, qual impacto terá na sua carreira e na das próximas gerações?

O fato é que o mercado de trabalho está passando por uma transformação sem precedentes, impulsionada tanto pelos efeitos da pandemia de covid-19 como pelo avanço da Quarta Revolução Industrial.[1] Diversos estudos e especialistas apontam para tendências como: aumento da automatização de tarefas, relações de trabalho flexíveis, possibilidade de trabalhar de qualquer lugar, crescimento do empreendedorismo, trabalhos temporários e informais, surgimento de novas habilidades e necessidade de aprimoramento constante, além de haver uma procura cada vez maior por trabalhos alinhados com valores pessoais e que proporcionem senso de propósito, saúde e bem-estar.

Vale ressaltar que esta não é a primeira vez que passamos por um período de profundas mudanças sociais e econômicas decorrentes do advento de novas tecnologias e novas formas de perceber o mundo. No entanto, diferentemente das outras revoluções industriais, desta vez podemos es-

1 Conceito introduzido por Klaus Schwab para descrever a fase atual de transformação tecnológica, caracterizada pela convergência de tecnologias digitais, físicas e biológicas, que está mudando radicalmente a maneira como vivemos, trabalhamos e nos relacionamos.

tar diante de *um futuro em que haverá trabalho, mas não necessariamente emprego* (SCHWAB, 2016).

Isso porque, à medida que caminhamos para um futuro cada vez mais digital e automatizado, observamos tanto uma transição gradual das formas tradicionais de emprego para modelos de trabalho flexíveis e autônomos como também a crescente substituição de pessoas por máquinas e robôs.

E, embora esse cenário possa ser benéfico tanto para profissionais quanto empresas, ele também apresenta uma série de desafios complexos que, se não abordados adequadamente, podem aumentar ainda mais as desigualdades sociais.

Assim, o objetivo deste capítulo é explorar as consequências da automação para o emprego e a empregabilidade, bem como refletir sobre caminhos possíveis para mitigar seus efeitos negativos.

O IMPACTO DA AUTOMAÇÃO NAS PROFISSÕES, NAS COMPETÊNCIAS E NO MERCADO DE TRABALHO

A automação tem sido um tema amplamente debatido nos últimos anos. Por um lado, especialistas argumentam que seu avanço tem o potencial de impulsionar a eficiência, a produtividade e a inovação em diversas áreas profissionais. Por outro lado, também há indícios de que pode levar ao desaparecimento de empregos e profissões em larga escala.

Aliás, é antigo o receio de que o advento de novas tecnologias provoque um desemprego massivo. Contudo, até o momento, as revoluções industriais passadas deram conta de criar ocupações tanto quanto eliminaram, deslocando a mão de obra para novas funções. Então, o que nos faz pensar que desta vez será diferente?

O primeiro, e mais importante, ponto a ser considerado é *a evolução da inteligência artificial (IA) e da robótica*, já que gradativamente as máquinas estão executando atividades que antes eram realizadas exclusivamente por seres humanos. Isso quer dizer que as consequências não se restringem mais aos empregos de baixa qualificação. Pelo contrário, cada vez mais estão assumindo tarefas em diferentes indústrias, profissões e níveis de habilidade (basta que sejam repetitivas, rotineiras e previsíveis).

Além disso, até pouco tempo atrás acreditava-se que as atividades criativas estariam a salvo da automatização. Porém, isso mudou com a ascensão da IA generativa,[2] dada sua capacidade de gerar conteúdos originais em diversos formatos, tais como textos, poemas, músicas, vídeos e imagens, por exemplo.

Nesse contexto, ainda que as empresas estejam introduzindo a automação em um ritmo menor do que o previsto, a expectativa é de que 23% dos empregos atuais se modifiquem até 2027, com 69 milhões de novos postos de trabalho criados e 83 milhões eliminados (WORLD ECONOMIC FORUM, 2023). E, mesmo que a ocupação não seja extinta, há a possibilidade de a IA assumir de 60% a 70% do seu tempo de trabalho (MCKINSEY & COMPANY, 2023).

O segundo aspecto se refere ao *tempo de adaptação*, já que no passado levou décadas para o mercado de trabalho incorporar as mudanças e se preparar para as novas habilidades necessárias. Agora, o avanço tecnológico ocorre em um ritmo exponencial, desafiando a nossa capacidade de preparar a força de trabalho para atender às novas demandas.

Inclusive, já vemos hoje esse enorme descompasso entre as competências que as pessoas possuem e as que as empresas necessitam nas áreas de transformação digital e análise avançada, o que não chega nem perto do que a IA pode provocar (DAVIES; DIEMAND-YAUMAN; DAM, 2019). E, embora a requalificação profissional seja frequentemente mencionada como uma solução para esse desafio, a realidade é que adquirir novas aptidões requer tempo e recursos financeiros. Não é à toa que se estima que seis em cada dez pessoas precisarão de capacitação nos próximos cinco anos, porém somente metade tem acesso a oportunidades de treinamento adequadas no momento (WORLD ECONOMIC FORUM, 2023).

No Brasil, somam-se a esse cenário problemas estruturais tanto na educação básica como na preparação para o mercado de tecnologia. Atual-

2 Campo da Inteligência Artificial que usa técnicas avançadas de aprendizado de máquina (em inglês, *machine learning*) para criar algo inédito com base em padrões e exemplos previamente fornecidos. Por exemplo, um sistema de IA generativa treinado com uma grande quantidade de dados musicais aprende seus padrões e estruturas e usa essas informações para gerar novas composições.

mente, a evasão escolar atinge cerca de 500 mil jovens acima de 16 anos por ano e somente metade termina o ensino médio até os 18 anos, sendo que a probabilidade de conclusão é de 94% entre os mais ricos e de 45% entre os mais pobres (FIRJAN SESI, 2023). E, enquanto a demanda estimada é de 159 mil profissionais por ano, somente cerca de 53 mil se formam em áreas tecnológicas (BRASSCOM, 2021).

Por fim, o último ponto a ser considerado é a *polarização do mercado de trabalho*. Conforme a automação avança, cresce a disparidade na distribuição de empregos, com um aumento significativo na procura por profissionais com alta e baixa qualificação,[3] enquanto as ofertas para habilidades intermediárias diminuem.

Como consequência, as oportunidades de trabalho passam a se dividir em "alta competência/alto salário" e "baixa competência/baixo salário". Além disso, a falta de empregos para as competências intermediárias pode levar esses profissionais a uma condição de desemprego ou subemprego, agravando ainda mais as desigualdades de renda e a exclusão social.

RECOMENDAÇÕES PARA UM FUTURO COM TRABALHO, MAS SEM EMPREGO

Como vimos, as máquinas e robôs estão substituindo postos de trabalho sem nenhuma garantia de que haja o deslocamento da força de trabalho. Isso porque, ainda que outras ocupações sejam criadas na mesma proporção, dada a velocidade das mudanças, não sabemos se teremos tempo hábil para corrigir a enorme defasagem entre as competências existentes e as necessárias para atender as novas demandas. E, com um mercado de trabalho cada vez mais polarizado, nos deparamos com outro desafio: a distribuição desigual de renda, o que leva a consequências negativas tanto no âmbito social como econômico.

Então, *diante desse cenário, o que fazer?*

3 Isso ocorre porque em alguns setores e atividades a automação tem um custo que não compensa e/ou não atende aos critérios de previsibilidade, rotina e repetição. Ex.: profissionais de limpeza, de construção civil e manutenção etc.

Para começar, o óbvio: investir em educação (formal, técnica, contínua, corporativa etc.) e democratizar seu acesso, estimulando a "empregabilidade vitalícia". Em outras palavras, precisamos contribuir para que as pessoas se adaptem continuamente e se mantenham empregáveis enquanto quiserem continuar no mercado de trabalho (DAVIES et al., 2019).

Do ponto de vista econômico, especialistas têm proposto soluções como a criação de um imposto sobre robôs, implementação da renda básica universal e a redução da jornada de trabalho.[4] Contudo, é importante ressaltar que são medidas polêmicas, difíceis de aplicar e que, isoladas, não vão solucionar os impactos da automação aqui expostos.

Já sob a perspectiva do trabalho, desde a pandemia de covid-19 ele tem ocupado um lugar diferente em nossas vidas. Se antes as pessoas tinham orgulho de serem *workaholics*, hoje vivenciamos fenômenos como a "grande resignação" e o "*quiet quitting*", por exemplo. Assim, apesar de o trabalho (ou ausência dele) ainda ser parte fundamental da nossa identidade, precisamos repensar seu papel e significado em um futuro no qual não haverá emprego para todas as pessoas.

No entanto, independentemente da solução proposta, ressalto que precisa ser a partir de uma abordagem centrada no ser humano. Ou seja, o foco não pode ser apenas na produtividade ou crescimento econômico, o caminho a ser seguido deve ter como base a justiça social e o desenvolvimento sustentável. Essa é a única garantia de que teremos um futuro que proporcione dignidade para todas as pessoas.

Portanto, entendo que é nosso papel, sobretudo enquanto profissionais de ESG (ambiental, social e governança) e DEI (Diversidade, Equidade e Inclusão), fazer coro com a sociedade civil para cobrar que empresas e governos atuem conjuntamente para endereçar esses desafios e impedir que as desigualdades se tornem abismos sociais.

4 Aqui cabe uma ressalva: ainda que algumas empresas estejam testando a jornada de quatro dias na semana, estas são iniciativas pontuais e que visam aumentar a produtividade, e não gerar mais empregos. Para que seja uma medida efetiva, precisa-se de uma análise cuidadosa, planejamento e adaptação para cada contexto específico, além de diálogo e negociação com as partes interessadas (governo, sindicatos etc.).

REFERÊNCIAS BIBLIOGRÁFICAS

BRASSCOM. *Demanda de talentos em TIC e estratégia Σ TCEM.* [S. l.], 2021. Disponível em: https://brasscom.org.br/demanda-de-talentos-em-tic-e-estrategia-%cf%83-tcem/. Acesso em: 30 jun. 2023.

DAVIES, Beth; DIEMAND-YAUMAN, Connor; DAM, Nick van. Vantagem competitiva com uma dimensão humana: do aprendizado ao longo da vida inteira à empregabilidade vitalícia. *McKinsey Quarterly,* 7 fev. 2019. Disponível em: https://www.mckinsey.com/featured-insights/future-of-work/competitive-advantage-with-a-human-dimension-from-lifelong-learning-to-lifelong-employability/pt-BR#/. Acesso em: 28 jun. 2023.

FIRJAN SESI. *Combate à evasão no Ensino Médio*: desafios e oportunidades. [S. l.], 2023. Disponível em: https://www.undp.org/pt/brazil/publications/combate-evasao-no-ensino-medio. Acesso em: 29 jun. 2023.

GOLDMAN SACHS. *Generative AI Could Raise Global GDP by 7%.* [S. l.], 2023. Disponível em: https://www.goldmansachs.com/intelligence/pages/generative-ai-could-raise-global-gdp-by-7-percent.html. Acesso em: 24 jun. 2023.

MCKINSEY & COMPANY. *The Economic Potential of Generative AI: The Next Productivity Frontier.* [S. l.], 2023. Disponível em: https://www.mckinsey.com/capabilities/mckinsey-digital/our-insights/the-economic-potential-of-generative-AI-the-next-productivity-frontier#/. Acesso em: 28 jun. 2023.

SCHWAB, Klaus. *A Quarta Revolução Industrial.* São Paulo: Edipro, 2016.

WORLD ECONOMIC FORUM. *The Future of Jobs Report.* [S. l.], 2023. Disponível em: https://www3.weforum.org/docs/WEF_Future_of_Jobs_2023.pdf. Acesso em: 24 jun. 2023.

FONTE Adobe Garamond
PAPEL Natural 80g/m²
IMPRESSÃO Paym